吳墉祥在台日記

（1955）

The Diaries of Wu Yung-hsiang at Taiwan, 1955

民國日記｜總序

呂芳上
民國歷史文化學社社長

　　人是歷史的主體，人性是歷史的內涵。「人事有代謝，往來成古今」（孟浩然），瞭解活生生的「人」，才較能掌握歷史的真相；愈是貼近「人性」的思考，才愈能體會歷史的本質。近代歷史的特色之一是資料閎富而駁雜，由當事人主導、製作而形成的資料，以自傳、回憶錄、口述訪問、函札及日記最為重要，其中日記的完成最即時，描述較能顯現內在的幽微，最受史家重視。

　　日記本是個人記述每天所見聞、所感思、所作為有選擇的紀錄，雖不必能反映史事整體或各個部分的所有細節，但可以掌握史實發展的一定脈絡。尤其個人日記一方面透露個人單獨親歷之事，補足歷史原貌的闕漏；一方面個人隨時勢變化呈現出不同的心路歷程，對同一史事發為不同的看法和感受，往往會豐富了歷史內容。

　　中國從宋代以後，開始有更多的讀書人有寫日記的習慣，到近代更是蔚然成風，於是利用日記史料作歷

史研究成了近代史學的一大特色。本來不同的史料，各有不同的性質，日記記述形式不一，有的像流水帳，有的生動引人。日記的共同主要特質是自我（self）與私密（privacy），史家是史事的「局外人」，不只注意史實的追尋，更有興趣瞭解歷史如何被體驗和講述，這時對「局內人」所思、所行的掌握和體會，日記便成了十分關鍵的材料。傾聽歷史的聲音，重要的是能聽到「原音」，而非「變音」，日記應屬原音，故價值高。1970年代，在後現代理論影響下，檢驗史料的潛在偏見，成為時尚。論者以為即使親筆日記、函札，亦不必全屬真實。實者，日記記錄可能有偏差，一來自時代政治與社會的制約和氛圍，有清一代文網太密，使讀書人有口難言，或心中自我約束太過。顏李學派李塨死前日記每月後書寫「小心翼翼，俱以終始」八字，心所謂為危，這樣的日記記錄，難暢所欲言，可以想見。二來自人性的弱點，除了「記主」可能自我「美化拔高」之外，主觀、偏私、急功好利、現實等，有意無心的記述或失實、或迴避，例如「胡適日記」於關鍵時刻，不無避實就虛，語焉不詳之處；「閻錫山日記」滿口禮義道德，使用價值略幾近於零，難免令人失望。三來自旁人過度用心的整理、剪裁、甚至「消音」，如「陳誠日記」、「胡宗南日記」，均不免有斧鑿痕跡，不論立意多麼良善，都會是史學研究上難以彌補的損失。史料之於歷史研究，一如「盡信書不如無書」的話語，對證、勘比是個基本功。或謂使用材料多方查證，有如老吏斷獄、法官斷案，取證求其多，追根究柢求其細，庶幾還原

案貌，以證據下法理註腳，盡力讓歷史真相水落可石出。是故不同史料對同一史事，記述會有異同，同者互證，異者互勘，於是能逼近史實。而勘比、互證之中，以日記比證日記，或以他人日記，證人物所思所行，亦不失為一良法。

從日記的內容、特質看，研究日記的學者鄒振環，曾將日記概分為記事備忘、工作、學術考據、宗教人生、游歷探險、使行、志感抒情、文藝、戰難、科學、家庭婦女、學生、囚亡、外人在華日記等十四種。事實上，多半的日記是複合型的，柳貽徵說：「國史有日歷，私家有日記，一也。日歷詳一國之事，舉其大而略其細；日記則洪纖必包，無定格，而一身、一家、一地、一國之真史具焉，讀之視日歷有味，且有補於史學。」近代人物如胡適、吳宓、顧頡剛的大部頭日記，大約可被歸為「學人日記」，余英時翻讀《顧頡剛日記》後說，藉日記以窺測顧的內心世界，發現其事業心竟在求知慾上，1930 年代後，顧更接近的是流轉於學、政、商三界的「社會活動家」，在謹厚恂恂君子後邊，還擁有激盪以至浪漫的情感世界。於是活生生多面向的人，因此呈現出來，日記的作用可見。

晚清民國，相對於昔時，是日記留存、出版較多的時期，這可能與識字率提升、媒體、出版事業發達相關。過去日記的面世，撰著人多半是時代舞台上的要角，他們的言行、舉動，動見觀瞻，當然不容小覷。但，相對的芸芸眾生，識字或不識字的「小人物」們，在正史中往往是無名英雄，甚至於是「失蹤者」，他們

如何參與近代國家的構建，如何共同締造新社會，不應
該被埋沒、被忽略。近代中國中西交會、內外戰事頻
仍，傳統走向現代，社會矛盾叢生，如何豐富歷史內
涵，需要傾聽社會各階層的「原聲」來補足，更寬闊的
歷史視野，需要眾人的紀錄來拓展。開放檔案，公布公
家、私人資料，這是近代史學界的迫切期待，也是「民
國歷史文化學社」大力倡議出版日記叢書的緣由。

導言

侯嘉星
國立中興大學歷史學系助理教授

　　《吳墉祥在台日記》的傳主吳墉祥（1909-2000），
字茂如，山東棲霞縣人。幼年時在棲霞就讀私塾、新式
小學，後負笈煙台，畢業於煙台模範高等小學、私立
先志中學。中學期間受中學校長、教師影響，於1924
年加入中國國民黨；1927 年 5 月中央黨務學校在南京
創設時報考錄取，翌年奉派於山東省黨部服務。1929
年黨務學校改為中央政治學設大學部，故1930 年申請
返校就讀，進入財政系就讀，1933 年以第一名成績畢
業。自政校畢業後留校擔任助教 3 年，1936 年由財政
系及黨部推薦前往安徽地方銀行服務，陸續擔任安慶分
行副理、經理，總行稽核、副總經理，時值抗戰軍興，
隨同皖省政府輾轉於山區維持經濟、調劑金融。1945
年因抗戰勝利在望，山東省主席何思源遊說之下回到故
鄉任職，協助重建山東省銀行。

　　1945 年底山東省銀行正式開業後，傳主擔任總經
理主持行務；1947 年又受國民黨中央黨部委派擔任黨
營事業齊魯公司常務董事，可說深深參與戰後經濟接收
與重建工作。這段期間傳主也通過高考會計師合格，
並當選棲霞區國民大會代表。直到 1949 年 7 月因戰局
逆轉，傳主隨政府遷台，定居於台北。1945 至 1950 這

6 年間的日記深具歷史意義，詳細記載這一段經歷戰時淪陷區生活、戰後華北接收的諸般細節，乃至於國共內戰急轉直下的糾結與倉皇，可說是瞭解戰後初期復員工作、經濟活動以及政黨活動的極佳史料，已正式出版為《吳墉祥戰後日記》，為戰後經濟史研究一大福音。

　　1949 年來台後，除了初期短暫清算齊魯公司業務外，傳主以會計師執照維生。當時美援已進入台灣，1956 年起受聘為美國國際合作總署駐華安全分署之高級稽核，主要任務是負責美援項目的帳務查核，足跡遍及全台各地。1960 年代台灣經濟好轉，美援項目逐漸減少，至 1965 年美援結束，傳主改任職於中美合營之台達化學工業公司，擔任會計主任、財務長，直到1976 年退休；國大代表的職務則保留至 1991 年退職。傳主長期服務於金融界，對銀行、會計及財務工作歷練豐富，這一點在《吳墉祥戰後日記》的價值中已充分顯露無遺。來台以後的《吳墉祥在台日記》，更是傳主親歷中華民國從美援中站穩腳步、再到出口擴張達成經濟奇蹟的各個階段，尤其遺留之詳實精采的日記，成為回顧戰台灣後經濟社會發展的寶貴文獻，其價值與意義，以下分別闡述之。

一

　　史料是瞭解歷史、探討過去的依據，故云「史料為史之組織細胞，史料不具或不確，則無復史之可言」（梁啟超，《中國歷史研究法》）。在晚近不斷推陳出新的史料類型中，日記無疑是備受歷史學家乃至社會各

界重視的材料。相較於政府機關、公司團體所留下之日常文件檔案，日記恰好為個人在私領域中，日常生活留下的紀錄。固然有些日記內容側重公事、有些則抒發情懷，但就材料本身而言，仍然是一種私人立場的記述，不可貿然將之視為客觀史實。受到後現代主義的影響，日記成為研究者與傳主之間的鬥智遊戲。傳主寫下對事件的那一刻，必然帶有個人的想法立場，也帶有某些特別的目的，研究者必須能分辨這些立場與目的，從而探索傳主內心想法。也因此，日記史料之使用有良窳之別，需細細辯證。

那麼進一步說，該如何用使日記這類文獻呢？大致來說，良好的日記需要有三個條件，以發揮內在考證的作用：（1）日記之傳主應該有一定的社會代表性，且包含生平經歷，乃至行止足跡等應具體可供複驗。（2）日記須具備相當之時間跨度，足以呈現長時段的時空變化，且年月日之間的紀錄不宜經常跳躍脫漏。（3）日記本身的文字自然越詳細充實越理想，如此可以提供豐富素材，供來者進一步考辨比對。從上述三個條件來看，《吳墉祥在台日記》無疑是一部上佳的日記史料。

就代表社會性而言，傳主曾擔任省級銀行副總經理、總經理，又當選為國大代表；來台後先為執業會計師，復受聘在美援重要機構中服務，接著擔任大型企業財務長，無論學經歷、專業素養都具有相當代表性。藉由這部日記，我們可以在過去國家宏觀政策之外，以社會中層技術人員的視角，看到中美合作具體的執行情

況，也能體會到這段時期的政治、經濟和社會變遷。

而在時間跨度方面，傳主自 1927 年投考中央黨務學校起，即有固定寫作日記的習慣，但因抗戰的緣故，早年日記已亡佚，現存日記自 1945 年起，迄於 2000 年，時間跨度長達 55 年，僅 1954 年因蟲蛀損毀，其餘均無日間斷，其難能可貴不言可喻。即便 1945 年至 1976 年供職期間的日記，也長達 32 年，借助長時段的分析比對，我們可以對傳主的思想、心境、性格，乃至習慣等有所掌握，進而對日記中所紀錄的內容有更深層的掌握。

最重要的，是傳主每日的日記寫作極有條理，每則均加上「職務」、「師友」、「體質」「娛樂」、「家事」、「交際」、「游覽」等標題，每天日記或兩則或三則不等，顯示紀錄內容的多元。這些內容所反映的，不僅是公務上的專業會計師，更是時代變遷中的黨員、父親、國民。因此從日記的史料價值來看，《吳墉祥在台日記》能帶領我們，用豐富的角度重新體驗一遍戰後台灣的發展之路，也提供專業財經專家觀點以及可靠的事件觀察記錄，讓歷史研究者能細細品味 1951 年至 1976 年這 26 年間，種種宏觀與微觀的時代變遷。

二

戰後中華民國的各項成就中，最被世界所關注的，首推是 1980 年代前後台灣經濟奇蹟（Taiwan Economic Miracle）了。台灣經濟奇蹟的出現，有其政策與產業的背景，1950 年開始在美援協助下政府進行基礎建設

與教育投資，配合進口替代政策發展國內產業。接著在
1960 年代起，推動投資獎勵與出口擴張、設立加工出
口區，開啟經濟起飛的年代。由於經濟好轉，1963 年
起台灣已經累積出口外匯，開始逐步償還美援，在國際
間被視為美援國家中的模範生，為少數能快速恢復經濟
自主的案例。在這樣的時代背景中，美援與產業經營，
成為分析台灣經濟奇蹟的關鍵。

　　《吳墉祥在台日記》中，傳主除了來台初期還擔任
齊魯公司常務董事，負責清算業務外，直到 1956 年底
多憑會計師執照維持生計，但業務並不多收入有限，反
映此時台灣經濟仍未步上軌道，也顯示遷台初期社會物
質匱乏的處境。1956 年下半，負責監督美援計畫執行
的駐華安全分署招聘稽核人員，傳主獲得錄用，成為美
方在台雇用的職員。從日記中可以看到，美援與中美合
作並非圓滑順暢，1956 年 11 月 6 日有「中午王慕堂兄
來訪，謂已聞悉安全分署對余之任用業已確定，以前在
該署工作之中國人往往有不歡而散者，故須有最大之忍
耐以與洋員相處云」，透露著該工作也不輕鬆，中美合
作之間更有許多幽微之處值得再思考。

　　戰後初期美援在台灣的重大建設頗多，傳主任職期
間往往要遠赴各地查帳，日記中記錄公務中所見美援支
出項目的種種細節，這是過去探討此一課題時很少提到
的。例如 1958 年 4 月前往中橫公路工程處查帳，30 日
的日記中發現「出於意外者則另有輔導會轉來三萬餘元
之新開支，係輔導會組織一農業資源複勘團，在撥款時
以單據抵現由公路局列帳者，可謂驢頭不對馬嘴矣。除

已經設法查詢此事有無公事之根據外，當先將其單據
內容加以審核，發現內容凌亂，次序亦多顛倒，費時良
久，始獲悉單據缺少一萬餘元，當交會計人員與該會再
行核對」。中橫公路的經費由美援會提供公路局執行，
並受美方監督。傅主任職的安全分署即為監督機構，從
這次的查帳可以發現，對於執行單位來說，往往有經費
互相挪用的便宜行事，甚至單據不清等問題，傅主查帳
時一一指出這些問題乃為職責所在，亦能看到其一絲不
苟的態度。1962 年 6 月 14 日傅主前往中華開發公司查
帳時也注意到：「中華開發信託公司為一極特殊之構
成，只有放款，並無存款，業務實為銀行，而又無銀行
之名，以余見此情形，甚懷疑何以不能即由 AID（國際
開發總署）及美援會等機構委託各銀行辦理，豈不省費
省時？現開發公司待遇奇高，為全省之冠，開支浩大，
何以必設此機構辦理放款，實難捉摸云」，顯然他也看
到許多不合理之處，這些紀錄可提供未來探討美援運
用、中美合作關係的更深一層面思考。

　　事實上，最值得討論的部分，是傅主在執行這些任
務所表現出來的操守與堅持，以及這種道德精神。瞿宛
文在《台灣戰後經濟發展的源起：後進發展的為何與如
何》一書中強調，台灣經濟發展除了經濟層面的因素
外，不能忽略經濟官僚的道德力量，特別是這些人經歷
過大陸地區的失敗，故存在著迫切的內在動力，希望努
力建設台灣以洗刷失敗的恥辱。這種精神不僅在高層官
僚中存在，以傅主為代表的中層知識分子與專業人員，
同樣存在著愛國思想、建設熱忱。這種愛國情懷不能單

純以黨國視之，而是做為知識分子對近代以來國家認同
發自內心的追求，這一點從日記中的許多事件細節的描
述可以觀察到。

<h1 style="text-align:center">三</h1>

1951 年至 1965 年間，除了是台灣經濟由百廢待興
轉向起飛的階段，也是政治社會上的重大轉折年代。政
治上儘管處於戒嚴與動員戡亂時期，並未有太多自由，
但許多知識分子仍然有自己的立場批評時政，特別是屬
於私領域的日記，更是觀察這種態度的極佳媒介，從以
下兩個小故事可以略窺一二。

1960 年頭一等的政治大事，是討論總統蔣中正是
否能續任，還是應該交棒給時任副總統的陳誠？依照憲
法規定，總統連選得連任一次，在蔣已於 1954 年連任
一次的情況下，不少社會領袖呼籲應該放棄再度連任以
建立憲政典範。然而國民大會先於 3 月 11 日通過臨時
條款，無視憲法條文規定，同意在特殊情況下蔣得以第
二度連任。因此到了 3 月 21 日正式投票當天，傳主在
日記中寫下：

> 上午，到中山堂參加國民大會第三次會議第一次選
> 舉大會，本日議程為選舉總統⋯⋯蓋只圈選蔣總統
> 一人，並無競選乃至陪選者，亦徒具純粹之形式而
> 已。又昨晚接黨團幹事會通知，囑一致投票支持，
> 此亦為不可思議之事⋯⋯開出圈選蔣總統者 1481
> 票，另 28 票未圈，等於空白票，此皆為預料中之

　　結果，於是街頭鞭炮齊鳴，學生遊行於途，電台廣
　　播特別節目，一切皆為預定之安排，雖甚隆重，而
　　實則平淡也。

這段記述以當事人身分，重現了三連任的爭議。對於選
舉總統一事也表現出許多知識分子的批評，認為徒具形
式，特別是「雖甚隆重，而實則平淡也」可以品味出當
時滑稽、無奈的複雜心情。

　　1959 年 8 月初，因颱風過境造成中南部豪雨成
災，為二十世紀台灣最大規模的天災之一，日記中對此
提到：「本月七日台中台南一帶暴雨成災，政府及人民
已展開救災運動，因災情慘重，財產損失逾十億，死傷
在二十五萬人左右（連殃及數在內），政府正做長期計
畫，今日起禁屠八天，分署會計處同人發起募捐賑災，
余照最高數捐二百元」。時隔一週後，傳主長女即將赴
美國留學，需要繳交的保證金為 300 元，由此可知八七
水災中認捐數額絕非小數。

　　日記的特點在於，多數時候它是傳主個人抒發內心
情緒的平台，並非提供他人瀏覽的公開版，因此在日記
中往往能寫下當事人心中真正想法。上述兩個小例子，
顯示在政治上傳主充滿愛國情操，樂於發揮人溺己溺
的精神援助他人；但他也對徒具形式的政治大戲興趣缺
缺，甚至個人紀錄字裡行間均頗具批判意識。基於這樣
的理解，我們對於《吳墉祥在台日記》，可以進行更豐
富細緻的考察，一方面同情與理解傳主的心情；另方面
在藉由他的眼光，觀察過去所發生的大小事件。

四

　　然而必須承認的是，願意與傳主鬥智鬥力，投入時間心力的歷史研究者，並非日記最大的讀者群體。對日記感興趣者，更多是作家、編劇、文人乃至一般社會大眾，透過日記的閱讀，體驗另一個人的生命經歷，不僅開拓視野，也豐富我們的情感。確實，《吳墉祥在台日記》不單單是一位會計師、財金專家的工作紀錄簿而已，更是一位丈夫、六名子女的父親、奉公守法的好公民，以及一個「且認他鄉作故鄉」（陳寅恪詩〈憶故居〉）的旅人。藉由閱讀這份日記，令人感受到的是內斂情感、自我紀律，以及愛國熱情，這是屬於那個時代的回憶。

　　歷史的意義在於，唯有藉由認識過去，我們才得以了解現在；了解現在，才能預測未來。在諸多認識過去的方法中，能承載傳主一生精神、豐富閱歷與跌宕人生旅程的日記，是進入門檻較低而閱讀趣味極高的絕佳媒介。《吳墉祥在台日記》可以是歷史學者重新思考戰後台灣經濟發展、政治社會變遷不同面向的史料，也是能啟發小說家、劇作家們編寫創作的素材。總而言之，對閱讀歷史的熱情，並不局限於象牙塔、更非專屬於少數人，近年來大量出版的各類日記，只要願意嘗試接觸，它們將提供讀者無數關於過去的細節與經驗，足供做為將我們推向未來的原動力。

編輯凡例

一、 吳墉祥日記現存自 1945 年至 2000 年，本次出版為 1951 年以後。

二、 古字、罕用字、簡字、通同字，在不影響文意下，改以現行字標示。

三、 難以辨識字體或遭蟲註，以■表示。

四、 部分內容涉及家屬隱私，略予刪節，恕不一一標注。

日記原稿選錄

一九五五（四十四年）年小引

月　日　星　期

事務此固當所宜注意者上，而尚申誡之，身復別原〻階級，宜假守歲以入存而臨之稍，

此即當今所厨身之污穢，耳濡目染，先怪陸離，迫而不辨孰枉中流，邑則

簽於雖以自得，自思我手不知好否俟做人，為何孝養崔不痛哉。

古人云：逝而猶政，善莫大焉。然屬於一己之逝者，自審以何政以為鵠的，終

身守之世矣，列非一己之逝。故挺轉更為不勞，列而只有新枝吾我，收接在天。以此

人書人提今迅今田如業方克塞乎右若必昌其為任焉，吾猶日有以不畢弹憚

不惜朝毛之稽神，用提扶斮，以朝吾義之陳，戚致利銳，立所不計矣。

育九四春寒神崎中作。

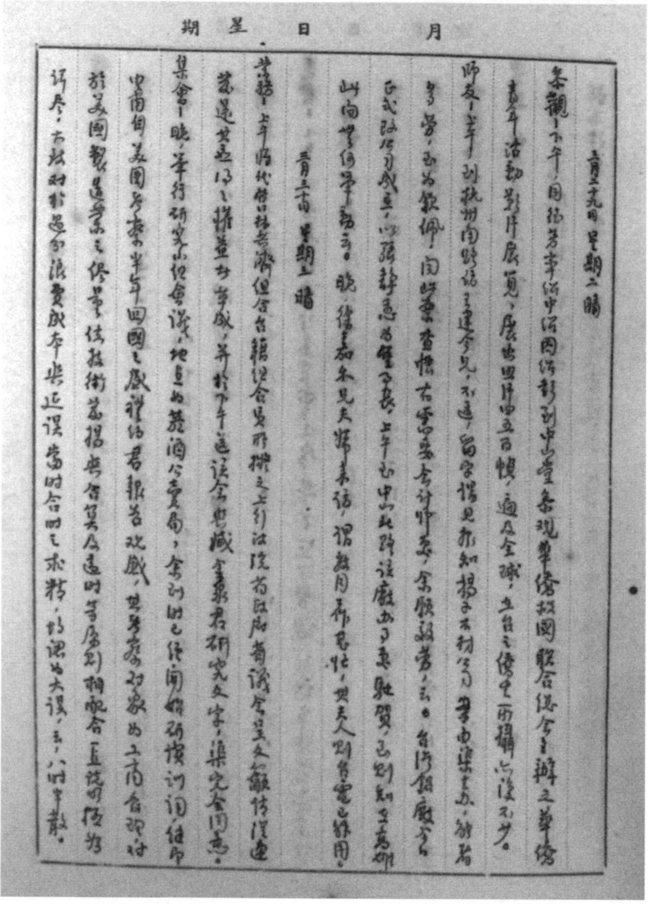

月　日　星　期

二月九日　星期二　晴

二月十日　星期三　晴

月　　日　星期

四月三日 星期六 晴

閱讀，報日某團「年內謝罷權」（Jacques Barchard）。雪吳先生人著（今

Barchard, 9 Feb.）溫泉譯，全書二百頁。以新聞紀者之年調，描寫英帝國目前

之命運及其所面遭，形成之弱國集。其中多類大之篇幅描寫美國政府之交芸

當多予揭視，及有意制此全盤右制共產之對華政策，所察得爭為歷史

之平摩滅之汚点，吾目睹此亦動勞乎以朱修彌に英國之弱爱，由自皇帝

上亦摩滅之汚点，吾目睹此亦動勞乎以朱修彌に英國之弱爱，由自皇帝

之變化，經軍政府和渤灣加其援助，對於其同遇程之回顧，往往等奇怪こ

之驚馬之民，自等奇馬，但書中已非無記載失實之事，多與其一雨之緣

三藏登人物，慾遊乞廉浚之識面多巧成捷，又好對於楷關能多之官

兩藏登人物，慾遊乞廉浚之識面多巧成捷，又好對於楷關能多之官

是即暴威情而作當官受之信裘，好對於孔評週及英國裘切右極

為具倖。剱名態評智。乃一般加固况なき遥傷笑、筆華方面。

六倖溫暢，其中有對於中國故聞之名雖蒂人名不書詁熟，訶譯附

以遠為之類若。別立忠實，身為古帝不足，物等中對於氏之雲跡不乏美國社

以遠為之類若。別立忠實，身為古帝不足，物等中對於氏之雲跡不乏美國社

廃倘今苦亲立庭房而浮子遙遣之作，互拌勢為方，明究全為雲現之場也。

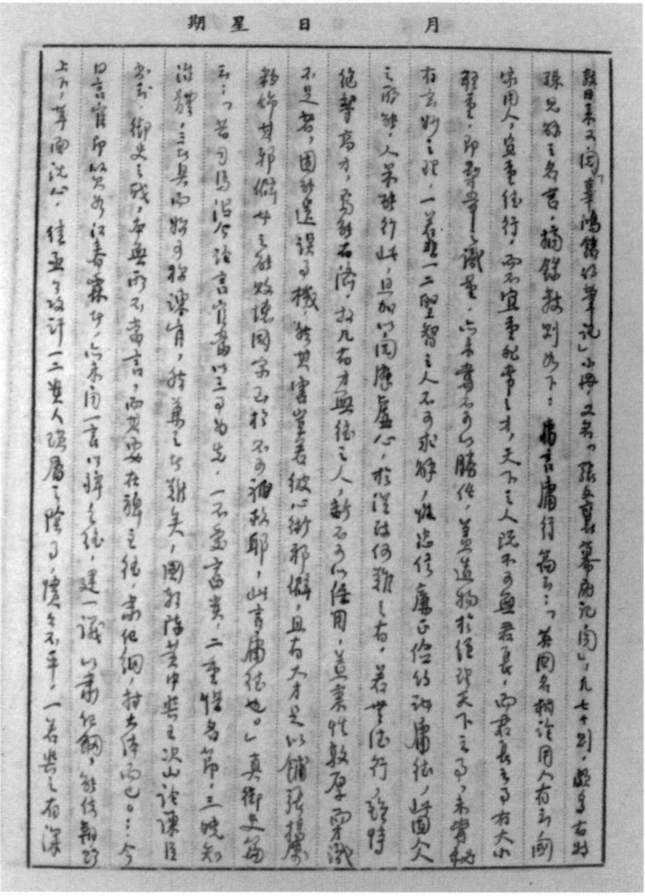
月　日　星期

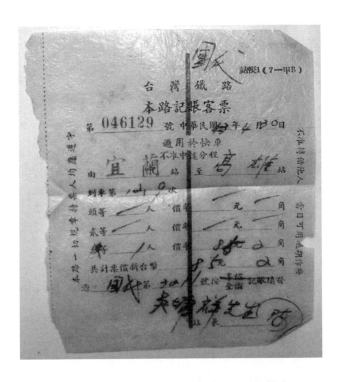

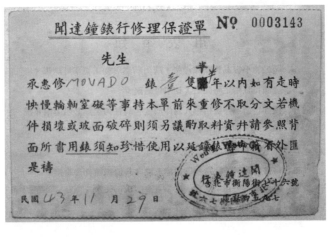

目　錄

1955 年（47 歲）

1955 年小引

　　流寓台島，已五年有餘，歲月不居，成就毫無，時序移轉，徒增傷感。回顧過去一年有可資追憶者數事：

　　一曰致力學問之道，愈覺不易，而學識荒疏，益覺有增無減。此一年中讀書不過數冊，而閱讀時之效率甚弱，閱讀後之記憶力又低，尤其西文方面，新學說日新月異，偶有所見，輒覺新奇可喜，不能自勝，而生活不能與學問打成一片，一曝十寒，不旋踵又復相忘，有時為譯事而不能不對西文原文費力鑽研，但當時雖通，過後亦難捕捉，況此類作品多數雜誌論文，未必達成熟境界，既無力博採周諮，又懼將囿於成說，亦覺塞翁失馬，安知非福，充此心境，遂使治學無定見，無主宰，無恆心，無遠識，可不懼哉！

　　二曰從事事業，無由開展，而天人交戰，徒增內心苦惱。余本非從事自由職業者，數年來以票友姿態，于役此中，初尚見工商界對此業人士有正當需要，繼則見業此者與正當人士日益遠隔，而幫凶分肥，使貪官污吏之本不敢公然詐索偷竊者，得此輩會計師之助則變為有護符有遮掩，串通俵分，益無忌憚，此等會計師之業務亦因而蒸蒸日上，而自由職業之身價則漸漸降低，寖假而成為人所不齒之徒，此即余今日所廁身之洪爐，耳濡目染，光怪陸離，進而不能砥柱中流，退則幾於難以自保，自思幾乎不知將如何做人，如何為業，豈不痛哉。

古人云，過而能改，善莫大焉。其屬於一己之過
者，自當以能改為鵠的。然如今日之世風則非一己之
過，欲扭轉更為不易，則亦只有耕耘在我，收穫在天。
以吃人害人誤公玩公為業者充塞乎左右前後，且日與為
伍焉，吾惟有以不畏強禦不惜羽毛之精神，周旋抗衡，
以期正氣之不墜，成敗利鈍，在所不計矣。

　　　　　　　　　二月十九日　春寒料峭中作

1月1日　星期六　雨

元旦

　　今日為民國四十四年元旦，各界皆放假一日，余因
終日未在市內，故一般景象均未獲見。前來賀年者有韓
兆岐兄、宋志先兄、張中寧兄、黃德馨兄，余均未遇。

游覽

　　昨日同事務所律師會計師約定於今日為獅頭山之
遊，乃於今晨九時在火車站聚齊，到者尚有吳崇泉、吳
麟兩兄，其時天色明朗，似有晴意，乃搭一次車南下，
九時二十分開車，十一時十分到竹南鎮，改乘日新汽車
東行，一小時到獅頭山口，其時雨已漸大，乃午飯並租
傘，飯後上山，由山口東行三十分至勸化堂，中經紫陽
門輔天宮，迂迴曲折，再上至最高處為望月亭，所經山
坡最陡，且奇岩壁立，傍山而登，形勢天成，最為宜
人，由亭而下至獅岩洞，有元光寺，新舍落成，極為宏
敞，再下為海會庵。庵前茶花木犀，招展迎人，至此已
行一小時半，因山徑漸滑，且為時不早，乃原路折回，
歸程游開善寺，此為山中最大之寺，與其他庵宮皆在岩

洞口建立，其上怪石修竹，叢立峭雲，下山時雨更大，游人有未備雨具者，或以衣遮面，或以芋葉為傘，或赤足提鞋，形形色色不一而足，將近山門處為獅頭石。下山乘四時車回竹南，晚飯，候搭七時半之四次車回台北，於九時半到達，今日之遊甚為暢快。

1月2日　星期日　雨

聽講

上午，到師範學院續聽潘重規教授講孟子，仍為盡心篇，潘氏對於孟子之藐視諸侯，與孔子之對於富貴向無貶辭大相逕庭一點，認為春秋與戰國時代使異，甚切。

師友

上午，丁暄曾君來訪，贈案頭日曆，又因渠在國防部服務申請銓敘之文件內有余所出證明書一件，按規定須附送余之經歷證件，而余之證件一年來迄在儲備登記審查中，直至前日方始取回，故於今日交其補送。廖毅宏兄夫婦來訪，其夫人與德芳談紹南與張中寧兄之長子緒心頗有交誼，似乎欲談進一步之問題，德芳答以二人均在校就讀，此等事目前說來太早，數日來張兄夫婦乃至其兒女輩似為此事全體動員，似未得動定之宜也。又廖太太現在銓敘部服務，余之儲備登記證書係渠代為取來，當時曾付費二十元，事先余接該部之通知囑交費二十元及郵費二元，當即按照所定辦法送郵局劃撥儲金帳戶，雙方互不相謀，以致發生重複，今日乃將郵局收據交廖太太查退。

1月3日　星期一　雨
瑣記
此地新年以日曆或月份牌餽贈之風甚盛，余每年必得數個，今年尤多，計有鄰右蔡君所贈德士古煤油公司一件，彰化銀行所贈一件，隋玠夫所贈合作金庫一件，高明一君所贈遠東紡織公司一件，丁暄曾君所贈紙業公司一件，或為每日一頁，或為每週一頁，亦有每月一頁，或三月一頁者，各種方式，不一而足，然以一月一頁者為最多也。

師友
今年以賀年片賀年之風亦特盛，余接到五十餘份，均一一作復，因印製一百份本餘只作復賀之用，但自動發出亦三十餘份，其中有接復者，亦有未接復者，故收到者比發出者尚多數份也。至於登門拜年者則照例不數見。

1月4日　星期二　陰
業務
繼續核計台灣林業員工互助協會之年金組合員年金總額，今日已將日籍部分得一總數，其中包括該會前列冊入台籍部分又註銷者三人，蓋因此三人容不必補償其權利金，但在總數中為一局部之成分，影響全體之分配比例，故須加入也。

閱讀
閱方丁平作「金樓韻事」第五集，包括其下集之一至六章，此部分所寫雖仍以祺金樓為軀幹，然其所附麗

之枝葉乃至金樓本人之事實幾與上、中兩部完全不相連屬，此冊所寫之故事偏重於亂世男女之奇異結合，而尤其著力於陸小曼之浪漫事蹟，描寫自屬大膽，但對話亦有不近人情處，欠缺錘鍊，毋庸諱言。

1 月 5 日　星期三　陰雨
琑記

　　上午，同吳崇泉、吳麟兩兄及孫福海君到景美繼續接洽買地事，並至所在地再度勘視，並在鎮農會商談一切有關事項，經決定用山腳較近之一段，每人二百坪，至地之兩端係用他地為通路，亦經原介紹人代為接洽租用或借用，並約定明日下午在余等事務所成約，下午買地者之另外一方面陳詠絃代表等亦來，彼等係買距山腳略遠之一端，並已擬成約稿，交余等核閱，認為同意，定於明日下午同來簽訂。此項約稿之特點為並非用賣斷字樣，而用讓渡一辭，乃係因地為放領地，地價尚有八年未繳，雖依耕者有其田條例二十八條規定在繳清地價後可以轉讓，但同條例第二十條又規定所謂提前繳清地價之詳細辦法，則尚有待於政府機關之規定，如依省府地政局之看法，提前繳付只限於當年之部分地價，則此地非至八年後即無法取得所有權，今日所付之價款，將只為頂費，如照廿八條最近修改之要旨在便於疏散建築，則二十條之補充辦法必將規定為一次可以將全部繳清，準此則不久即可辦理所有權移轉登記矣，此事在兩可之間，是地價較廉之原因也，至於八年未繳之地價，據云每坪約合稻穀二公斤餘，時值約六元左右。

1月6日　星期四　陰雨

業務

　　上午，出席勞工保險監理委員會所推審查勞工保險部去年上半年決算之小組審查會，出席何墨林、汪曉滄、紀萬德代表曾專員，首先提出初審意見者為曾君，即以此意見為討論之藍本，大體均照案通過，因曾君曾核對其帳簿，云是如此如彼，他人皆未，故只好同意也，但余其中一點，渠認為預付費用不應存在，詢以有無會計制度，似又不知，而於資產與損失之分別亦不措意，可見辦理官廳會計人員偏見之深。

置產

　　與吳麟、吳崇泉、李洪嶽三人合買景美鎮土地各二百坪，今日立約成交，全段本為一千二百坪，另有國大代表陳詠絃等參加買四百坪，余因備款不足，今日只付價款之半，其餘半數，承吳崇泉兄應允於後日代墊，一週後歸還，又中人孫福海等按習慣成三破二支付佣金，至於共同購地人尚應另立內部契約，則於明日完成之。

師友

　　晚，高明一君來訪，言已奉調至本市稅捐稽徵處古亭分處任股長，因而談其從事稅務數年來所遇各種光怪陸離現象，尤以所談稅務人員貪污舞弊各種方法及議員對稅務干涉包庇等難以應付之困擾，為議會成立以來最惡劣現象之一，有若干議員競選之動機即為圖謀自己經商免稅並代人報稅取利云。

1月7日　星期五　晴

業務

　　上午，到台北市政府洽繳林業員工互助協會土地登記規費，至則悉已於前日算好，並填妥三聯繳款用紙，乃持三聯單開具支票到市府對面代庫之彰化銀行繳款，該行因余所開為其城內分行之支票，不允照收，謂城內分行亦代市庫，不妨逕交，余乃到城內分行，該行又因不悉用何科目，將現款交余，囑向台灣銀行送繳，余見該等銀行員拘滯生澀，理論無益，只好照收，然上午時間已完，只好中止，下午持現款及繳款用紙至市政府內之台灣銀行駐市府公庫人員處排隊繳納，移時即辦妥，回至地政事務所將收據聯交其登記於土地登記聲請書之頂格欄內，據云一週後可持印花到所洽領新土地所有權狀矣，至於規費數目之計算方法，亦經余複核無異，對於林管局之塗銷登記係收附記登記費每筆四元，計土地十一筆房屋、二十七幢，合計一百五十二元，申請在發生一月後罰鍰如數，兩共三百零四元，對於互助協會方面之名義變更登記收費同前，但另收書狀及建物附表工本費每筆六元，共二百二十八元，四共五百三十二元，總計八百三十六元，查對定章無誤，但登記費百分之一未收，當係因不屬於權利移轉之故，是以此次辦理登記不但節省契稅十餘萬元，且節省登記費千餘元，皆該會無形之利益也。下午訪省地政局第一科林專員，洽林產管理局關於新竹、宜蘭、陽明山土地登記辦理手續之疑義一文處理情形，經查其科收文簿，知已於本月四日送請財政廳法治室簽註去矣，又查新竹縣來文請示處理情

形，其收文簿寫明移財政廳，同樣情形之公文竟有處理
辦法之出入，亦可見對於此類特殊案件之辦理，莫衷一
是之甚矣，又詢以陽明山來文處理情形，林君初謂已答
復該局照辦土地移轉登記，及余查其收文簿，前後不見
此文，渠又謂記憶模糊，主辦之蔣君不在，或係他科所
辦，送一科會稿者亦未可知，如此不問尚可，愈問反愈
糊塗矣。以電話詢單鳳標兄農林廳核對省府為林產管理
局請將電力公司股票過戶至林業員工互助協會一案，公
文經林管局呈催後處理情形，據云稿已辦好，正在主任
秘書處核簽，日內即可判行繕發，此案在該廳主任秘書
篋內酣睡二月，今又開始牛步式之公文旅行矣，政府機
關之誤事，真大觀也。

置產

　　昨日購定之景美土地，今日又續辦內部合夥人手
續，計分六股，每股二百坪，關於各人之位置，除外間
參加之四百坪在遠山之一端外，其餘八百坪，由余與李
洪嶽、吳崇泉、吳麟四人抽籤決定，結果余抽得第二
號，由近山算起，並分訂合約。

1月8日　星期六　晴

業務

　　日昨所繳之林業員工互助協會地政規費今日須送該
會請將墊款歸還，為便於將來在其他地點繳納作參考起
見，上午託晒圖店將原收據晒留底稿，此間晒圖有二特
點為余早年在校學習試驗所不知，一為晒出為陽文而
非陰文，二為晒後不用水洗，只在一黑暗之鐵桶內略置

即可取出,故方便多矣。下午到林產管理局訪臧金泉、
林慶華二君,洽辦有關事項:一為送地政規費印花等收
據,請撥還墊款,二為送公函一件洽商請提前支付第二
期公費之半,因第二期公費本規定須於財產過戶辦完後
始得支取,而現在尚未辦完之電力公司股票與三處房屋
皆有外在或該會之原因,二人對此事見解略異,臧君極
表同意,囑林君簽呈辦理,林則認為雖有理由,但新
竹、宜蘭、陽明山等三地只在形式上經三地政事務所收
件,在地政局公文未發下以前等於停滯不辦,似乎有所
躊躇,尚未知結果如何,林君又談及高雄縣旗山之房屋
登記事,謂高雄山林管理所來文提到與營產管理所爭管
理權事,並主張與埔里、花蓮採同樣辦法,訂定地上權
契約,余謂可以照訂,但登記仍無法進行也云,又允其
將在高雄山林所查卷要點摘錄送去。

集會

　　中午,在三陽春與嚴以霖、虞舜、汪流航、張安
侯、鄒馨棣聚餐,交換對明日會計師公會理事會開會時
選舉常務理事之意見,均仍主張輪流,決定屆時出席,
如果此意獲得通過,即由余等主張輪流之八人中,在首
期參加三人,次期二人,末期三人,以期對於對方七人
起控制作用云。下午,舉行會計師公會黨團會議,仍不
足法定人數,交換意見仍無具體有效之方法能迅速解決
此項問題,余發言甚多,對於自命不凡既無群眾又非幹
不可之輩頗有譏刺,事後思之,深悔太過尖銳也。

師友

　　中午,訪李公藩兄,略詢高九峯事。晚,蘇景泉兄

來訪，交近作詩兩首。

1月9日　星期日　陰
集會
　　晚，出席小組會議，由余記錄，決定文化服務站捐贈書刊辦法及下次會議提前舉行。
交際
　　國大代表顏澤滋母喪，在善導寺遙祭誦經，昨與吳靖代表合送禮箋，今往弔祭。
聽講
　　上午，到師範學院聽潘重規教授講孟子，今日為最後三章，最為精闢，一章分析孔子之所謂鄉愿，喻為米中所屬之白石，比沙稗均為害十倍，末章孟子嘆繼承聖人道統之責無旁貸，末兩句「無有乎爾」，謂如吾人不能為見而知之聞而知之之人，則真正斯文喪絕矣，孟子雖有挺身而出之勇，然含蓄有佳，且勉後學，文章之佳，無出其右。

1月10日　星期一　陰
業務
　　上午，為台灣省林業員工互助協會旗山房屋代擬一與高雄山林管理所間之地上權設定契約，並因此項座落之土地有山林管理所與營產管理處間之管理權屬糾紛，而協會方面不知其詳情，乃將前度在該所時所摘錄之文卷要點開出，交打字員打出後即送該協會以便向林產管理局查閱有關之文卷，藉以核對並進一步處理。

集會

　　中午，會計師公會理事嚴以霖、張安侯、鄒馨棣、汪流航、虞舜來訪，會談今日下午理事會推選常務理事之對策問題，彼等與劉階平兄未獲接觸，其最後態度如何無由測知，因而判斷十五理事中除渠採中立外將成贊成輪流充任與反對輪流充任各為七人之平局，果爾則若採連記法選舉必致雙方各選出五人，以抽籤決定最後五人為常務理事，故余方亦應先行確定由何人當選，其法係以抽籤為之，余謂劉階平兄未晤及，不應遽認為外人，吳崇泉兄刻不在場，抽籤亦屬不妥，至於今日之會對方可能仍不來出席，亦可能均來出席，若均不來而劉階平兄亦不來，即不足法定人數，必致流會，若除劉兄外均來，亦可不妨互相坦白確定產生方式，吾人之對策在會場中亦可從長商量，即對方亦決不能有機械之方式預先定妥也，談竟散去。下午三時出席會計師公會理監事聯席會議，此次會議係由前屆值月常務理事廖兆駿召集，並推新任監事富伯平主席，理監事無一缺席，故開會之初頗為惶惑，以為主張常設常務理事者或有占多數之把握也，及社會處解釋後始知彼等持有否決權，故雖少數而無恐也，社會處解釋應依規定選舉，設欲輪流必全體同意始行得通，有一人反對即不能採行，討論時余先發言歷述以前兩屆常務理事難產之往事，認為欲使問題簡單化，只有採用此最不好的方法，附和余意見者有二人，主席根據另一人之提議，逐一徵詢意見，結果十五人只五人贊成常設，七人贊成輪流，另有三人則無意見，值得注意者為一般認為絕對主張常設者之中亦有

主張無意見者，主席本站在主張常設者之立場，本欲今
日勉強解決之，至此亦知大勢所趨，乃提出意見，經通
過十天後再行開會解決，希望此期間內可以成熟，最後
余開玩笑認為大可請無意見之三人擔任常務理事，此三
人即劉階平、林有壬與徐光前，毛松年居然認真正式提
出，紛擾一場自然煙消雲散，但下次會議則決定請彼等
召開云，至於監事方面之常務監事則今日當場投票，結
果王樹基、富伯平均得兩票而抽籤由王擔任，此事暗中
亦醞釀月餘相持不下云。

1月11日　星期二　陰

業務

　　台灣省林業員工互助協會清理小組因余墊付地政規
費內有罰鍰一項，條詢是何原因，其實乃片言可決者，
係因權利變更之登記聲請依土地法第七十三條之規定須
於一個月內為之，逾期罰金額以下之罰鍰，今日乃答復
此項依據，連同昨日所代備之高雄縣旗山鎮房屋地上權
設定契約書稿與該土地糾紛文卷摘要一併送該協會。

閱讀

　　連日租閱書二種，一為陳定山之春申舊聞，乃中華
日報連載之筆記，其中所寫上海掌故，多有趣味，然人
名與時間之訛誤，亦所難免，且作者為鴛鴦蝴蝶派之文
人，文字體裁尚未足與於昔人名作之林，另一為喻血輪
綺情樓箚記，每篇率皆數百字，只有記李宗吾之數種作
品者字數較多，寫厚黑學則摘錄其要點，若未見原書
者大可由此知其梗概，至於文字則極為平凡，僅可達

意而已。

1月12日　星期三　晴

交際

　　丁鼎丞先生治喪委員會啟事定今日奉移丁氏靈柩安葬新店妙峯山，發引前舉行啟靈祭，送葬親友參加啟靈祭後辭謝執紼，花圈聯軸亦概辭謝，乃於下午一時半規定時間到極樂殯儀館參加祭奠，祭畢啟靈，首為樂隊車，以次為遺像車、靈車、家屬車、親友車，余未往墓地參加，丁氏之殯儀雖甚莊嚴，然較之陳果夫氏則規模相去甚遠，送奠者亦無如許人數，然皆自發自動，並無其他意味參雜也。

師友

　　下午到中山北路二段訪喬修梁兄，不遇，留字，託在附近代為訂買即墨老酒以備過年之用。下午到大理街訪林萬秋同鄉，商量如何為員林實驗中學本縣籍升學學生籌捐學費，不遇，留字，並將學費捐募冊交其家人轉交。

1月13日　星期四　晴

業務

　　余自去年下半年即未申報所得稅，誠以業務收入極少，縱使報稅，亦在應免之列，最初尚向舊轄萬華稅捐稽徵處作照例之申報，以後見無必要，即行作罷，而萬華分處以及城中分處（移信用合作大樓後之新轄區）亦未前來查詢，去年冬季起之業務略有起色，因過去帳

目略有應收應付事項須待於此期調整，故平時帳目並未
完全記明，今日以半天之時間加以整理補記，從而真實
之業務情形亦得加以分析，余亦確知因業務荒廢幾及一
年，即極有希望之業務亦成為泡影，年終總算，此略有
起色之收入實仍然未敷成本之需要也，以余計算，自尚
未達起徵點焉。

師友

　　下午，到台大醫院探視張中寧太太病，護士云將出
院，其本人入睡，留片辭出。

1月14日　星期五　雨

業務

　　與吳麟律師等談近年來自由職業之一般作風，咸以
為如不能有政府新決策，一面提倡，一面管制，必將陷
於自生自滅之境，律師、會計師本亦與醫師同，其業務
之來源為由於當事人本身之需要，未聞自行在外招攬，
或提皮包至當事人處簽訂契約之事，現在則不然，競爭
不擇手段，類托缽者有之，類梁雉者有之，以致勾結官
廳人員盜款朋分，或賄買法官，包攬詞訟，形形色色，
不一而足，行政機關或聽其自然，或裡外勾通，多一生
財俵分之道，於是律師、會計師非但不為社會所重視，
且反為有識之士所藐視，謂為社會之蠹蟲，即業內潔身
自好之士，亦唯有痛心，悲哉。

娛樂

　　晚，到中山堂參觀省黨部新年同樂晚會，有大鵬劇
團之八義圖，金素琴之全本鳳還巢，此劇演三小時，為

余所觀演此劇十餘次以來之為時最長者,所有其中為一般所恆省略之不重要場面,皆全部露演,例如朱千歲所遭之洗劫,其原因為誤娶大盜之女,引狼入室,又如此大盜即為穆居易戰功征剿之對象,且加入武行一段,均為平時演出之所略,今則一一加入,但所加者只是增加結構之鬆懈,全與主角無關,故不能謂為精彩也,至金伶之唱工則無可褒貶者焉。

1 月 15 日　星期六　陰

業務

上午,到台北市政府洽取台灣省林業員工互助協會之新土地所有權狀,先行將收件收據及應備之印花交地政所之收發員,渠即將已經繕備就緒之所有權狀查出,此時係與存根聯連在一起,係由經辦員將余之私章索去,在存根上及發件簿上逐一加蓋後,貼足印花,然後撕開並加蓋年月日交余收執,余之私章本在收件收據上加蓋以備核對者,現在亦只憑此即可領取,既無申請時繳驗申請書所附委託書之煩,亦不必再憑申請人原章,可謂便利不少,又在申請時所繳之舊所有權狀亦經同時退回,不過加蓋作廢字樣而已,至此台北市土地登記工作即已全部辦理竣事矣。

師友

上午,到省政府訪馬兆奎兄託為介紹彰化銀行增資延聘會計師辦理固定資產重估價事,據與財廳主管科通電話,似無可能,但余仍請其轉洽云。林鳴九兄來訪,不遇,余以電話聯絡未在。訪欒文煉同鄉,不遇,留電

話請聯繫。

瑣記

上午，訪喬修梁兄，詢買即墨老酒之所在，經詢問後下午可取，下午乃約同買者孫福海君同到喬兄處引導至賣出之店鋪，買到後即由孫君以自行車運回，自留三斤，作為余所贈送，余留七斤，酒比膠東淡薄，且加糖色太甜。

1月16日　星期日　晴曇

參觀

上午，到師範學院參觀藝術系師生畫展，計共八展覽室，走廊亦張掛多幅，計共六、七百件，有國畫、西畫，包括水彩油畫，有圖案、木刻版畫、書法等，作品最多者為圖案，最少為書法，教授作品佔兩室，有溥心畬、黃君璧、金開業、鄭月波、孫多慈、孫福坤等之作品，書法有宗孝忱之小篆，佳作甚多，余所得印象最深者為鄭月波之「嘶風」一幅，畫一高舉前蹄之怒馬，全用水墨寫意，氣象萬千，動人魂魄，另有畫牛與貓等三數幅，亦皆上選，所畫貓睛，比生者猶有神，而又不失之誇張，如此力作，真不多見，版畫皆學生作品，亦有溶圖案之美於木刻者，具見慧心，書法則多宗、溥之模擬，不足為訓也。

師友

上午，史濟贖女士來訪，此為故史謙孫氏之幼女，不見者已十餘年矣，今已頎長成人，自云十年前嫁薩氏，今已有三子一女，刻均在澳門，其本人來此不過月

餘，在中華兒童福利社工作，其父早已故去，其母由弟
奉養在滬，兩姊則長已改嫁，次已早亡矣。

瑣記

　　會計師公會理事嚴以霖、張安侯、鄒馨棣、虞舜聯
袂來訪，因數日後將續開理事會選舉常務理事，又須商
洽運用技術，張君云社會處如堅執輪流辦法即一人反對
亦不能採行，則吾人雖有八票之多數仍不能對抗其否
決權，故須擬一退一步的對策，渠意對方中只有毛松年
為人尚屬正派，設用連記法投票推選，吾人既為多數當
可操勝券，其人選可將毛納入，而以另八人分成兩批輪
流，每批四人，此法介乎王道、霸道之間，余等如在行
政機關壓制之下必須採用推選之方法時，如此亦可謂仁
至義盡矣，但此法先決問題為須掌握八票，始可過半，
此八票不能無劉階平兄在內，渠係兩面拉攏者，設渠不
肯完全站在我方，則又形成兩面對等之局，此法又不可
通矣，故日內須先與劉兄交換意見，再作計議也云，此
事余已極感厭倦，然又不能置身事外，甚以為苦。

1 月 17 日　星期一　陰

閱讀

　　讀司徒雷登回憶錄旅華五十年記，大華晚報譯本，
全書約三十萬言，寫作者在華傳教辦學與創辦燕京大學
之經過，與抗戰期間被拘與日人周旋，戰後擔任美駐華
大使與中國政府及共產黨周旋之經過，娓娓道來，親切
有味，多有當時未公開流傳之資料，余最感受感動者為
其燕京時期的個人經驗一章，此章書寫一種處人處世之

平凡的哲理，極切實，極淺顯，而又極深奧，其思想之
條理與寫作之技巧，皆臻上乘也。（其有關政治者則目
前自然最能了解中國之立場，至於政府在撤退大陸時，
恐尚不如此明朗也。）

師友

　　晚，約史謙孫之女公子璧人在寓吃飯。晚高明一君
來談如何應付恃援逃稅之輩。

1月18日　星期二　陰

師友

　　下午，張安侯會計師來約同往金門街訪劉階平兄，
因後日公會即將召開理事會選舉常務理事，亟待交換意
見，研究結果決定仍行堅持輪流充當之意見，據判斷主
張固定設置者之中程烈、毛松年等均已不甚堅持，只
有王庸、邱朗光二人尚在作不度德不量力之株守，只在
爭取否決輪流主張，縱其本人未必當選，亦可得到精神
勝利，設屆時彼等見大勢已去，不再堅持，即可急轉直
下，得以解決，設其中有人堅持到底，而社會處指導人
員復認為一人反對即不能輪流，則主張用連記法選舉，
此時可採之方有二，一為張君所提，就彼方中之公正人
員毛松年提作固定兩年之常務理事，另以我方八人分成
兩組，每組一年，輪流擔任，其餘完全摒之門外，雖情
感上略嫌決絕，但既已仁至義盡，彼等亦當知咎由自
取，但此法劉兄認為雖甚可取而樹敵六人在外，吾等又
無何好處，在理事會上彼等搗亂亦值得顧慮，於是余提
出第二法，即所謂強制的輪流，用連記法由我方選出四

人，加彼方一人公正者為第一期，選出後聲明只作八個月，屆時再如法產生五人，最後留彼方五人於十六個月時選出，彼等自然就範，此法劉兄、張君均同意，在八人團結不變之原則下，此法均認為可以貫澈。

1月19日　星期三　陰

師友

上午，劉階平兄來訪，未遇，渠與德芳談云，昨晚所研究之公會常務理事問題，本應與毛松年兄一談，又恐其脫離七人小團體之作法渠未必首肯，故擬暫緩，明日之公會理事會暫緩召開為宜，再求醞釀，以期有較為自然之結果，是渠對前議又變卦矣。

集會

下午，應省黨部召集，參加會計師公會當選理事之同志座談會，由涂少梅主席，致詞後自由發言，徐光前、邱朗光對於黨團不能甚早知其黨籍表示不滿，認為有違團結之旨，其實甚不相干，陳秉炎主張照章投票，亦可今日舉行假投票，程烈主張一切聽命於省黨部，王庸亦大同小異，嚴以霖主張輪流，鄒馨棣同，吳崇泉只對黨團之成立經過有所說明，余最後發言，對於黨團籌備時期調查黨籍之所費精力甚多一點有所說明，並強調輪流辦法只是運用選舉之技術，談不到不合法問題，形式仍全然合法，輪流之優點為權利義務完全平均，此為唯一保持團結之道，如以為不然，盲目選舉結果決不能圓滿，予可以斷言，假投票縱可行，亦須醞釀相當時日，其周折不在真投票以下，如由省黨部作主決定一

切，余可服從，最後由主席結論第一明日之會不開，第二處理方式如何渠請示主管，但決不武斷云。

1月20日　星期四　雨

閱讀

讀張立賢譯「一個征服不了的人」，此書包括兩部分，一為Helen Keller: *The Story of My Life*，二為John Albert Macy，海倫凱勒的生活及教育介紹，余只讀第一部，為作者自述其大學畢業以前之生活情形，全篇文字雖不甚長，但充滿堅強之意志，豐富之感情，樂觀之心緒，與忍耐之性格，此數者缺一即無以完成此盲聾者之偉大人格，而詞藻美麗含蓄，富於宗教哲學文藝之意味，不愧為一偉大之作品，而其末段復謂「我的自述就是這樣用朋友的故事寫成的，他們用千百種方法使我從各種約束中赦免了，使我能夠在我的殘疾陰影下安詳而快樂地散步。」尤見其不平凡的襟度。作者又描寫其大學生活，對於教育與學問並非一事有極深刻的看法，認為教師講解分析太多，反為一種真正登堂入室的障礙。在描寫其破除獨有之障礙之困難心情時，以下一段文章最見精彩：「一個人如果想要求得真實的學問，一定要自己爬越『阻撓之山』，既然沒有捷徑可以到達山頂，我必須蜿蜒曲折的往上爬，我摔落下來，我跌倒，我站穩，我向著那些隱蔽不見的障礙衝了過去，我失去了耐性而又復得，我跋涉前進，我獲得一些進展，我感到有了勇氣，我變得更為急切，繼續向上爬，慢慢的看到遼闊的天邊了。每一次奮鬥都是一個勝利。再經一次努力

我就可以達到明亮的雲端，深入蔚藍的空中，走上我的
願望的極峯。」作者最大之特點亦為一般官能畸形者之
特點，乃想像力之豐富，其想像力之發達乃原於官能不
足之彌補作用，作者在描述良辰美景，奇山異水，均以
極詩意之文字形容，其接受與發抒皆不透過五官，於是
其手法乃更空靈，更飄渺，更美麗，一如雨後天際之虹
彩，非只知低首塵俗者所能望見也。

家事

七弟瑤祥由大陳返台，據云係與美人機構西方公司
同撤返台，目前共匪攻一江山甚急，我方只有陸軍浴血
戰鬥，海軍、空軍因無第七艦隊為援，眾寡懸殊，不能
出動，故戰事慘烈，我軍處於劣勢地位，無法改善云，
所談與昨、今兩日港報所載相對照，十分符合，港報載
稱，美國官方認為大陳在整個台灣之防衛上無大重要
性，其第七艦隊亦無協防之義務，至於中美共同防禦條
約在簽訂之時，美方本揚言外圍島嶼是否在內留待共匪
揣測，由此亦知共匪早知其徒託空言也。

集會

晚，舉行小組會議，此為本月二十四日之會，因
春節在即而提前於本日舉行者，會內討論節約運動問
題，建立基層幹部問題，並捐文化供應站圖書，余為
41 冊。

1 月 21 日　星期五　陰

師友

下午到中央黨部訪張中寧兄，探詢其夫人在台大醫

院動手術後情形，據云經過良好，一週來已在逐漸復原
中，張兄本人現尚須兼攝其夫人在女師所擔任之職務，
至時前往云。

交際

晚，到金山街訪林產管理局林慶華君，贈送物品六
種，一為男尼龍襪二雙，二為女尼龍襪二雙，三為葡萄
乾兩盒，四為橘子十一斤，五為烏魚子一斤，六為酒四
瓶，因去年承辦林業員工互助協會案件時，曾送現款請
自行購物應用，渠堅決不受，當云必另買物品相贈，今
屆春節，適為其時，據今日所表示者，反應甚佳，因已
多過從之故。

1月22日　星期六　晴

置產

最近買景美鎮之基地，今日與同買者吳麟、吳崇
泉、李洪嶽諸君與原介紹人將東端道路用租地租約內所
空未填註之面積，經過測丈計算後補行填入，即據以興
工開闢道路，此道路十二尺寬，三十九公尺餘長，約計
為四十三坪半，原約本訂有租金，但據云該地之本身亦
租他人建屋，可能即不算收租金，該田係祭田，多人
共有。

瑣記

上午到光復大陸設計研究委員會支本月交通費，並
在福利社買用品，下午到萬華三水街市場買雞鴨蛋備食
用並新春後送禮，價較本街為低。

1 月 23 日　星期日　晴

交際

今日為陰曆除夕，到處有過年氣象，在交際方面雖政府提倡節約，然處於被動地位之互相餽贈仍不能免，計收到年禮有孫福海君，殆由於年終曾略給酬金謝其瑣事協助而以此為報，有徐嘉禾君，今日往答禮，有王一臨兄，亦往答禮，有丁暄曾君，亦往答禮，有比鄰陳太太，亦往答禮，至於姑丈上週曾來送酒、糖等，於今日著送臘肉、年糕等，又張中寧兄處著送自做之麵食品等，答其最近來禮。

閱讀

在報章上見所載古人不知足詩，甚有趣味，詩云：「終日奔波只為飢，纔方一飽便思衣，衣食兩般皆具足，又想嬌容美貌妻，娶得美妻生下子，恨無田地少根基，買得田園多廣闊，出入無船少馬騎，槽頭結了驢和馬，嘆無官職被人欺，縣丞主簿還嫌小，又想朝中掛紫衣，若要世人心裡足，除非南柯一夢回。」又謂：「達者知足，少則安，一簞已自恬如，其心常泰，昧者多求，多則惑，萬乘猶不滿意，一生煩惱。」此雖非盡人所能，然如此心懷，當常存也。

體質

余飲食向有極佳之胃納，即油炸與糯米食品亦向來不患不能消化，但近一兩月來食量漸漸不能太多，尤其糯米食品稍多即難消化，故加注意。

1月24日　星期一　晴
交際

　　今日為陰曆元旦，終日出外拜年，上午計到之處為張羣、隋玠夫、李紫宸（因移居按舊址新房主所告知地址改住係他人宅）、鄭旭東、吳邦護、袁守成、周天固、劉階平、樂幹、欒文煉、于可長、張中寧、廖國麻、黃德馨、王慕曾、李壽雍、楊綿仲、張益瑤、楊紹億、余井塘、李琴堂、李移生、裴鳴宇、李祥麟、馬兆奎、周旋冠、單鳳標、陳德馥、劉大柏、趙季勳、陳岩松、朱佛定、韓兆岐、張敦鏞、谷正綱、吳崇泉、劉哲民、胡希汾、俞鴻鈞等處及秦德純處，下午，到各處續拜、為何冰如、李子敬、廖毅宏、虞克裕、逢化文、鄒馨棣、田克明、牟乃紘、馬懷璋、佟志伸，及比鄰蔡維豁、張迺作、王一臨、吳治、杜、陳二家等。今日來拜年者有王慕曾、李洪嶽、吳麟、吳崇泉、周傳聖、陳德馥、李子敬、劉哲民、單鳳標、王德垕、曹緯初、吳治、鄭錫華、田克明、張中寧、廖國麻、謝持方、蕭作梁、韓兆岐、曾大方、廖毅宏、佟志伸、冷剛鋒夫婦、李公藩夫婦、吳邦護、鄭旭東、張益瑤、邵光裕、丁暄曾夫婦、蔡繼善、魏盛村、馬懷璋、蔡子韶、閻鴻聲、逢化文、鄒馨棣夫婦、李祥麟夫婦、程傑慷夫婦、劉階平、王一臨、楊紹億、王繼修、邱洪廷、周靜波。

1月25日　星期二　晴
交際

　　繼續外出拜年，午前與紹南到三張犁姑母家，盤桓

一小時，歸程分別往以下各處：蔡繼善、蔡子韶、蘇景泉、薛秋泉、冷景陽、邵光裕、王繼修、周靜波、邱洪廷、汪占中，下午到中和鄉，係與德芳偕行，並率紹彭與俱，計先同到宋志先兄處，然後余獨往于永之、李洪嶽、周傳聖、曾憲惠、曲滋綱等處，薄暮始歸。今日來拜年者有胡希汾、喬修梁、冷景陽、蘇景泉、隋錦堂、孫福海、呂少恆、牟乃紘、馬聯芳夫婦、虞克裕夫婦、袁守成等人。補昨漏記往拜年者王讓千。

1 月 26 日　星期三　雨
交際

今日仍繼續外出拜年，上午到中和鄉吳麟律師處，渠住於其外甥家，又到閻鴻聲兄家係沿河堤水源路前往，煙雨中躑躅河濱，別有情調，繼到新莊劉鐸山先生家，此處本擬與德芳同往，因天雨不果偕行，至一時返寓。下午，到呂少恆家，又到鄭錫華家，又到喬修梁家，均未遇。今日前來答拜者有何冰如、樂幹、曲滋綱夫婦等。補記昨日隋玠夫兄來答拜，並詳談第四建築信用合作社由鄭希冉、張子久接辦之醞釀，與合作金庫倉管處之觀感。

1 月 27 日　星期四　陰雨
交際

上午，到新店各師友處拜年，本擬先到崔唯吾先生家，出車站後即相逢於途中，謂將搭車去台北，於是不果往，並謂叢芳山兄等亦分別回其辦公地點，故亦不再

往，乃先後至孫典忱、韓質生兩兄處，僅在韓家見其兩
人之夫人在雀戰，余即回台北。

集會

　　晚在公賣局舉行革命實踐研究院財經第十九研究組
小組會議，到者不足半數，其實院內已有來函提起注
意，望勿缺席太多，今日當係因甫始過年之故。

交際（二）

　　今日回拜年者有李韻軒兄、劉大柏兄、欒文煉兄
等，余均未遇。

1月28日　星期五　雨

家事

　　上午，姑母、姑丈來探視，余家現為姑母在台象徵
性的母家，舊年中來此特別有非可言宣之情趣，中午留
飯後，盤桓移時，去時由門外乘三路公共汽車，換十九
路返三張犁。

娛樂

　　下午陪姑母、姑丈到明星戲院看電影，片為亞洲出
品「滿庭芳」，由王萊、鍾情、劉恩甲等主演，故事大
醇小疵，為一般電影故事同有並無必然性之發展的漏
洞，但演員則均能稱職，對話亦好，漸脫去話劇之桎
梏，尚值一觀。

交際

　　今日回拜新年者有孫典忱兄、汪占中兄。補記前日
拜年者有馬麗珊夫婦。

1 月 29 日　星期六　陰

業務

　　開始到事務所處理事務，今日將春節前林業員工互助協會送來之花蓮、埔里兩地地上權登記聲請用件加余處所備之件送至兩地山林管理所，請加附有關之證件，送其所在地之地政事務所。雙方各為八種證件，但分配方式不同，花蓮方面由此間寄去三種，另五種均據云係該山林管理所已經在接洽辦理時辦就，故請其加附，埔里方面則該山林管理所辦就之兩種前已由該協會交余處，前已將余另備其他各件彙齊共為七種，只餘房屋座落之土地所有權狀須請山林管理所加附，雙方加附後各成八種，即請分別交地政事務所，至余去信之收信人係採半公半私方式，花蓮方面為專辦對政府聯絡工作之祝秉衡君，台中方面則為總務課長陳世宏君及埔里分所主任楊霧君二人，正副本各一份，今日下午交郵局掛號寄往。

交際

　　下午，楊天毅兄來拜年，並謂將向尹合三兄建議聘余為第四建築信用合作社復業前後交接之證明會計師。今日來答拜者有于永之兄。數日來到余事務所拜年者有孫伯棠氏，又有劉伯含君、叢芳山兄。今日來拜年者又有陸冠裳兄之長子建鄴。補記昨日曾往拜年兩處，一為高九峯君，一為蔡文彬醫師。

1月30日　星期日　晴

交際

下午，到新生南路訪蕭作梁兄，答拜新年。中午，牟乃紘兄來訪，約即刻到其附近寓所吃飯，因李俊杰兄被誣在軍法看守所拘押七個月昨日釋出，今午小酌為其壓驚，邀余為陪，余乃前往，見李兄並無身陷囹圄之神色，據云在看守所係住於優待室，比較寬敞，同住者有立法委員羈押三年之馬乘風等云。

家事

晚，到三張犁姑丈家吃飯，係為同鄉曲滋綱君夫婦將隨糖業公司遷移南部，特為餞行者，今日余到時已遲，因等候二十路公共汽車，在途中浪費時間約二小時。

1月31日　星期一　陰雨

業務

與林產管理局林業員工互助協會林慶華君通電話，詢其所接農林廳關於請轉請省政府轉知電力公司為該協會股票原用省政府戶名者應過戶為協會戶名之公文何日復到該局，係何文號，據云該廳同時轉省府之文亦已到省府云，此事本為三月前託農林廳單鳳標秘書代為洽辦者，事過三月，夏曆年前單君尚告余正在辦稿，而不知文已出門，余今日始知該廳之拖延公事，欠缺協調，玩忽顢頇，不一而足也；林君告余，渠已與財廳主管部分日產室葉某洽談逾兩小時，關於協會須先取得法人資格始准繼承原共濟組合之財產一案，原省府令文係財廳

公產管理處所辦出，該處乃日產室之前身，辦事人員亦無變遷，今日又認為此項處理大有問題，葉等似主張與鐵路局、公賣局兩共濟組合另作專案處理，經林君解說其先後交涉經過後，並強調如再拖延時日，省議會將舊事重提，不但原案不能變更，即該廳對外亦徒然引起不快之印象，葉始不堅持，但認為須與有關之機構如省府人事處、法治室、地政局等再做洽商解決，云云，余揣度其用意或在認為有油水可揩，於是明知不能翻案，亦故作姿態，或使解決時日遷延，引起不便，以表現其權威，此等腐敗官吏殊為可恨也。余因承辦此案，對各機關之種種作風，乃有更進一步之認識，行政效率之低落，公務人員之無恥，比之大陸時期有過無不及也，使余尤其痛感者為遇事以友誼關係請人協助，乃更困難無比，即如上記單鳳標事，又如為向陽明山管理局索不動產評價表，本託高明一君往辦，要來者不全，請補則久久不提，想已遺忘，後因石鍾琇兄在山受訓，乃函請抽暇往索，半月後索來，拆視乃台北市政府者，為余所不需要，更細視則又為民國四十一年公布者，今日全成明日黃花，求人之難，竟至如此。此外尚有三事，亦足以證明做事之良好配合極不易得，一為在花蓮時向稅捐稽徵處索取房屋評價表時，大意忘索地段加成表，及見表下列有須加成字樣，乃函花蓮山林管理所當時與余偕往之祝秉衡君請往補索，彼回信云處答云並無此項附表，二為土地估價房屋估價之實地勘查工作已辦竣月餘，余只等待負責評定每坪房屋單價之高九峯君提出單價，即可據以核算，乃先後往訪高君三次不遇，舊曆年節前往

拜年留片，亦無反響，如謂因致送報酬嫌少，但係託介紹人李公藩代送，李兄亦未言有此，究竟如何，殊難以索解也，三為余為處理此案所聘之「顧問」王紳會計師，此人本為余在洽定承辦契約中間出而減價競爭者，後因余出代價一成五獲致妥協彼始放棄，渠為受此款得以稍顧名實起見，曾再三自動向余表示有須託其代為處理之事務可以隨時告知，待舊曆年底前，余知新竹、宜蘭等縣府土地房屋登記之前提林產管理局請地政局解釋如何辦理一文經地政局送財廳核簽，而農林廳轉請省府令電力公司准為辦理股票過戶之文亦即將辦出，乃往彼處送交要點一份，請代為至財廳與主管方面洽催此兩事（王本為財廳職員），交去後十餘日渺無音訊。此等事真屬不少也。

2 月 1 日 星期二 晴

業務

　　上午，整理所訂台灣省政府公報上月份，並加裝訂後摘出有用之目次寫於封面備查。下午，與嚴以霖、虞舜、鄒馨棣在嚴君處會齊，同赴省黨部訪第二組主任涂少梅不遇，與歷次來會計師公會黨團幹事會指導之葉君交換對於推選常務理事之意見，余發言要點為說明余等主張輪流者之立場與彼等主張固定者有其基本異點，彼等主張固定者只云應依法規投票，但如何運用之技術，全無建設性之方案，故只為抽象觀念，不足據以解決問題，余等早已考慮選出適當孚眾之人選大不易易，如分頭競選，更將一團糟糕，遷延難決，故為使問題簡化，乃認為不妨將權利義務以及選舉人被選舉人合而為一，一切糾紛消彌無形，自可加速此問題之解決也，至於彼等無具體方案而又堅執一辭，無非初時主用閃電戰術，聯合八人一舉成功，及其事不成，本應改弦易轍，但又勢成騎虎，僵局益難打開矣，葉君主張雙方先談名額分配，再談選舉技術，余等亦贊成，但主八人應出三額，余等自己局部輪流亦可，葉君又謂此案情形早已簽報候批解決矣。

師友

　　下午同德芳偕紹彭到吉林路分訪馬聯芳、張景文夫婦，今日為紹彭生日。

2月2日　星期三　晴

交際

　　下午，同德芳到各友人處答拜新年，所走數處均為夫婦二人同來過者，計先到安東街冷剛鋒兄處，冷氏夫婦仍經營抽繡手巾以郵包寄出在美銷售，因為數無多，故不生結匯問題，每條成本七元，售價可美金一元，合新台幣三十元云，再至其比鄰之李公藩兄家，僅其夫人在家，略談即與辭，到新生南路程傑慷朱綺芬夫婦家，朱為安徽地方銀行之同事，刻在女子師範供職，再次至連雲街李祥麟兄寓，其夫婦均不在家，最後至丁暄曾君夫婦家，略談，薄暮始歸。

師友

　　上午，尹樹生兄來訪，詢余對於鄭希冉、張乃恆等人之觀感，因彼等正擬接辦第四建築信用合作社，是否容許全在其所主持之合作事業管理處之見解，余謂彼等資金之來源余雖不知底蘊，然其決不至於空頭，則似可斷言，余又詢以前次楊天毅兄主張余仍為該社之會計師，監督其交接清理事，尹兄甚表首肯，但渠主張由余任一理事，余謂本身無資本，決不願任權責不相副之事，如不勉強則最多一監事為已足，余對該社初無其他興趣，不過因去年曾為其查帳，至今公費未付，設對該社繼續有其關係，對此項公費庶乎有著云。晚，在皖時之友人曹璞山兄來訪，舊曆年後已兩度來訪，據云去年秋在此再度結婚，其夫人川籍，刻在空軍總部服務，其本人尚在警務處，生活情形仍甚清苦。

2月3日 星期四 雨

業務

　　協助余辦理林業工互助協會估價工作之高九峯君，自羅東歸來後，月餘未獲謀面，因而計算報告工作即未能著手進行，今晨再往其寓所相訪，幸其尚未出門，據云因羅東部分需要仔細分戶計算，故費時較久，現已完成，其餘部分立即著手，將來希望能相當詳盡，只須余向該會提出，即不容當事人有不明白或懷疑之餘地，雅不願事先簡略將來發生困難，或往返查詢不休云，余對此項原則認為合理，但因希望對方不再催辦，並使余實地查看之房屋不致因曠日持久而模糊，仍望於三數日內將全部完成，並給余製表核算之時間云，高君對此事遲延甚久頗以為憾。

參觀

　　明日為農民節，紀念籌備會柬邀參觀其各項活動，其中較有意義者為機耕表演，因今日落雨，而表演地點在板橋附近之浮州，故未前往，今日到中山堂參觀其農業圖表展覽，有糧食局、農林廳、農復會、糖業公司、林產管理局、農業試驗所、林業試驗所等機關與省農會之圖表，有四健會部分甚新穎。

2月4日 星期五 陰雨

家事

　　幼女紹因將於今年十月底滿六歲，依規定兒童滿六歲者於每年秋季分發國民學校，現在即將開始調查統計人數，紹因在此申報戶口時誤為十二月，現為使能不致

因此而延誤一年，遂仿前年為紹寧更改年齡之例，事先
託比鄰蔡維熙與張迺作太太為保證人持保證書到區公所
申請更正年齡為是年七月生，因規定須八月底前生者始
歸是年度也，至則司本里戶籍者謂須其上級人員核定，
問其上級人員則云自去年二月以後市政府因申請學童改
齡者太多，規定須有公立醫院之出生證件，始可轉請市
府核定，即在大陸出生者亦同，不得要領而返。到國民
大會秘書處洽取至公立醫院優待證明書兩件，一備余
用，一備德芳用，德芳連日在台灣大學醫院為婦產科及
內科之檢查，依公教人員例可以減費。

業務

　　與吳崇泉兄研究會計師公會常務理事問題之對策，
緣昨日分頭接省黨部通知，仍囑黨團幹事會研究以選舉
方式為之，並支持黨員當選，此本為不言自明之理，但
主張常設者認為黨部所謂選舉即是常設之意，目前仍
顧慮在黨團開會時彼等以多數之資格取得主動，余意設
彼等仍一意孤行，無論其是否準備用連記法全部在黨內
壟斷，余等應採全體不合作主義，縱彼等以強制之方式
選出我方人員參加，將來只能作尾巴，應拒絕當選，吳
兄對此意甚表贊同，同時黨外理事張安侯通電話詢余如
何，余否認本黨全部壟斷，余等初衷不變云。

交際

　　晚，國大同人林尹為其子授寶，余至大鴻運道喜。
到張安侯會計師處賀遷居。

娛樂

　　晚，同紹南觀電影，Lana Turner: Flame and the Flesh，

演技極精湛。

2月5日　星期六　晴
業務

　　與吳崇泉兄及鄒馨棣會計師以電話商量會計師公會常務理事選舉之運用問題，據鄒君云，自省黨部通知發出認為仍應由黨團研究選舉技術後，反對輪流者輩即認定黨部指示在於固定設置，設余等以五票繼主輪流，不敵彼等七票之眾又將如何，余即將昨日見解提出，在黨團內在常務理事會內皆不予合作，將來只在理事會內仍能以多數之資格予以對抗，惟鄒君謂彼等七人之團結初非強固，其中林有壬一人已向其表示反對彼等用連記法以少取勝之霸道主張，並主用單記法或限制連記法，設用此法余等三人亦能同意，林即擺脫彼等之羈絆，結成新的陣容，余與吳兄二人對此認為極有運用價值，即託鄒君與林君接洽，表示同意，林君並欲將邱朗光拉入，如此則吾方成為七人對抗彼等五人，在黨團內亦可有決定權，究竟如何提選，其權即操之在我矣，至於余等五人中尚有二人不知此事，定於後日上午聚談，談後再與林君作最後之決定，至於公會內與余等表同情之黨外三人，亦在後日以極為坦白之方式與彼等商討在公會內應如何運用云。上午，到林業員工互助協會送台北市變更登記之土地所有權狀，並取回上月之墊款規費。至於洽借第二期公費之半一事，林慶華君堅主須俟花蓮、埔里之登記亦經地政事務所受理後再行辦理，余認為待此二處辦後亦無不可，但應為二期公費之全數，因至此已只

餘旗山一地尚未辦理，而此地另有糾紛不能辦理也，林君及其主管臧金泉組長亦同意此意，余憶上月林之主張謂須俟地政局對於羅東過戶事有復文時始好借款，今日又有較伸縮之見解，前後不同，至於地政局事則已簽財政廳，財政廳方面方在以極不同情之方式作梗，今日臧君亦明言此非余所能左右，余即提出兩點，一點為對財廳方面是否會同作疏通之舉，渠認為暫可不必，林君謂財廳不致滯壓不理，則似以先行坐觀為宜，二點為依合同又已期滿，而此項土地登記乃至電力公司股票過戶之不能立即著手，均因財廳作梗而不能進行，則此項合約尚不知何時可以完成，經決定由余去函聲明，前次本請展一個半月者，此次可以不提展至何時矣云。

家事

上午，率紹彭到忠心幼稚園參加新生測驗，測驗時余未至教室，但知所答均佳。

交際

見報焦鼎鎧會計師物故，下午到極樂殯儀館弔祭，焦君滬聞人，在此殊寥落。

師友

晚與德芳到徐嘉禾兄處拜訪不遇。又到吉林路訪馬麗珊夫婦，答拜新年。

參觀

上午，到師範學院應邀參觀四健會年會之示範表演，余到已遲，只見某單位表演其採蛋式雞舍，甚佳，此等四健會在台灣為農復會鄉村青年運動項目之一。

2月6日　星期日　晴
師友

　　上午，劉澄清兄來訪，閒談。下午，到中正東路訪
曹璞山兄，不遇。到交通銀行訪王慕堂兄，渠係前日由
西貢經香港回台，昨日經來余寓訪問，余未相遇，乃於
今日往訪，王兄在西貢任職已二年半，據云其對交行
吸收存款並摒除客戶水禮等事，具有樹立風聲之貢獻，
但在舉世溷濁之情態下，久之亦有格格不入之感也，王
兄眷屬雖通消息而不能接出，其子女皆在大陸上學，情
況良好，王兄在港時曾函託其購毛線，昨日帶來，余詢
價款，渠謂作為贈品，不便再言其他，又談二小時餘辭
出，約星期三便飯。

2月7日　星期一　晴
業務

　　今日為會計師公會常務理事之選舉，問題擾攘竟
日，上午吳崇泉、虞舜、嚴以霖、鄒馨棣、張安侯、汪
流航等人商談，咸認為問題之要點在黨團而不在公會理
事會，因後者余等占多數，前者余等只占少數也，但前
日曾與鄒馨棣會計師聯繫之彼方理事林有壬態度模稜，
設彼不屬於彼方，則彼方在黨團亦無過半數，林如在黨
團加入我方，我方亦為六人，雙方成為平局，大勢自然
不同，於是全體相偕往訪林君，渠對於我方在理事會已
有八人請彼加入成為九人分三期輪流之局不感興趣，彼
主張應採行單記法在黨團內提名，採行此法決難為局部
所操縱，設在黨團內用秘密表決採何法提名，此法至少

已有余等六人，可能尚不只六人，如為雙方六人，自然難以取決於任何一方，林君認為應採全體抽籤法，完全聽之命運，自然亦無何等恩怨可言，在座對此法尚有懷疑者，余則認為不失為快刀斬亂麻之方法，不問林君動機何若，此事如此可有解決之途徑也，又為與省黨部人員聯繫，決定五人聯名請客，當將柬帖寫好，五人聯袂於下午面訪省黨部主任委員郭澄、代書記長傅君、第二組主任涂少梅及職員葉自成君，僅與傅、涂二君先後相遇，傅對此案似不甚清楚，或係不肯表示態度，故作痴聾，涂則表示其主任委員之決策著眼於爭取黨員當選，而輪流則不能達此目的，故主由黨團用方法使黨員當選，至於何人應該當選，以及用何法提名，黨部毫無意見，云云，此項決策表面似乎光明正大，其時完全係彼方包圍之結果，彼方之目的固在以黨團內多數戰勝少數，並以桎梏加之少數，使在理事會時不能與黨外人士聯合造成多數也。聞彼方在黨部所施離間破壞手段，不一而足，彼等暗地未嘗不拉攏黨外人，其居心實以黨為工具耳。此事另有一股暗流，即常務監事王樹基來訪，謂徐光前與彼二人發動每三人提一候選人之活動，希望余與吳崇泉、鄒馨棣出一人，復旦王庸、嚴以霖、張安侯出一人，另九人中出三人，如此豈非可以和平解決而無偏頗，此舉之目的或係出於彼方所策劃以拆散余等八人之陣線者，但其原則固屬冠冕堂皇，故不能予以拒絕，經即表示如其他各小組均能產生人選，余等自無問題，事後余加以推敲，並與復旦嚴以霖談起，認為縱能使全部人員分成五個小組，產生固定每組一人，亦屬不

易，嚴君認為設王庸及張安侯商談合作，不妨三人輪流擔任，如此則余等主張戰勝矣，余告王樹基對於三人出一之承諾，必須三人均有表示，不可冒替。

2月8日　星期二　晴

業務

下午，與吳崇泉、嚴以霖、鄒馨棣、虞舜等商討會計師公會常務理事選舉事宜，虞君推測省黨部之最後目的在利用雙方相持不下之局而指定名單，余意雖不能謂無此可能，然其預定步驟尚為交黨團自行處理，故余等目前仍應照昨日與林有壬君商洽之辦法，在黨團開會時力主用單記法提名，設果然只得六票，與對方相平，再主張全體抽籤，此項步驟如不幸未如預期，黨團內因只占少數而失敗，則應全部撤退，設彼方以全部壟斷之方式用連記法投票，則壁壘分明，余等將來在理事會仍有以占多數之姿態續謀對抗，設彼等強制投我方一票，其人選設為余，必堅決辭職，以明立場，如此亦可以對黨外三人之聯合行動也，但虞君對此不表同意，仍認為須向黨爭取名額（最多只二票不足取也）且主由余向中央第五組上官業佑處疏通，余堅決反對，並堅主目前之態度應全勝或全敗，不應屈辱妥協，但虞、嚴二君不聽，仍另闢蹊徑，自稱往訪徐光前探聽對方之態度，其時此只暴露弱點，更於事無濟也，又昨日王樹基之三人推一辦法，復旦三人中即未能實現，已成預料中之失敗矣。

交際

晚，到菸酒公賣局參加革命實踐研究院第一、二、

三期同學歡迎第四期同學（均聯合作戰研究班經濟組）
之宴會，到六十餘人，全體應有百人有餘，聚餐後並有
美國新聞處演電影，一半為新聞片，一半為紐約自來水
工程，尚佳。

2月9日　星期三　晴
業務

　　上午九時在余等事務所集議會計師公會常務理事問
題，意見龐雜，下午，對方與我方吳崇泉兄接觸，提出
協商名單，該名單彼方有四常委名額，余方只在余與吳
崇泉兄中選一，如復旦反對彼方所提之王庸，則程烈負
與王疏通之責，吳兄對此名單雖不滿意而與余等商量，
余認為無考慮必要，晚在中心診所宴請省黨部及社會處
有關人士，到省黨部書記長詹純鑑、第二組主管官員葉
自成，余向詹說明前後原委，提出明日黨團會議提名方
式問題，反對用連記法，詹兄甚為同情，葉則保留查考
法規之餘地，此人似與對方有勾結，飯後同訪林有壬，
並集議決策，認為明日必須提出人選問題，對於連記法
以去孰爭，對於限制連記法只主連記二人，若三人，有
對方操縱可能，堅決反對，而主張用單記法，產生兩
人，此兩人為團結在理事會之多數，決定集八人共同輪
流兩年，每人半年，第一期推余與虞舜擔任。

2月10日　星期四　陰
業務

　　上午，十時半出席會計師公會黨團會議，十二理事

全出席，省黨部葉自成參加，首先以限定時間之方式對於常務理事提名人選舉行協議，其間余方五人因早有人選產生，故不須本身再行交換意見，反之對方則始終未有集中意見，其中程烈一面揚言其本身決定放棄，一面又謂彼方五人均要幹，故無法協商，於事無結果，進行以投票方式提名，葉君首先宣布經向其主任委員請示，確定採用無記名單記法，遂立即準備選票，不料此時程烈突生枝節，謂今日之開會通知為座談會，既非正式會，何能選舉，葉君解釋不妨先行決定是否立即成為正式會，於是表決，以彼方所提先行座談選舉提名方法之對案七票通過，於是又略事討論後，用書面表決，結果主張用連記法者七票，主張用單記法者五票，此為提供省黨部參考之用，不能作為決議，遂決定候省黨部指示，散會，今日之會表露以下數點：（1）彼方競選者多，非採用霸道包攬方式不可，（2）七票反對單記法者中有林有壬一票，此人曾主張用單記法向余等表示合作，足證為重大欺騙也。散會後約葉君午飯，便中表明余等之立場為不希望部分人包攬團體，如省黨部不能堅定而採用其主張，證明無法合作，余等當辭去理事職，下午五人又集議，虞舜、嚴以霖、鄒馨棣等人主張再到省黨部活動，余認為暫先不必，因余判斷省黨部為表現其果斷並免治絲益棼，決不會出爾反爾，應俟明晨再作計議云。

交際

    晚，在寓約王慕堂、尹樹生、隋玠夫及冷剛鋒夫婦吃飯，主要為王兄洗塵。

2月11日　星期五　雨

業務

　　會計師公會理事會本定於今日下午開會選舉常務理事，余因直至中午尚未有黨團活動，理事會不易舉行，以電話詢公會幹事始知中止開會，余即忖斷必係昨日彼方七理事向黨部請求改用連記法提名無結果，乃為緩兵之計，暫不開會，如有結果，今日必採閃電姿態，仍舊開會也（開會召集人本為兩個無意見的份子，其實屬於彼方，故可發可收，與其私利相配合）。迨下午問吳崇泉兄始知果然如此，吳兄昨日曾到省黨部遞送開會報告之公文，葉自成君相告如此，又知余等五人中傍晚有虞舜、鄒馨棣、嚴以霖等三人同訪省黨部主任委員郭澄，表明希望開誠布公勿開黨內操縱把持之惡例，郭希望能自相協議獲得結果，並明告不允對方所請云。

師友

　　下午，張龍翔君來訪，係探詢訴訟費用疑義，余轉請李律師為之答復。

2月12日　星期六　晴

師友

　　下午，廖國庥兄來訪，閒談會計師業務，廖兄現任立法院主計處長，據談比在農林公司時期為繁雜，對於農林公司之分售，認為或可發掘若干會計師業務，因台灣人集股欲購買某一單位時，可能對從前所估之價值發生疑義也。張白琰會計師來訪余與吳崇泉兄，並贈新出版萬年曆一冊，面告月分與時辰之干支推算法，至於

年分與日期之干支則均已印於曆書中也。史濟贖女士來
訪,並約同至重慶南路訪吳先培兄,吳兄新當選進出口
同業公會常務理事,為小實業家之代表人物。

2月13日　星期日　陰雨
娛樂

　　下午,同德芳率紹彭到大世界看電影,片為White
Christmas,譯名銀色聖誕,或大團圓,由丹尼凱平克
勞斯貝與維拉愛倫等合演,此片為派拉蒙廣告攻勢下之
產物,謂為新技術 Vistavision 之第一部作品,中譯名超
視綜藝體,似通非通,不知所云。此片之特點為銀幕較
向來之銀幕為大,比所謂寬型全景銀幕為寬,但又不似
後來之新藝綜合體成為低矮之窄條,據云此項長寬比例
(寬一‧八,比高一)最接近人之視覺之自然範圍,故
看後較少疲倦之感,此片彩色配音均佳。

2月14日　星期一　陰
師友

　　下午,到國軍退除役官兵就業輔導委員會訪廖毅
宏、于懷忠、陸冠裳、徐嘉禾諸兄,閒談,並託徐兄為
紹因更改出生月份事向古亭區公所或有關方面洽詢有無
變通之辦法,徐兄云須託內政部戶政科長代為接洽,經
以電話聯絡,尚未接通,余即先行告辭。下午路過孫雨
航命館入內閒談,孫君以天柱山樵名義在此行卜。
集會

　　下午,到台大法學院參加聯合國中國同志會所召開

之座談會，由聯合國來台之勞德夫人主講聯合國有關人權之種種設施，吳炳鍾通譯，一小時散會。

閱讀

連 日 選 讀 George Heberton Evans, Jr.: *Basic Economics, A Macro- & Micro-Analysis* 一書，著者為 The Johns Hopkins 大學經濟學教授，本書乃 1950 年出版，著者自序謂其作之目的在供一學期授課之用，使習經濟學與不習經濟學之學生均能合用，觀其內容確能符合此項宗旨也，第一卷為經濟上之基本觀念，第二卷為貨幣銀行制度，企業制度等，以美國為中心分析經濟制度，第三卷為全體經濟學，分析國民所得經濟成長與就業問題等，取材最新，四、五卷述企業經營，最後論國際貿易等世界性的全體經濟學，余擇讀者以第三卷為主。

2月15日　星期二　陰

集會

晚，出席小組會議臨時會，今日召集之目的為改選小組長，雖依上級黨部指示希望儘量選舉台籍同志當選，但選舉結果仍由吳治同志連任，此蓋因在彼處開會地點適宜之故，余提台籍同志邱洪廷之票，彼只得兩票。

命相

晚，小組會後同小組之同志夏鐵肩君為余看相，謂余本年生日後入鼻運第七年，余之鼻運初期受累於起節與斷梁，今後漸漸失去其影響，自今年起比四十四、五歲時將強盛多多，而四十八歲即明年將入最佳之境，

彼時恐將脫離自由職業而負較大之責任，由此以至
四十九、五十止，均屬穩定狀態，五十一以後因地格飽
滿，境界不惡，晚景亦好，較吃虧處為神氣稍差，否則
叱吒風雲之人物也，至於氣色則晚間不易看清，惟大體
上極為清朗，而無混濁之象云。

師友

　　下午，魏盛村君來訪，談其所管理于瑞圖氏長沙街
之倉庫房屋已全部刷新，準備出租，租金每月三千元左
右，託余代為留意租戶，又該房以前由農林公司承租時
期曾因稅捐稽徵處到該公司查帳而發覺未納財產租賃所
得稅，當由該公司職員將款取去代繳，迄今未見收據稅
單，疑係查帳人員與該公司人員上下其手云。

2 月 16 日　星期三

師友

　　上午，徐庶幾兄來訪，余未遇，下午到西寧南路訪
談，據云有事相商，緣招商局用比價方式出售廢棄登陸
艇，某鐵工廠託徐兄代為洽購，比價單係投於張迺作律
師處之箱內，詢余及同時在座之林樹藝兄是否可以向
律師接洽有無必得之道，余與林兄咸以為設其中有弊端
時，亦係受招商局主辦人之指使，應向主辦人接洽，設
其中有條件可以串通者，亦應即作決定，亦便十八日決
標，徐兄亦以為然，及晚徐兄又來告，謂已與主管人接
洽，據云因參加比價者多，且並非普通商人，不敢玩弄
玄虛，繼即談及其他瑣事，多為其在台經營特殊商業之
奇特經驗云。

見聞

徐庶幾兄告會計師業務變態之情形，渠介紹數項業務於程烈，均屬此類，據云程曾欲包庇基隆加設運輸公司一家未有效果，而公費四萬元吞沒，又為貿易商更新登記代造假帳，得公費二萬元，現在招商局賣船事渠亦受代理前往串通，言明公費一萬七千元，已用五千元，據云恐又無結果，最近聞復興航業公司漏稅案託彼交涉，公費十八萬元，究竟如何辦法，尚未之知，徐兄雖為其介紹業務分享報酬，但言下頗有不直其為人，謂其貪饕而不負責，為人不學無術云。

2月17日　星期四　晴

家事

上午，到忠心幼稚園送紹彭入學，今日為紹彭初次上學，但以前曾隨紹因至該園玩耍，故教師均知之，今日先入教室時亦未有不慣，紹因在教室外陪伴，殆中午始接回，紹因仍在該園，但為大班，須下午上課，故開始數日紹因幾終日在園云。

師友

晚，徐庶幾兄來訪，謂代辦之招商局投標事已於今日下午到張迺作律師處投入，嗣即到內室與張談此案情形，云甚融洽，今晚乃再與張繼續洽談有無可以必得之方式，因知張與余比鄰，故先來談，但訪張仍為彼一人前往，且作為余不相識，因張雖完全為海派作風，向未在余處有所顯露也。

2月18日　星期五　晴

師友

　　徐庶幾兄以電話相告，昨日由余處往訪張迺作律師，果然不出所料，渠對於尚未開標之各比價單內容居然已經先知，經與徐兄洽妥受酬四萬元可以保證其得標，但買主方面因已有最高標價超過底價十二萬元，加此四萬為十六萬元，無此必賺之把握，因而放棄，至於程烈會計師方面原訂之約以購到方始可以受酬，今未能完成條件，徐兄乃向其將款索還，在初時彼固揚言已經向外打點，今見無可狡展，乃只好自認吃虧，其實所謂打點亦並無其事，不過預留吞沒之餘地而已，此一律師與會計師之作風可以代表此間純海派自由職業之典型。黨校同學方耀光兄來訪，渠將辦銓敘，而現在名字為方中天，欲覓一同學錄將其名號完全印出者，問余所存者是否有之，余允下午回寓後代為查尋。

交際

　　晚，在中國廣播公司參加政校同學歡送程天放氏赴美之宴會，主人共六十餘，客人除程氏外為余井塘、羅家倫、劉振東、谷正綱諸氏，致詞者有程、羅、劉諸氏，劉氏謂吾師生即八十歲相見亦能互不慚愧，望互相勉勵，此言自然動聽，但席間即不無微詞，謂其在立法院另開小攤，棄數十同學之大資本於不顧。宴會中遇陳運生兄，詢林業員工互助協會事，渠謂將另作統一之研究，與公賣及鐵路等量齊觀，似與內容不甚相稱。又遇上官業佑兄，與談會計師公會黨團糾紛，上官兄云黨團提名選舉無用連記法者。七時半散。

閱讀

　　看方丁平作「烽火一人家」，計一百三十餘頁，作者之用意在用抗戰勝利前後一家庭描寫此時代之各種不同人物，一百二十頁以前為若干細事之湊合，重心何在，難以捉摸，最後以十餘頁間諜小說作法作全盤結束，雖曲折有餘，而凝練不足。

2月19日　星期六　陰雨

師友

　　下午，到省教育會訪方耀光兄，不遇，留字告以渠昨託查詢黨校同學通訊錄內有無同時將其別號印出一節，今日已將同學錄查明，卅九年份者根本無其姓名，四十年份者只有姓名而無別號。下午王慕堂兄來訪，據談趙棣華夫人在美與其通訊，不願直寄交通銀行，將由余轉，又談及交行傳統制度，秘書、稽核皆為獨立行使職權，不歸事務處、稽核處等處長管轄，該行總管理處在台已無此兩處，而改設業務、會計兩處，秘書亦設室，室設主任，但已有秘書二人，亦不歸秘書室主任管轄，獨彼調回總行以後，秘書室簽准派其在秘書室辦事，欺人太甚，極為氣悶，余告以昨遇趙葆全兄又談及其回行情形，趙兄對其頗寄倚畀之意，王兄謂該行人雖不多，而種種複雜情形，不一而足，絕非一、二人所能扭轉者，其本人將略延擱後，作赴港打算云。到同鄉會請代為查明棲霞同鄉在台北之較為知名之士，以便代募學生捐款。

家事

　　大門前籬內有大雞二隻，雄者為洛島紅種，羽毛極
美，但兩雞游息無範圍，以致門內外雞糞累累，而所種
花木又多被啄食，今日以一個上午之力，利用廢舊竹
板，搭成子籬一道，並由德芳將雞舍拆開移入，未費一
文，而頃刻改觀，頗以為樂。

業務

　　與林業員工互助協會林慶華君通電話，渠催索財產
估價工作早日完成，其清理小組將召集會議，余又告以
關於財政廳之作梗事，余昨日與陳運生副廳長談及，彼
方有斷章取義之嫌，如無外力，恐將難免拖延，不若
示意台籍組合員乘此省議會開會期間舊案重提，庶可就
範，林謂省議會省政報告質詢時間已過，若作請願案則
隨時可以辦理，渠目前希望財廳早來公文以作依據云。

2 月 20 日　星期日　晴

師友

　　上午，林樹五君來訪，談最近台糖公司南遷已畢，
彼為留台北百餘人中之一，現在從事於財務方面之工
作，林君對整個糖業在經濟中之地位頗肯深思，認為執
世界糖業牛耳之古巴，甘蔗一年可收，台糖須一年半，
在競爭上處於劣勢，且糖蔗之育種工作極其繁重，新種
使用最多四、五期即退化而不復能用，故育種為經常工
作，且需高度之農業技術，始克勝任，余意比較生產費
之理論在完全自由貿易之國際經濟中自然未可厚非，否
則經濟中之政治因素尚應多加考慮也。

家事

　　下午同德芳率紹寧、紹因、紹彭出游新公園，在兒童游樂部分盪秋千看猿猴為樂，本欲赴動物園，出門覺天氣奇寒，風又極大，乃改變初衷焉。

2月21日　星期一　晴

家事

　　上午，到古亭區公所持徐嘉禾代託內政部同學官科長蔚藍所具之介紹片訪戶籍課張課長正春，洽詢關於紹因更正年齡問題，據云現在區公所確無更正之權，如欲更正須有公立醫院之證明書，由區公所呈請市政府核定，余詢以並非省立醫院之醫生證明，據云可以聲明係私人醫師證明，亦可核轉，但醫師在報戶口時已經證明於前，今又聲明錯誤於後，應如何措辭，必須充分而無流弊，望求慎重，至於學齡兒童在二月間調查，刻已查過，如年齡改過，即可補行申請，並無妨礙云云。下午以上項證明方式問題謀諸同事務所吳麟律師，亦苦無良好之方式，頗感為難。

集會

　　晚，到中山堂參加革命實踐研究員黨政軍聯合作戰研究班第一、二、三期同學聯誼會，余到時已開始研讀訓詞，移時開始游藝，中間夾有張主任羣之訓詞，報告自國民大會後擔任總統府秘書長即擬將本院主任辭去，直至現在始隨四期結業，以後雖由陳誠主任接事，但渠在院內仍擔任院務委員等職，望各同學聯繫云。

娛樂

　　晚會游藝為大鵬劇團戴綺霞、哈元章、朱世友等合演之大英節烈，此劇甚重，鐵弓緣一段做工極好，蹻工亦佳，小生一段平平，反串武生則出色當行，最為精彩。

2 月 22 日　星期二　晴

師友

　　上午，訪汪聖農兄於電訊管理局，探詢目前電話情形，據云商界電話除不定期的有登記抽籤辦法外，幾乎無法可以洽裝，余謂聞外間有對於電信局內請託或賄賂以達到目的者，據云在管理局亦有風聞，然底蘊難明，若余本人裝置電話，除非由強有力者寫信，並無正常合理之途徑可循云。晚，于兆龍氏在同慶樓請吃飯，在座尚有李移生、項傳遠、楊天毅、史耀東、魏盛村諸兄，席間李移生兄述其去年試營漂染業得以還債謀生之經過，正所謂絕處逢生，咬得牙根者也。

2 月 23 日　星期三　晴

師友

　　上午到鐵路局訪修城副局長，不遇，持預留之條訪運物處陳臥北處長，探詢水裡坑增設運輸店之可能性，經再轉介紹主管員林有來君，當查其過去三年運量統計，只准設立兩家，而該站已有兩家，並無合併之事。訪教育廳曹緯初及林股長研討學齡兒童入學問題。訪王讓千兄探詢電訊局申請電話之經驗，據云極難，但其本

人之電話準備出讓。下午訪徐庶幾兄,將水裡坑事面
告,請其轉洽。晚,與德芳到廣州街訪廖毅宏兄,因到
達稍晚,彼已就寢矣。

2月24日　星期四　晴

師友

　　下午,同德芳到安東街訪李公藩夫婦,談及高九峯
君為余辦理估價工作,兩月餘遲不提出報告,望便中轉
催,因渠二人較熟之故,又談紹因下學期上學問題,因
出生只差兩月不滿六歲,按五歲半之規定申請又無甚可
能,故初步仍從申請更改年齡著眼,李太太與紹因接生
之鄧大夫仁德極熟,擬請偕同德芳往訪,商量出具證件
問題,於是二人偕往,及晚歸來云,鄧大夫認為不無困
難,蓋卅八年申報戶籍之時本係憑鄧證件辦理,今再度
證明原來證明有誤,殊難措辭也。下午訪蔡繼善君於東
亞電器公司,請將紹因戶籍移至其所居之新隆里,此里
為女師附小之學區,蔡君當允照辦,並認為無論遷移一
人或另成戶均無不可云。

集會

　　下午五時半出席勞工保險基金監理委員會,此會有
委員十餘人,而委員本人出席者不過四、五人,其餘十
人左右均為所派代表,亦屬特殊現象,開會之初因主委
陳漢平未到,臨時推由何墨林主席,後段則由陳來主
席,所有議案均有合理解決,惟關於勞工保險事務費,
則成一永難解決之案,其原因為在省府舉辦勞工保險之
初,曾定有硬性辦法,即按保費總額之百分之十由省府

撥給行政事務費，兩年餘以來省府曾根據普通公務機關
經費預算凍結之例，將該項行政事務費亦凍結一固定之
數，而保險公司則根據百分之十繼續支用經費，一面以
應收帳款將政府欠撥之數懸記帳上，但長此亦非根本辦
法，故保險公司又呈省府請按規定百分之十撥給，省府
所復之公文甚為模稜，有云：「准予照辦，惟目前省庫
困難，該項行政事務費除准仍舊原預算列支外，所有
四十二年度及今後不敷款額，均依照勞工保險辦法第四
條規定，以不得超過保費總額百分之十數目之範圍內，
由該部列為應收未收帳款處理，在保險基金孳息項下
墊支，由勞工保險基金監理委員會按該部預算覈實撥
付。」此項文意乃係明准暗駁，據陳漢平廳長云，渠對
於勞保之過去包袱無力背負，但希望自四十四年度開始
（七月一日）時改為照預算數核實列支，省府按期撥
付，在此數月內應將預算切實編定云。今日又有一案亦
饒富趣味，即保險公司曾向台灣銀行洽商由優利存款內
提出一千萬元轉作有獎簡便存款，該行呈府奉復謂保險
基金為政府特種基金，不得以有獎存款存入，其實只為
節省一年利息獎金，理由並不充分，今日會議決定再行
呈府辦理。

2 月 25 日　星期五　晴
家事

　　上午，到古亭區公所辦理戶口遷移手續，緣余所居
之地區附近無國民學校，紹因已達適齡，除呈請更正年
齡中之數月尾差外，希望仍能分發於距離最近之女師附

小，該校學區在內之新隆里為蔡繼善君所居，今日乃先
到區公所主管龍匣里戶籍員許君處將德芳與紹因之戶口
由現在之戶內移出，然後至主管新隆里戶籍員處憑上項
申請書移入，另發戶口名簿一本，由德芳為戶長，此簿
將來即存於蔡君處，以便戶政機關之查考，該項戶口依
規定須係二月底以前移入，且須全家移入者始可分發省
立小學，今只局部移入，雖似乎為一全戶之遷移，將來
是否在挑剔之列，目前尚無從得知云。

2月26日　星期六　晴

業務

余合作大樓事務所之隔壁為聚豐泰貿易行，此行曾
於一年前約李洪嶽律師合租現用之房屋，當時曾以造成
既成事實之手段將余等準備使用之一間占去，另一家亦
用同樣方法用去較好一間，自食其每月多負擔五十元
之諾言，聚豐泰亦若置身事外，使余等只好使用所餘之
一間，李律師為此氣憤填膺，然亦只好隱忍，故雖在比
鄰，而相處並不相得，今日吳崇泉兄與孫福海君告余，
聚豐泰曾售於台灣工礦公司機械皮帶若干，因規格不
符，該公司又因迫於需要而用過，聚豐泰允其退貨而不
能照辦，懸延已久，尚欠貨款一成約一萬三千餘元，該
行曾託本事務所吳麟律師代表函達該公司索債，數日前
吳崇泉兄曾遇虞舜律師，謂工礦公司已將該函交彼核
辦，於是聚豐泰又託吳兄與虞舜洽商解決辦法，虞舜謂
或須起訴，吳兄知其意在公費著眼，蓋有官司可打，自
然可有公費收入也，吳兄歸告聚豐泰後，孫福海君又與

余談及，吳兄亦向余言，不妨由余再與虞君一談，余即
婉謝，吳兄之意因聚豐泰對吳麟及彼二人不談公費只談
案情已感厭倦，蓋此等商人向來只知有己，不知有人，
即如吳律師充任其法律顧問究有若干公費，恐亦大成疑
問也云。

師友

　　晚，同小組之周靜波夫婦來訪，其夫人自稱為山東
第一女中畢業，當初雙雙流亡來台，至今勉強在消防隊
供職生活，現其夫人欲準備參加小學教師考試而無證
件，乃謀之於余，余即告以山東一女中校長蘇郁文、訓
育主任逢化文兩兄均在台灣，不妨先行聯繫，遂即備函
一件交其持訪逢兄探詢一切。

2 月 27 日　星期日　晴

師友

　　上午，到愛國東路一百廿四號訪蔡繼善夫婦，面交
德芳與紹因新立之戶口名簿，以備戶口總校正之用，據
云該處尚未辦理總校，辦理時當代為說明，只謂人不在
家，同時並與其房東言明，以免互不相謀，答語不符
云。晚蘇景泉兄與高明一君先後來訪，閒談，余因日間
外出，入夜稍倦，故未能始終陪談，十時即相繼辭去。

家事

　　下午，與德芳率紹中、紹寧、紹因、紹彭往游動物
園，因在春首，風和日暖，游人絡繹如織，園內動物較
余三年前來觀時大同小異，但有若干籠欄空置，尤其水
族館只有金魚一種，可見動物之死亡甚為可觀，余將游

覽一週後，聞有動物表演，乃相率折回表演場，見有馴
獸者在籠內與母獅內，但未見有何表演。

閱讀

　　讀人生雜誌百期四周年紀念刊，其中第一篇文字為
錢穆作「如何獲得我們的自由」，作者自稱此為人生問
題發表之第五篇，前四篇發表於民主評論，第一篇為如
何探究人生真理，第二篇為如何完成一個我，第三篇
為如何解脫人生之苦痛，第四篇為如何要放我們的心？
此四篇余全未寓目，此第五篇經過詳細閱讀，頗多發人
深省之處，茲記大要如下。氏首引美國心理學家詹姆士
之學說，詹氏分「我」為三類，一曰肉體我，此即各人
之六尺之軀，血肉之體，此一我之一切均屬物理學、生
物學、生理學、病理學，生老病死，一切不由我作主，
而又為人人必經之路，絕無自由可言，即如視聽感覺，
歸入心理學範圍，仍受自然律令支配，不能由心作主，
二曰社會我，人一生即入社會，最初接觸者父母兄弟，
以後而社會，而鄉土，而國家，而時代，皆為我所不能
選擇，故此一我也是並不自由的，三曰精神我，此即人
人由內心自覺而生而存之我，有此自覺，始真心有我之
存在，此種自覺其有我，乃純出於我心之自覺，絕非有
他人在我心作主，故為最自由之我，以上三者可分別名
之曰身我，群我，與心我，以古人為例，元儒許衡與眾
息道旁李樹下，眾人競摘李充腹，獨衡不摘，或問衡，
此李無主，汝為何獨不摘？衡答，李無主，我心獨無主
乎？在眾人只見李可吃，而李又無主，此種打算全係身
我群我事，獨許衡另見一心我。然許衡所見之心我，仍

不脫社會禮法之原因，由社會我蛻化而來，若孔子稱讚顏子，曰：賢哉回也，一簞食，一瓢飲，在陋巷，人不堪其憂，回也不改其樂，此樂乃由顏子所自發，顏子從未慮及其能如此可以博人稱賞，故此是顏淵之真心，亦顏淵之真樂，亦才是真的心我，此一分辨所辨甚微，然追求人生最高自由，則不得不透悟到此一辨。錢氏繼引裴斯泰洛齊之人生三情狀說以與上說相發明，大意謂：裴氏認為人類生活之發展歷程，得經過三種不同之情狀，首先為自然情狀，在此情狀中，人生與禽生、獸生實無區別，在此情狀中之我亦即詹姆氏之所謂肉身我，由此情狀再進入第二情狀即為社會情狀，裴氏稱為政治情狀，人在此情狀中便成為社會動物，亦即詹氏之社會我。人在自然情狀中因不自由，即在社會情形亦不自由，或更缺少自由。老莊道家極重視個人之自由，因見到人在政治社會生活中之種種不自由，乃興歸真返璞之思，在自然生活中之人稱為真人，此外基督教與佛教亦皆不滿於政治社會之生活而思以天堂與出世相解脫，至於近代西方之爭取人權的革命，亦不過為爭取人類自由之某種環境與某種機會，並未意識到爭求人類自由之本質與內容。人類之真正自由既由人自我自發，當不能從外面爭取和寄與，所謂言論自由與思想自由，旨在爭取一種環境一種機會，至於如何言論，如何思想，非向內自己覓取不可也。裴氏所論人類生活之第三級則名為道德情狀，此種情狀乃超出於動物性慾望與獨立於我的社會關係之外，此種力量乃生出於我的本質中，獨立存在，而形成了我的尊嚴，道德乃人之內在本質，並非來

自社會關係，在道德力量之影響下，人不再感覺有一個
我作為生活之中心，他所感覺者只是一種德性，此德性
即極似詹姆士所謂之精神我。裴氏之語又與我國儒家可
以互相發明，孟子曰，由仁義行，非行仁義，行仁義不
是真道德，因社會規範中有此二事，隨著社會而行仁
義，此行為乃出於社會我，而非出於真我，只有我自性
行，即成為由仁義行，此乃我之最高自由，我內在自有
之一種德性，由此德性發展而成之行為才是我自由的行
為，此由歷史上之偉人中信手皆可取證，如岳飛之在風
波亭，耶穌之在十字架，無論是否贊成其作法，但均不
能否認其已踏入一更高的精神境界，吾人欲追求自由，
即不能不追求岳飛與耶穌型之絕對自由。裴氏又闡明三
種情狀之演進必須是循序前進，不能停頓亦不能逃避，
不可思超出肉身或社會更遠更高之境界。所以達到此境
界之途徑，錢氏認為唯有儒家之指示為最能發人深省。
儒家不藐視身我，故謂明哲保身，謂安身立命，命為自
然所與而絕不自由者，人能立命則可使自我轉變為絕對
自由的，又若欲安身保身，又必將自然我投身於社會
我，但只服從此種社會關係不能遽認為道德之標準，儒
家心目中之道德乃確然超出於種種社會關係之上者，而
又非必然脫出於自然所與之外者，若在自然所與以外覓
道德，必在肉體外求靈魂，故儒家不成宗教，儒家之道
德精神必由人類之實踐，此道德精神而表現出為社會種
種關係之最後決定者，如此則修身齊家治國平天下，凡
此種種社會關係皆將使之道德化、社會化、精神化，使
社會二級形態服從一級形態，而大道之行絕不在於出家

與避世，因儒家思想一眼即瞥見此心我，嚮往此人類最高之自由，乃形成儒家精神之最可寶貴處，能如此才能不落於第二義之自由也。

2月28日　星期一　晴

師友

　　晚，與德芳到中和鄉訪宋志先兄，其夫人云在隔壁雀戰，不欲相擾，乃與代約明日上午或後日下午同到區公所訪李金橋總幹事設法為紹因分發入學事解決問題，此外即閒談其出租房屋情形，收租困難，往往不如人意。

參觀

　　下午，到美而廉三樓參觀河南李庸庵書展，作者宣傳雙手並用且用口書，就此點而論，其書法可謂不易，若就書品而論，則無足稱，壁間懸各政界人物題辭甚多，由題辭中知作者本為空軍中人，今已耄矣，抑亦不勝「學書初學王右軍」之嘆乎？

娛樂

　　晚，率紹因到明星看電影，片為永華出品「一刻春宵」，嚴俊、鷺紅主演，故事甚為曲折，但主題模糊，不易引人入勝，因紹因思睡，不終場即返。

3月1日　星期二　晴

師友

上午，宋志先兄來訪，同到古亭區公所訪李金橋秘書，商談紹因入學年齡不足如何補救問題，據云在台出生而又係根據醫師證明書申報戶口者，在政府認為不能有錯，縱有原醫師證明亦不易改，如串通各部分人員私將戶口簿籍塗改成謊報，亦屬小題大作，何必冒此不韙，結果認為先入他地之小學，一學期轉來古亭區分發庶無問題，至於五歲半自由入學一節，依去年經驗，凡五歲十一個月者，仍獲分發，再小者即未有機會，今年情形如何不敢預斷，云云，此事至此已屬進行不易，其中唯一原因即為報戶口時未考慮此項問題，今日乃不免臨渴掘井之譏，又前年為紹寧申改年齡時已知紹因兩年後有同樣問題，因為時尚早，致未能趁手續尚簡之時申請更改，今日辦法大嚴，又不能補救矣，前見某書記有對聯一副云：「捱不過之事莫若早行，悔弗來的話慎勿輕言」，上句正中余病也。

家事

紹彭於本學期起開始入幼稚園，最初數日由其姊紹因在班內陪伴，三數天即成習慣，然後無人陪伴即不肯去，一再體罰亦不肯改，勉強送去後，往往啼哭，如是者三天，後與園內洽商將小班改為中班，中有鄰兒同學，今日始接受而漸就緒矣。

3 月 2 日　星期三　晴

集會

　　昨日為本省勞工保險實施五週年、漁民保險二週年，今日上午應邀到中山堂堡壘廳參加座談會，檢討有關問題，開會後發言者多冗長不堪，且偏重理論，無裨實際，聞者氣悶，余未終會而退，聞此會準備開二小時半之長云。

業務

　　吳崇泉兄晤及財政廳公產室主辦日產清算之葉元熙，詢以林業員工互助協會處理財產過戶問題，據葉云以前財廳允林管局成立此財團法人為一錯誤，此項團體之基金為政府所撥，應由政府清算，現正邀集各有關方面會商解決辦法云云，此等人出爾反爾，今是昨非，翻雲覆雨，為使他人造成損害，不惜歪曲事實，最後渠又主照日治時之章程辦理，則尤屬荒唐不經之論。

師友

　　晚，同德芳到重慶北路訪趙季勳夫婦，面贈其嫁女之喜儀，上月尾接其喜柬，定於本月六日以長女于歸台銀職員某君，故特同往探望云。

娛樂

　　晚，同德芳到警務處大禮堂參加革命實踐研究院第廿一期同學第五次聯誼會同樂晚會，由康樂總隊演出三幕喜劇「不害羞的人」，似又名「外國月亮」，對於皮毛嚮往西化者極盡諷刺，但台詞與表演均尚不夠成熟。

3月3日　星期四　晴

閱讀

　　讀見某書摘史記云：「禮廢樂壞，大小相踰，管仲之家，兼備三歸，循法守正者，見侮於世，奢溢僭差者，謂之顯榮。」又摘明蔣平階語云：「世患無真品望，不患無真經濟，所謂道德事功，垂之竹帛，貞之珉石，蓋慨乎未有賄也，此後世之所以衰也夫。」可謂語重心長，而末俗自古已然於今者烈也。

集會

　　下午，在公賣局舉行研究小組會議，此次余輪值作研究報告，乃提出本月一日政府公布之外匯貿易管理新辦法作研究報告，要點如下：（一）新辦法之特點：1. 取消進口實績，消滅頂讓黑市，2. 鼓勵出口，按所得外匯，核發證明書以爭取外銷，3. 開放自備外匯，（二）新問題：1. 結匯證之市價如何求與台灣銀行掛牌一致，台銀參加市場應如何機動與主動，以收控制之效，2. 對出口核發結匯證明書之百分比應如何核定，使符合實際情況，3. 進口物價之控制應於報價以外另有有效之方法，4. 出口外匯銀行買進支付價款分為銀行買價與結匯證價兩部分，應進一步求其合一，以省手續，5. 如何配合美援，節約進口外匯之使用，及如何建立貿易政策改善國際收支，6. 獨佔性與無外匯差額收入之公營事業所享受之公價外匯與工業原料，公價外匯之使用應加以監督，7. 浮濫申請進口結匯之防止應有有效方法，8. 走私可能隨開放自備外匯而猖獗，應採有效方法防制之。因此問題極大而複雜，且多技術問題，故在短時間內只能

說明大旨，但在座各同學已皆認為詳盡而深入，報告後發言者有認為將來掛牌之結匯證價必不能與市價一致，因台灣銀行並無實力可以拋出結匯證云。開會時周開慶同學對於當前政治風氣慨乎言之，據云徐柏園去年接長財政部時帶去能煮咖啡之茶役，待遇不下於次長、參事，又云其所服務之經濟部前部長張茲闓曾在任內自己浪費之款項年達六十萬元，比經濟部全年經費為多，渠現任台灣銀行董事長，因投資關係自往紙業公司兼董事，因該公司開放民營之後，豪紳集團只知自謀，渠亦乘此時機分一杯羹，又云現任部長尹仲容係支附屬機構工業委員會薪，月在五千五百元之數，而另外又兼中央信託局局長，三機關共有汽車三部，大有此人不出如蒼生何之概，此皆官治現象下之派生狀態也。今日與會又有一同學由美國考察半年歸來，據云葉公超部長在美發表美國協防馬祖、金門之消息，國會對政府大事質問，政府聲明未作此承諾，葉到舊金山後見報載此消息後，又作較含混之說明，始未引起風波，由此可見美國對於我國之援助立場去理想甚遠，設共匪進攻金門、馬祖，大勢尚難樂觀也。

3月4日　星期五　晴

業務

下午，到林產管理局訪臧金泉、林慶華二君，面交請依約支付第二期公費之公函，蓋此項合約規定為各項財產過戶手續辦妥後支付二期公費，現所有此等手續均已完畢，其有因該方證件待補始可續辦者，只有待後再

行補辦也，二人對此事表示同意，立即簽辦，又林君告余花蓮設定地上權之登記已經接到權利書狀，為時不及一月，亦可謂快矣。

師友

　　下午，到張安侯會計師處與虞舜、鄒馨棣、吳崇泉等會計師商量下週會計師公會理事會議選舉常務理事應如何辦理，當即決定：最首要之圖為在理事中爭取多數，關鍵在於劉階平兄一人，渠一直模稜兩可，形成雙方各為七個半人之局，使僵局不能打開，今若渠明白站在我方，則可以以壓倒多數，無論用何種選舉法皆得以選出預定之人為常務理事，於是五人同訪劉兄，渠因上月為王樹基之詐術所惱，亦贊成八人共同促成解決，甚至亦主張仍用其所翻悔之強制輪流辦法，於是意見已歸一致，至於究竟吾等何人擔任初期及對方何人可以入選，容再續商云。

3月5日　星期六　晴

瑣記

　　自改用煤油爐將及一年，所用大王牌爐子爐頭為手工製造，損壞日甚，各處配購，均無零件應市，比鄰蔡君云東門有之，今晨乃往詢，中南煤油行謂本來有之，現在則無，不得已只好修理，乃歸而取往在其鄰右之鐵舖內加銲後始回該行換，然仍然轉動不靈，不過只是可用而已，此等油爐之構造最大問題為燈芯上下恃底盤之整個上下，芯之本身無法可捻動，故燈芯燒短後無法由露外部分使之提高，必須抽下另用工具重新換裝，每次

非一、二小時不辦，費時誤事，莫此為甚也。

3月6日　星期日　晴

交際

　　晚，與德芳到會賓樓參加趙季勳兄嫁女之喜宴，其新婿為台大畢業，北平人，尚好，證婚人于右任氏，來賓眾多，凡二、三十席，大半為女宅之客人，其中包括季勳兄之同事、同僚、同鄉，自魯南山區以至監察院，濟濟一堂，惜地點太小，無迴旋餘地。

瑣記

　　上月自編竹籬以範雌雄兩雞，因鐵絲所纏略鬆，竹板間距離略寬，雞可由兩板之間徐徐滑擠而出，今日將竹籬之隔縫加板使窄，雞又可由頂端飛越，尚未知有何法可以相制焉。

3月7日　星期一　晴

集會

　　下午，到漢中街出席光復大陸設計研究委員會財政組委員第一次委員會議，出席者五、六十人，召集人本有五人，到只三人，均合六、七成之數，首由主席關吉玉報告自分組以後之進行情形，但據云既未與會內事務方面有所洽商，亦未與其他召集人有何準備，倉促即來主持會議，繼由秘書朱慶堂報告純事務方面之事項，如外埠旅費及研究資料之準備等，繼即討論事項，決定：（1）研究項目大體照所擬之七項，但亦有主張增加者，未獲結論，（2）研究分組辦法，分為兩類，一

為有方案性者，計兩個組，一個為財政，一個為金融，希望每人參加一組，一為純研究性者，希望自由參加，（3）如何認定，如何開會，容後再行討論，至此散會。此項會議包括人數太多，水準亦不齊整，多數皆無可無不可，發言者反為無真才實學之輩，一味以風頭為務，事實上此等委員會只可美其名謂在養士，其真正之作用又只為按插一部分職員，或為一部分委員作進身之階，潔身自好者亦只有模稜隨喜之分耳。

師友

下午散會後與同來開會之陳長興、閻鴻聲兩兄在朝風閒談，據云銓敘部之儲備登記，閻兄作主計人員，陳兄則積存年資近五年，余則只有三年，亦可怪已。

3月8日　星期二　晴

家事

隋錦堂表妹婿下午來訪，謂數日前與友人晤面，獲知國軍退除役官兵就業輔導委員會需要計劃工廠之人才而苦於無由羅致，乃自行以在工業專科學校擔任化工工廠設計一課程之經驗作成計劃一件，以木材為主要原料可以設成六個廠，成品可節省外匯不少，計劃送該會後，極引起注意，即將與秘書長傅雲面談一切，據悉該會希望能向四四兵工廠將其調用，俾從此可以脫離兵工廠，詢余有何方法可以達到目的，余意不妨與傅晤面時將此點由正面提出，請於起草公文時對此點能具體申明，以免以後糾紛云。

瑣記

連日有兩瑣事極不可解，其一為余懸在信用合作社大樓樓梯口之木牌上寫某會計師三樓字樣者忽為人反轉，以背面朝外，不知何意，其二為今日有台籍者一人來訪，謂上午曾來，持余之信封，下午余與晤面又謂信封失落，係有人用余信封與彼通信，謂來台北可到此晤談，余聞後如墜五里霧中，此人又不能說國語，由下女譯述其意，似乎如上云云，詢之本事務所他會計師與律師，亦無人知之，來人於是退去，終不知是何事項也。

3 月 9 日　星期三　晴曇

業務

上午，訪高九峯君，據云房屋估價工作已經完成，渠因數日來又去台中，故未送來，余當即將其估單及原圖樣等取回，見所估之價以羅東十六所房屋為最精細，每棟不同，其次陽明山一所因構造大異，亦係按工料特估，台北方面之甲種房屋係算出一棟，求得一坪之單價，然後以賅其餘，乙種房屋則均按估計每坪二千元，最為粗疏矣。

集會

下午到會計師公會出席黨團會議，結果出席人數不足，只能改開談話會，結論為公會推選常務理事事不容再緩，明日之會務必分頭督促各理事主席，今日參加會議者共六人，除毛松年為相反方面者外，其餘虞舜、嚴以霖、鄒馨棣、吳崇泉及余皆為原主張輪流者，故開會之目標群集於毛君，渠本謂務必明日開成，是否表裡一

致，尚待事實證明，因尚有六人未來出席，持何見地對
彼不能無影響也，散會時余等五人討論此事之對策，決
定如下：省黨部日昨通知謂黨團應用單記法提名，如不
能提出亦當早日開成理事會，可以自由競選，然則今日
之會即為表示終止運用之會，明日自當開會推選，吾人
當前急務為使黨外三人與余等行動一致，則十五人中有
八人即可以過半數決定一切，於是散會後同到張安侯處
約汪流航一同商討，並由張君與劉階平以電話商談，渠
表示從眾，乃由七人決定步驟為八人中以三人當選常務
理事，另以二名額投反對方面之票，其人選為毛松年與
陳秉炎，至於我方八人則分三期輪流擔任，其次序當場
抽籤，余為第二次，但因較易符合前次推定之結果又互
相調動，余改為第一次，第一次之其餘二人為虞舜與汪
流航，第二次為張安侯、鄒馨棣、劉階平，第三次為吳
崇泉、嚴以霖，劉階平為張安侯所代抽，本為第三次，
調為第二次，在張與其通電話時，余託其轉達，余願與
其調換，但張君再通電話時即謂外出，於是皆預料此人
又作滑頭想法，乃決定明晨須分頭再作運用，其方式為
由余與吳崇泉兄到社會處訪明日理事會之參加指導人，
由張安侯、鄒馨棣訪劉階平，由虞舜、嚴以霖訪毛松
年，以備劉如動搖時，毛君可以深明事理，而有助於問
題之解決。余途遇劉階平兄，談及此問題，渠對於以八
人之過半數在理事會處理一切，雖將反對方面亦選出二
席之辦法表示猶豫，但謂如果對方能再多二人自然最
好，其態度捉摸不易，仍然不能打開雙方各有七票半之
僵局，各人不滿已極，而又無可奈何。晚，出席小組會

議，余為主席，李官壽為紀錄，繳黨費兩月，並作去年
分數統計，余因有國大代表黨團移來分數，故最多。

3 月 10 日　星期四　晴
集會

　　今日下午舉行會計師公會理事會議，此會主要意義
為推選常務理事五人，會前余與吳崇泉兄往社會處訪吳
視導耿，渠不在，待開會前始於公會相晤，對於選舉法
交換意見，據云只能用連記法，如用限制連記法須經提
議表決，單記法則絕不採用，開會前余等預料之情勢有
以下數種可能：（1）十五理事中余方為七人，對方亦
為七人，劉階平兄傾向余方，但不能擔保其對對方絕不
敷衍，在不能作百分之百的肯定以前，不可照預定方案
投我方三人彼方二人之票，因劉兄萬一棄權，彼方自投
五名，每人得七票，其中有兩人為我方堆花之對象，一
定當選，於是我方三人之只得七票者勢須與彼方三人至
五人或甚至七人混合抽籤，豈不大為失算，（2）如劉
兄確在我方，應絕對主張採用連記法，以便我方三人及
我方所選擇之對方二人可以當選，因如採限制連記法，
無論二額或三額皆只能決定本身之人選，不能決定對方
之人選也，（3）如劉階平兄倒向對方，最宜於我方全
部退卻，設以一人為點綴當選者，乃屬為人尾巴，應即
辭去，綜合各項情況之推測，此決定因素乃全在劉階平
兄一人，今日上午曾有我方兩代表往訪，反應甚佳，或
不致靠向彼方，所慮者只是其棄權也，至於開會之陣
容，本預料彼方只來一小部分，如昨日黨團之所表現

者，孰知時間一到，即陸續到達，最後除陳秉炎一人未到且由其夫人來送委託書託毛松年會計師代表外，其餘十四人全到，在社會處指導員宣布用連記法投票後，本預料或有提出用限制連記法之意見者，但結果亦無，此時我方所不能放心者為對方若非全部放棄，即為又將劉階平兄拉去，彼方又成多數，於是開始投票，經約定可以以半協商之方式圈票，於是離席商量，因關鍵全在劉階平兄一人，設彼靠至對方，余等即當承認大勢已去，設彼棄權，余等即不能投對方兩票，而應全數投我方五人之票，俾投出後與對方之五人同票者十人混合抽籤，設彼與余等一致行動，即照昨日之計畫投我方三人彼方二人之票，此時遂由張安侯、虞舜二人對劉兄以監視之方式將票圈畢投入，然後余等即投同樣五票，此五票即余與虞舜、汪流航及對方之毛松年、陳秉炎是也，於是開票，結果為王、陳二人各得十五票，余與虞、汪二人各得八票當選，另有林有壬、邱朗光、王庸各得七票落選，彼方全未得票者為程烈與徐光前，此二人手法高明，蓋其七人集團中無一不思染指，而在今日之情形下，已確定失敗無疑，此時彼二人自然樂得順水行舟，送一惠而不費之人情，而當時限制連記法之提議亦放棄者，亦由於無法由此七人中推出兩個候選人，在相持不下之情形下只有完全採取被動，況即產生二名額，在常務理事會中只有少數，在理事會中仍為少數，亦難有所作為也。選舉完畢後又討論若干例案後，即行散會，接開第一次常務理事會，決定值月輪次，余為第五個月。

3 月 11 日　星期五　晴

業務

　　因林業員工互助協會訂於下星期一開會，開會時需要余作報告，依前次經驗，該會本身紀錄不能賅，又須代寫文字，故決定改用書面，屆時宣讀即可，今日將報告寫就，約計千字，計分四大段，第一大段說明土地房屋過戶辦理情形，及電力公司等待省府公事始可辦理股票過戶，第二大段說明組合員登記情形，計已登記者二百三十四人，未登記者尚有三人，第三大段說明估價工作正在進行，第四大段附述合約業已期滿，因受外力牽掣使整個工作不能如期完成之困難，望速設法。

師友

　　下午，徐庶幾兄來訪，余詢其關於託余介紹電話事，渠云彼方不肯出高價，只好作罷，希望另進行其他事務云。下午，合作課長林競武來訪，係因赴比鄰第十信用合作社時間未到而來閒談者，談城中區合作社訟事糾紛甚詳。

3 月 12 日　星期六　晴

業務

　　繼續前數日之工作為林業員工互助協會製土地房屋估價計算表，初步為按土地之地號開列其各項標示要點，然後逐一查出其所在地縣市之地價表，照等則填入，以備按面積相乘，得其每號之地價，房屋方面則按每棟分列，其有因估價須每戶為單位，而每棟為兩戶者，則按每戶為一單位，以期精細，適用此項方式者只

有羅東之房屋八棟共十六戶，此等房屋為租與外界住用，修繕整理損壞情形極不一致，且將來處分變價之可能最大，故不能與其他房屋只採按每坪求單價後適用於同類房屋者相同，又有陽明山只有一所特大房屋，亦按實估計。

師友

晚，高明一君來閒談，余詢以少數會計師辦理所得稅案件究係採何方式，據云多並非以會計師代理申報方式出之，尤其漏稅案件，多係在案發後尚未移送法院前居間撮合講價，俟決定後再按合法手續處理，其實只是分贓而已，又有稅務人員與法院方面勾結者，則在法院裁定罰鍰倍數時，由當事人出相當代價，法院從最輕之倍數判定，商人所省者則以一部分由此兩方朋分云。

3月13日　星期日　陰

游覽

黨校同學聯誼會於今日集體游覽烏來，事先由籌備人借到交通車二輛，由火車站出發，經余寓附近停車招呼，乃與德芳率紹中、紹寧、紹因、紹彭同登車參加，十二時到達，在電力公司招待所休息野餐並沐浴溫泉，飯後乘台車觀瀑布，惜因天旱水小，匹練不甚生色，移時下山，仍乘原車回台北，途凡一小時十分。

交際

晚，吳崇泉兄約同事務所諸同事吃飯，到余與德芳及吳麟、李洪嶽、孫福海，余並率紹彭前往，但因旅行終日甚為累疲，故未終席即入睡焉。

聽講

到師範學院聽潘重規氏國學講座，今日開始講禮記，由儒行篇起。

3 月 14 日　星期一　晴

業務

上午，到林業員工互助協會出席該會清理小組會議，余事先將清理工作進行情形印成書面報告，屆時並略加說明，對於若干工作之陷於半停頓狀態一節，特加強調，此等原因全在於第三者，希望該會早有打開僵局之措置云，繼討論兩事，一為有組合員之已離婚配偶請求登記，決定身分不合，不能接受，二為與余所訂清理合約業已屆滿，應延展至何時始合實際，決定無法預料，只好無期延長。

集會

下午，到逢化文兄寓參加建華新村建村會議，出席者十四人，由王立哉主席，余為記錄，逢兄報告丈量分割之經過，目前已有準備從事建築者，在開工前勢須先行將各人之地面以抽籤法籤定，但有若干共同問題必須於抽籤前先行決定，始免將來紛擾，故開會討論，計今日討論結果已有數問題獲得結論，一為地面有高下，在分割界線每段之內應個別予以攤平，費用公認，二為分割之每段面積均有尾差，應按實數將價款分別退補，三為水電設備應共同負擔，但技術問題尚有待於繼續研究，四為此等技術方面之問題今日不及一一想到，遂推定王立哉、逢化文、童秀明、李鴻超與余五人成立小組

加以研究設計，再提下次會議共同決定云。晚，出席會
計師公會常務理事會，討論去年底會員大會通過交辦各
案，並作為辦理接收手續，在移交清冊上一一加以簽
名，作為報送社會處之用，今日會議費時兩小時，因常
務理事會選舉問題擾攘三月，若干事務均未進行，故現
在開始積件必須予以清理云。

閱讀

　　閱陳定山小說「黃金世界」第一冊，為作者在中華
日報連載之作品，據云預定一百廿回，第一冊只有廿一
回，此冊內所寫為上海開埠以來種種特殊人物之活動情
形，有光明面，更有黑暗面，用筆有時深刻，有引人
入勝之妙，但有時極為晦澀，大約為連載關係，有時斟
酌充分，有時潦草塞責也，大體言之，尚為目前較好之
作品，其第一回即寫「世人結交重黃金，黃金不多交不
深」，且以羊角哀與陳后山重義輕利之兩故事引伸而為
楔子，頗具匠心也。

3月15日　星期二　晴

集會

　　上午與逢化文、王立哉、李鴻超、鄭旭東五人繼續
昨日未竟之會，赴中和鄉實地勘查建華新村基地分割之
情形，並研究如何平地，如何設計水電等問題，該地已
分成每段二百坪之十段，左六右四，中間有公共道路，
只須在每段範圍內攤平，便於每家之建築與布置即可，
勘查至十一時始畢，經枋寮街市搭車返市區。

師友

　　下午，王慕堂兄來訪，閒談，據云陳立夫氏客居美
國，因其封翁病重，其家屬電召回國省視，然蔣總統去
電則謂其尊人病已漸愈，如須回國省視，希望電告當為
辦理手續，細味語氣，仍含排拒之意，故回國事恐難成
事實云。晚，龍匣里里長呂君之弟刻在羅東經營木行者
來訪，謂太平山林場將以一個林班交該林場員工福利社
經營採伐，該社須招商承辦，彼有意參加其事，林場方
面謂須向林管局請示核准，託余向其總務組方面探詢應
如何請求始合規定云。

3 月 16 日　星期三　晴

師友

　　晚，李公藩兄來訪，閒談，渠對於證券業頗感興
趣，但認為外省人在台與台省人之作法因立場不同而必
有差異云。史濟磧女士來訪，亦在進行開設證券字號，
但認為任用傳接電話之人必須可靠，此事頗屬不易云。
晚，呂君再度來訪，交圖面一件為其在羅東將承辦太平
山林場福利社整理之林班事，希望代為接洽申請。晚，
徐庶幾兄來訪，因其日昨借用四十元，今日特來送還，
並託查詢嘉義林班事。

閱讀

　　閱方丁平作「金樓韻事」第六集，此為最後六章，
前四章內容極為零碎，大致為寫抗戰勝利時之一般現
象，最佳者為末二章，其中「凱旋歸去小陽春」一章，
由祺金樓及書中其他人物之口發為時代急變人生所為何

來之問，似迷惘而實深入，所寫對話清麗絕俗，末章為
一短篇，乃以尾聲之寫法對於其前書不能使全部人物
一一有所交代一點有所說明，如云「哪一件事，哪一個
人，真正有過交代，一切都是不了了之的，人人寄望明
朝，何不就在今兒適可而止？」有此一段似乎其全書不
虞有欠完整之譏，然其實終未足以語照顧周到也，綜觀
六集內容，瑕瑜互見，作者以連載方式，三年完成，亦
難怪其首尾不能相顧也，又用字馬虎，亦一小疵。

3月17日　星期四　晴
業務

　　上午，到林業員工互助協會洽取第二期公費，當即
取到，並面商臧金泉組長對於介紹費部分是否可以先付
一部分，俟第三期公費收到後再行補繳，彼因分款者不
只一人，且第三期遙遙無期，故主此次收清，余亦不便
相強，乃到張連會經理處將款四千四百元付清，張告余
在途時臧已有電話，可見彼等之認真矣，余所取得之支
票於下午二時半後始送彰化銀行，但張之支票則二時半
即提出交換，彰化銀行以託收票據未收到為由而對交換
之他行退票，余往洽商通融亦未果不退，亦即聽之，退
票後張來電話謂已另行洽提出交換行，即以原票明日再
行提出，不必換開矣云。在林產管理局與臧金泉組長談
兩處申請林班作業事，一為徐庶幾兄所轉託嘉義一木行
將承辦兩個林班之第二度伐木事，臧云須請阿里山林場
有關人員來台北時面洽，二為羅東一木行將承辦太平山
林場一林班之殘材清除工作，此工作將由該林場福利社

承辦，轉託木行辦理，臧云福利社承辦林班前曾取締，但不能憶及是否包括外縣在內，以及是否包括第三度之清除殘材工作在內，最好先由太平山林場呈請核示，以便處理，否則須待該林場來人面詢云。

3月18日　星期五　晴有陣雨
家事

今日晨起氣候溫煦，九時後余方至菜場，突有陣雨，有類初冬之寒，於是赴女師附小為二女紹中、三女紹寧送毛衣，便中亦即至空軍福利社購買夏季用品，今夏新貨三星蚊煙香每大盒廿雙盤市價四十五元，而該社則每雙盤只售一元八角，只合八折，惜無多餘，只買到廿五雙盤，下午又到省府福利社補買十雙盤，為價相同，如此或可足供今夏之用矣，此外並加買肥皂數種。德芳下星期一為四十六歲生日，購新式樣尼龍襪一雙為贈，另見今日開始發行鑽石獎券，月後開獎，亦購一張為贈。

3月19日　星期六　晴
交際

上午，閱中央日報見有同學胡希汾君由其叔出面登報聲明為其今日與周雅文女士結婚，余因過去業務曾受胡君之協助，故於下午往綢緞店買緞面麻布衣料各一件為贈，於買好後即派人送往，歸帶來謝帖與請柬各一件，其請柬措辭認為未能先行柬邀為歉，既承厚賜，自當請屆時闔第光臨云，余按喜柬之時間於五時到中山堂

光復廳觀禮，見有來賓二百餘人，儀式舉行時尚稱莊嚴，奏樂只用鋼琴，最為妥善，證婚人為俞鴻鈞氏，乃胡君服務之中央財務委員會前主任委員，今則為行政院長，行禮後即乘所備交通車，到狀元樓入席，客人亦在二十席以上，菜品極佳，新人之一席多為執事人等，新人在主位，並敬酒一過，在座者為黨營事業人士占多數，但又聞胡君避嫌不收彼等之禮云。

師友

下午，虞舜、鄒馨棣來與余及吳崇泉商談會計師公會黨團奉令改組之對象，此黨團以公會理監事會為範圍，新理監及職員為十七人，但處於余等之反面者為至少九人，不易與之抗衡，經決定先行與對方及省黨部分頭接觸後再說。下午，訪徐庶幾兄，告以其所介紹之木商將向林產管理局接洽林班者，余已代其詢問承辦林班二度採伐雜木之申請手續，容俟林場有人員來台北面洽後始能著手，又謂棲霞學生考入大學者之學費捐募事，希望徐兄能在其參加之僑本公司獲得少許資助，渠已允容即照辦，並謂其公司有一棲邑同鄉。

娛樂

晚，同德芳到大世界看電影，為哥倫比亞公司出品新藝總合體電影「雙鳳戲龍」，由蓓蒂格蘭寶與馬芝香賓主演，穿插歌舞場面極多，聲光極佳。

意外

晚看電影係余先到大世界買票，回寓約德芳同往，因為時匆促，臨行忘將門帶好，看門之紹南亦未注意，致將晾在院內之被單一床為賊偷去。

3 月 20 日　星期日　晴

聽講

　　上午，到師範學院聽潘重規教授講禮記，續上次接講儒行篇，已終，此篇行文與論語大異，且極似漢以後文章，又文內所述儒家作人之條件，幾於平鋪直敘，雖文辭茂美，然極缺如論語所帶之幽默感，說者非孔子之語，不為無因。

娛樂

　　下午率紹因、紹彭到環球看戲，凡三齣，一為劉正忠主演挑滑車，尚佳，二為周正榮之取北原，飾孔明，亦平妥，大軸為陳美麟、梁正瑩主演之全本得意緣，此劇角色支配極為適宜，劇情步步趨緊，精彩之至，聞為老伶工朱琴心所導演，雖未發覺與一般他伶所演有異，但由配搭合宜處觀之，自有其特異處也。

3 月 21 日　星期一　晴

集會

　　下午到會計師公會出席常務理事會，由值月常務理事毛松年主席，通過新入會之會計師計一人，通過今年度之工作計劃，此外並與毛君談公會黨團正與吳崇泉兄談及改組之中，詢毛君有無意見，初詢問時，因有汪流航會計師在座，汪非黨員，毛君不欲多談，及散會退出余詢之，渠又急於回黨部辦公，只為不妨先交換意見，渠似乎全無準備，但另據公會幹事宋治平君云，渠已早知省黨部有改組之通知，且曾向宋君問過，可見乃是一有心人，余即不再多談下去，因毛君方面佔黨員中之多

數，設彼等有意包攬，余等自無力抗衡云。

體質

　　右足之大趾甲縫又腫脹化膿，距數月前之一次曾未多時，且此次來勢甚猛，昨日甫有感覺，今晚即不利於行，晚服消炎片兩次，每次三片，並外用金黴素藥膏敷布包紮，半夜前脹痛難支，半夜後即覺略輕鬆，睡眠尚好。

3月22日　星期二　晴

瑣記

　　今日為余四十七歲生日，全日在小病中悠閒度過，然心情則殊沈重也，寫斯日特徵如下，以借省憶：大陸淪亡六年，避居台灣海島苟活，海峽風雲險惡，民主國家步驟紛歧，美國公布雅爾達協定經過，以杜秘密外交復活；政府雖被譽為較大陸進步，然立委揭布揚子木材公司案，中央信託局、台灣銀行等公營事業皆有勾結分利之嫌；金圓券罪人份子仍盤據要津，把持不放，新台幣購買力已只及初發時之六分之一；政府機關賄賂公行，一切皆成交易對象；律師、會計師等自由職業皆以與公務員俵分公帑為務，政府既不管理亦不為其開拓正當業務，任其蔓延；余以國民大會代表為獲取生活費之基本來源，不足則勉強執行會計師業務以補之。

3月23日　星期三　晴

體質

　　右足大趾化膿處昨晚自破將膿擠出，今日舒快多

多，晚洗滌後仍用金黴素藥膏敷布包紮，又昨日曾服用
金黴素粉劑一膠囊，對於今日之好轉必亦大有幫助也。

閱讀

終日在寓，因足疾未赴事務所，閱讀多日前由美
國圖書館所借來之 *Current History*, August 1954, United
States Tax Policy 共集論文八篇，余讀其三篇，一篇為
老財政學家 Harley L. Lutz: Excise Taxes，其論點在矯正
若干年來以所得稅及能力課稅說為中心之租稅理論，認
為美國所得稅收入已達百分之八十以上之總稅收成分，
實已無從再行擴充，且在經濟原理上已走入極端，亟應
以間接稅以制衡之，故主張加強貨物稅之徵收，另一篇
為 Robert J. Patterson: A Sales National Tax，氏主張按出
廠時之方式徵收一種一般性的銷售稅，只對必需品加以
減免，稅率視財政需要逐年由國會核定之，此法具有平
衡預算之確切效能，為事實理論兩無流弊之良稅，以上
兩篇皆對於間接稅抱有好感，為直接稅中心理論風行
多年來之新鮮論調，殆所謂物極必反者歟？第三篇為
Leopard Kohr: Corporate Taxes，說明各種公司稅課之
內容與沿革及其得失，主論甚客觀。

3 月 24 日　星期四　晴

瑣記

黨籍總檢查每年舉行一次，檢查之具體紀錄均劃為
分數，例如最基本之出席小組會議及繳納黨費每項均為
二分，又國大代表均編入黨團小組，由小組長將出席小
組會議之次數出具證明，交所屬區分部小組亦記入總數

和分數內計算，今日又接黨團小組證明一件，對於去年
第一屆國民大會第二次會議之黨員代表在開會期間支持
中央政策亦奉中央核定給分，計分八項，每項三分，八
項一為中央命令交票支持本黨提名主席團候選人當選，
二為關於議事規則第五條及質詢事項之處理，三為投票
罷免副總統李宗仁，四為支持不修改動員戡亂時期臨時
條款，五為關於國大常設機構之處理，六為支持保留修
改憲法案，七為第二次選舉大會投票選舉總裁當選第二
任總統，八為第四次大會投票選舉中央常務委員陳誠同
志當選第二任副總統，此外開會期間召開黨員大會亦給
二分，共有廿六分，其實上列八項中之第一、三、七、
八等項，余等身為所謂列席代表者根本即為風馬牛不相
及，當時對黨之決策並無擁護之資格，而今亦照通案給
分，思之不禁啞然失笑，好在此等事皆所謂惠而不費，
受者亦當作如是觀。

集會

　　晚，出席小組會議，辦理去年度黨籍總檢查與選舉
優秀黨員，前者為記分工作，由組長吳治與幹事辦理
之，後者係根據中央所頒辦法辦理，今日出席共十人，
投票結果余得四票，吳治得五票，當選，此二事雖甚鄭
重細密，然未免均有流於形式化之弊，蓋此等方法在黨
的組織重新建立之初期固可收效，若長期為之，難免使
一般黨員認為黨不過為一瑣碎不堪徒顧小節之集團，則
失之千里矣。

業務

　　余與吳麟、李洪嶽、吳崇泉三人合租之寫字間於月

底到期，依約於上月底通知到期後續租，其他同約各戶如聚豐泰、遠東等亦同，今日忽接房主第十信用合作社之律師李楚狂來函提出數事，一為電燈費二百七十餘元遲遲不付，請即照付，否則退租，二為該租須覓舖保二家，此函各家閱後均為譁然，就前者言，我等事務所早已裝成分電表，應計度數收費，至於其餘各家混用總電表者則又因開始使用之日未行紀錄度數，究竟應攤若干，無由證明，而延未照付，該律師所持理由自然不足，就後者言，修改約文不能片面，且我等在以前訂約時李楚狂均以見證身分收取余等之公費，今竟站在相反之立場，亦有違律師之規約，經決定各房客團體行動，務使其不復能存心侮人云。

娛樂

晚率紹寧到中山堂觀國防部康樂總隊演劇，第二隊公演五幕話劇「再會吧大陳」，對話演技與布景均有相當水準，服裝道具與實際情況又極脗合，成就殊佳，但有美中不足者一為對話中對於一萬數千義民隨國軍移台灣之選擇自由的政治意義未能十分刻劃，以致有主題晦澀之缺點，二為故事取材為大陳撤退之壯烈經過，然為加重其歷史性的意義，標題仍以用抽象字眼為宜，三為劇中人物個性雖已盡量求其突出，然仍有十分模糊因而似成贅疣者。

3 月 25 日　星期五　晴曇

集會

下午，出席光復大陸研究設計委員會財政組第二次

會，此次會議對於如何開始進行研究工作仍未談出眉
目，只將所分財政與金融兩組之名單分發，俟定期開分
組會議時再行決定如何進行工作，此外即為印發極精美
之前行政院設計委員會各方案。

師友

　　下午，徐庶幾兄來送關於向林管局申請伐木之件請
轉洽先事研究，晚徐兄又來閒談，蘇景泉兄亦同時在
座，所談皆憤世嫉俗之語，有甚多可取之見地。

交際

　　晚，佟志伸兄在東園街台茶新村約宴，在座尚有吳
先培、蕭成棟、張源諸同學及在曼谷聯合國遠東經社會
工作之胡君夫婦，據張君談韓國現狀甚詳，渠最近歸
來者。

3月26日　星期六　雨

業務

　　上午，太平山林場簡樹水君來訪，謂彼等前台灣總
督府營林共濟組合組合員鑑於省府對此次清算發還彼等
權益事暗礁正多，認為有向行政院具文請示催促之必
要，託余代為撰擬文稿，余即允為辦理，並決定由全體
一百至二百人簽名分呈行政院、省政府與省議會，簡君
辭去後余即檢查有關文卷，加以扼要之摘錄，以便行文
時有所參考。下午繼續填製林業員工互助協會之房屋估
價表，其中有各種不同之情形，一為台北市部分分為
甲、乙兩等，各按高九峯君所估每坪單價按面積計算，
二為陽明山與羅東部分，係按高君逐一所估之價填入，

三為新竹之房太破，由余按最低填入，四為花蓮、埔里、旗山三處均由余查酌各該地房捐用之地方評價予以估定，但地方評價高於台北，故不能不將其等次略為降低，以期與其他各地之估價不致懸殊過甚焉。

3 月 27 日　星期日　晴

聽講

上午，到師範學院續聽潘重規教授講禮記，今日講學記篇之前半，講義仍為印發者，此篇之成語為後來一直流行者極多，如「學然後知不足，教而後知困」等，俯拾即是，惟一般習焉不察，每不問其出處耳，今日共講二小時。

師友

到和平西路訪市府合作課林競武君，林君曾於上週到事務所來訪，今日為前往答訪，並託其介紹業務，今日所談為其溫州同鄉來台經營事業之情形，較大規模者為乳牛業，正在籌備，據云台灣水牛之乳質勝於荷蘭牛云。晚，李公藩兄來訪，據云有友約其經營證券業，正在考慮，如有成議，即須裝用電話，託余代向能供應電話者接洽辦理，余允代轉魏盛村君，因余曾接魏君之委託謂可以代裝電話也，至於代價方面電信局規定為裝費三千元，押金七百元，魏君代洽者須另加一萬二千元，與市上頂讓相差無幾云。

集會

到逄化文兄寓舉行建華新村籌備會五人小組會，其餘三人王立哉、童秀明、李鴻超等亦到，今日商談問題

有四，一為公用道路開拓與修鋪砂石問題，決定由逢兄
接洽辦理，二為地面不平之兩段攤平問題，由李君接洽
辦理，三為水電工程問題，已有輪廓，但需費太多，水
約在二萬元以內，電桿為二千元，須待全部會議再行商
討決定，四為在買地成約時期，事事均假宋志先兄寓所
商洽，多蒙協助，推逢兄籌備合請宋兄夫婦小酌，以表
謝忱。

3月28日　星期一　晴

家事

明日為古亭區春季大掃除之期，今日與德芳從事掃
除工作，以備明日檢查，諸兒女亦協助拭抹玻璃及揉拭
疊席等事，所差者為窗紙多壞，時間不許重糊耳。

集會

下午，出席勞工保險基金監理會審查小組會議，出
席尚有王師復、紀萬德與何墨林之代表等，審查案件有
二，一為四十三年度預算，其實決算已經辦出，所以遲
遲者因勞工保險部之經費依照規定係由省府按所收保費
十分之一撥給，該部支給各項開支，即以此為範圍，但
省府通案有經費凍結於四十一年水準之規定，省府撥給
經費早已不足保費之十分之一，如此發生矛盾，預算終
未決定，至去年底決算則仍接近十分之一，超過省府所
給五十餘萬元，今日審查時承認其既成事實，但對於此
項由保險費挪墊之超額開支無從挹注問題應如何解決，
則提請委員會議解決，此外則通知台灣人壽保險公司勞
工保險部速擬呈今年度預算，不得再以既成事實於事後

請求追認，第二案為設置稽核規則，此規則已審議數次，其間有委員提出原草案太置重於主任委員，應將委員會列於主委之前，始符體制，今日審查時即將草案有關條文照此原則加以改削云。

3 月 29 日　星期二　晴

參觀

　　下午，同德芳率紹中、紹因、紹彭到中山堂參觀華僑救國聯合總會主辦之華僑青年活動影片展覽，展出照片四、五百幀，遍及全球，在台之僑生所攝亦復不少。

師友

　　上午到杭州南路訪王建今兄，不遇，留字謂見報知揚子木材公司案由渠主辦，能者多勞，至為欽佩，聞此案查帳有需要會計師處，余願效勞，云。台灣鋁廠今日正式改公司成立，以張靜愚為董事長，上午至中山北路該廠辦事處馳賀，至則知在高雄，此間無何舉動云。晚，徐嘉禾兄夫婦來訪，謂數月工作甚忙，其夫人則台電已解用。

3 月 30 日　星期三　晴

業務

　　上午，將代營林共濟組合台籍組合員所擬之上行政院省政府省議會呈文籲請從速發還其應得之權益者草成，並於下午送該會與臧金泉君研究文字，渠完全同意。

集會

　　晚，舉行研究小組會議，地點為菸酒公賣局，余到時已經開始研讀訓詞，繼即由甫自美國考察半年回國之盛禮約君報告觀感，其考察對象為工商管理，對於美國製造業之儘量使技術發揚與合算及適時等原則相配合一點，說明極為詳盡，大致對於過分浪費成本與延誤當時合時之求精，均認為大誤云，八時半散。

3月31日　星期四　晴

師友

　　上午，徐庶幾兄來訪，為介紹商人接洽按裝電話詢問詳情，余係受魏盛村君之委託為之介紹者，當以電話詢魏君，接電話謂明日可以回話云。李德民君來訪，余未遇，渠與德芳云，因妻久病，經濟困難，特來借債，經允於數日內來取，余自近日無新業務，而物價高漲，開支增加亦感捉襟見肘，實際此刻無力他顧，然來意亦屬難卻，又日間接山東一部分同鄉為殷君采氏徵求病藥之資，亦感心餘力絀之苦。

集會

　　下午，到勞工保險管理委員會出席基金監理會議，討論事項為前日小組所討論之四十三年度預算與設置稽核規則等項，處理甚為迅速，主席為財政廳長陳漢平，閒談營利事業所得稅與會計師之配合問題，渠認為徵收人員查帳不惟有流弊，且亦無如許諳熟會計者，但目前所得稅太重，查帳稽徵不能做通，故希望新法早日通過施行，彼時即希望會計師能配合云。

業務

　　林業員工互助協會之埔里地上權登記事，按該地地政事務所復文，認為須先聲請測繪地上權位置圖，其辦法在省府公報上載明，余即查明其內容，將辦法要點與現在應如何進行之方式寫一簽案，移送該會行文處理。

4月1日　星期五　晴

集會

　　下午，出席光復大陸設計研究委員會金融小組會議，由翁之鏞主席，討論小組以後開會時間，加推小組召集人兩人，繼即有人提出四個研究問題為外匯、保險、資本市場與國民所得，並分別提出起草綱要四人，即行散會，余今日由會場氣氛發覺有幾種預感，一為小組內一小部分委員為前行政院設計委員移併此會者，彼等相互標榜，且流露一種自命不凡之神氣，反襯新聘之多數國大代表頗為失色，二為此種團體頗不易運用，發言者多為浮光掠影，或則遊辭自炫，有真知灼見者，反力持沈默，三為社會動搖不寧中學術空氣不濃，研究風度尤缺，如今日發言之委員有自矜其大學教授身分，對於官方統計資料故意閃爍譏諷，其實彼亦官僚出身，且受領官僚津貼為辦刊物鼓吹，心地並不清高，凡此皆可見之此會之難有成也。

娛樂

　　今日為廿四屆主計節，在中山堂舉行晚會，吳崇泉、紀萬德兩兄分贈座券，余與紹南往觀，由吳寶瑜、李玉蓉、盧智、周金福、劉玉霞等合演全部得意緣，由教鏢起至下山止，大體平妥，因場地太大，座位稍後即不能聽清，本劇比上週在環球所聽陳美麟、梁正瑩所演為遜，尤其郎霞玉一角，李雖亦穩當，而不如梁也。

4 月 2 日　星期六　雨

師友

前山東省銀行同人李德民君妻病債多，今日著其姪來取前日允借之款，余交其三百元，並附字云，此款不必歸還，渠本欲借五百元，余並告以現金缺乏不能辦到云。

閱讀

看報有讀者投書，因感於胡光鑣案之官商勾結，引有辜鴻銘文一段，十分痛切，照錄如下：「今日中國之所謂理財，非理財也，馴至言理財數十年，其得財者惟洋場之買辦，與勸業會之闊紳。昔孔子曰：『君君臣臣父父子子』，余謂今日中國欲得理財之道，則須添二句曰：『官官商商』，蓋今日中國大半官而劣則商，商而劣則官，此天下之民所以幾成餓殍也。易傳曰：『損上益下謂之泰，損下益上謂之否。』知此則可以言理財。」此段所形容者雖數十年前事，然句句猶若指今日也。

見聞

自昨日起政府令實行日光節約時間，預定至九月底止，同時又公布全年之辦公時間，上午均為八時至十二時，下午則一至三月為一時半至五時半，四至七月半為二時至六時，七月下半至九月半為四至六時（台灣省為三至五時），九月下半至十月為二至六時，十一至十二月為一時半至五時半，此項決定中遇有日光節約時間即照節約時間為準。

4月3日　星期日　雨

聽講

　　上午續到師範學院聽潘重規教授講禮記，今日為學記篇之後半，此半篇可謂情辭並茂，講畢後潘氏並強調中國文化之特點在以教列政之先，而學問之道，初無小中大等有形之年月階段，潘氏又堅主凡不廢學問者，最後必能成功，反之不知做而又學者，雖有若何高之地位，最後無不失敗，其言甚懇切，自然為有心人所發，但細味之，亦只可以就治世而立論，若夫亂世如今，則成敗自有難言者也。

娛樂

　　下午，率紹因、紹彭至明星看電影，永華出品「香江夜譚」，描寫地下社會之黑暗面，甚有特色，但結局主角乘船他往，鬆極，演員亦均未寫出真姓名，亦奇事也。

4月4日　星期一　晴

師友

　　上午，趙榮瑞君來訪，因其服務之菸酒公賣局嘉義分局人地不宜，希望調至總局，託余與其第五科長孟佑之有所接洽。史濟賾女士來託息借款項，余允詢有無放出者。

集會

　　上午，到國大代表黨團幹事會出席三十一小組會，余主席，組長趙雪峯報告住宅建築貸款處理情形，並決議請多變通，又決議對胡光鑣案請中央嚴肅紀綱。

家事

　　晚，隋錦堂表妹婿來訪，談所謀之退除役會事，始終未具體化，所擬化工廠計劃未定行否，余主先行冷靜觀察數日。晚與德芳率諸兒女到金山幼稚園看「阿麗思漫遊奇境」。

4 月 5 日　星期二　晴

體質

　　三日前即感鼻塞，右側重而左側輕，第一日曾搽以金黴素藥膏，次日又搽二次，均無甚效果，服消炎片四片，亦只覺胃內不舒，別無其他，於是放棄一切藥物，聽其自然，今日鼻塞現象已減退，但飲食時之味覺，似尚未完全恢復。

業務

　　開始為林業員工互助協會之估價表核算總數，因細數係由紹南核算，所畫表格垂直線太少，以致金額定位互有左右，筆算時為之目眩，珠算則不能有十二分把握，而必須用筆算複核，此因屬小技，一向欠缺注意，其實最重要也。

4 月 6 日　星期三　晴有陣雨

業務

　　繼續計算林業員工互助協會之財產價值，其中土地房屋約合三百一十餘萬元，原有價值應為四百萬元，因減除折舊額九十餘萬元乃成此數，折舊數尚為從最寬之估計，因房屋壽命均照公定木造房屋之最長壽命六十

年，每年折除百分之一‧五計算，無法再低也，至於
電力公司股票部分則按一月份逐日刊載於彰化銀行出版
之經濟資料者平均計算為每股一百七十三元，全部一萬
一千餘股，約計為二百萬元，故全部財產大致為五百萬
元，與余未核算前預料之結果相去不遠也。

家事

　　晚，隋錦堂表妹婿來訪，談國軍退除役官兵就業輔
導委員會多日來所接洽之計劃成立化工廠事，本已擱
淺，忽因經濟安定委員會工業委員會登報徵求有意經營
人造樹脂之公私機構該會可與之合作，而重新引起該會
之注意，於是向工業委會取來計劃書，與隋君以前所計
擬者比較大同小異，於是信心又堅，與隋君重新洽談積
極辦理之途徑，詢余此刻對策如何，余意彼等既又有信
心，不必再運用其他人事關係，只須與工業委會之負責
人聯絡即可不虞其不移尊就教也，隋君又談兩計劃內容
之異點，工業委員會計畫較為簡單，其出品有二，一為
尿素甲醛，二為酚甲醛，前者之原料將取給於明年可以
出品之台肥六廠，後者則甲醛賴輸入，或另設小廠輸入
甲醇以製甲醛，隋君之計劃為先設木柴乾餾工廠以製木
炭與甲醛，尿素甲醛之來源同，蓋預料尿素甲醛可以出
品而後酚甲醛之需要亦隨之而生，此時設廠製造必有利
益也，至於資金方面，前者估計為美金二十五萬元與台
幣四百萬元，後者估計為台幣二千萬元，且主多用人工
以消納退役人。

師友

　　下午到杭州南路訪高注東兄，據云正與其他四友人

受教育部聘約編三民主義辭典，取材以總理、總裁著
作為限，一年完成，預收版稅共二萬五千元，將來扣
回云。

4月7日　星期四　雨
業務

今日將林業員工互助協會之估價表重新加以審定，
因該表余初製成時只寫明土地之甲數與所查公定單價，
房屋方面有只列建坪坪數與每坪之重建單價，建築年代
與應折舊之百分比，其中逐筆計算皆用乘法，珠算不若
計算機之速，乃交紹南至其肄業之台灣大學商學系用計
算機逐一加一計算，至於每欄綜計之工作則由余用珠算
與筆算完成之，今日將所完成之底稿交打字員打成正式
表格，發覺原乘法有微誤，乃於下午整個加以複核，幸
未有其他錯誤。

4月8日　星期五　晴有陣雨
師友

上午，高注東兄來訪，談與蕭天石、李雄、金平
歐、曹挺光五人受教育部委託編輯三民主義辭典，關於
編例已經商洽妥貼，高兄將擔任文化教育部分，又談來
台後政校同學一般表現，多為各奔前程，各走路線，故
校友間之團結已至十分脆弱之狀態，其下焉者則分贓自
肥之事亦屬司空見慣，例如大陸撤退在校有職務之同學
數人各支取美金三、五千元不等，名為出國考察，而六
年來始終逍遙台島，而又恬不知恥，行所無事，又如從

事會計師、律師業務者，作風下流者不一而足，更如前日證券行林紹中之騙取客戶證券，立即就逮，報紙喧騰，顏面喪盡，皆為政校同學之所為，凡此，皆二十年前吾人所不能設想，聞之殊為太息也。晚，同德芳到大理街台灣糖業公司訪林樹五夫婦，並略帶餅果贈其兒童，林君業餘尚在讀書，其夫人在建國中學夜間部服務，直至十一時始歸，略談即告辭。

業務

下午，到林產管理局訪林慶華君，面送林業員工互助協會清理案內埔里地政事務所來函，請先辦測繪房屋位置圖再辦地上權登記之來文，余加簽條請其函送台中山林管理所轉埔里分所索填申請書。在該局又訪臧金泉組長，據談余託其查詢之二事，關於嘉義方面木行請代做林班內之工作一案，只能等候投標時參加，何時投標亦不能預料，關於太平山林場福利社請清理林班中之廢材案，已晤及林場秘書，此等案件因過去多生流弊，故現在規定須層層向上請示，目前只好請福利社將公文送來，局內研究後再呈上級核示云。

集會

下午，出席會計師公會理事會，決定事項一為本年度工作計劃已由常務理事會送社會處，決議追認，二為舉行會員聯誼聚餐，二十五日先試辦一次，三為請修正民刑訴訟法，將會計師加入為訴訟代理人與辯護人，再向立法院請求云。

4 月 9 日　星期六　晴

集會

　　晚，出席小組會議，討論事項無多，僅有上級黨部普遍徵文之公文一件，因規定必須每小組有人參加，故在開會時推選一人，在座者一致推選由余擔任，余因一時尋不到適當題材，故未允參加，但固辭不獲，勉從其決議，此項徵文據其所定辦法係為收集農、工、商、學各界對於物質生活上之具體描寫，諸如耕者有其田後之農民，實行勞工保險後之工人以及學生乃至任何職業，均由此角度而有所發揮，集編成書，即可作為具體有效之宣傳資料云。

4 月 10 日　星期日　晴

交際

　　有中醫賴少魂者，上週即發來母喪訃聞，因素不相識，料係國大代表同人，及詢同事務所吳麟律師，知訃聞滿天飛，渠不願加以理會，余亦即未送禮品，此人除發訃聞外，尚在台北全市報紙一一刊登廣告，廣告篇幅大於三十二開書，計分六段，首為其兄弟四人之訃聞，次為大埔同鄉會之訃聞，三為賴氏宗親會之訃聞，四為中醫藥學會對其理事長賴所發，五為台北市中醫師公會對於理事長賴所發，六為中央陸軍軍官學校同學對於賴同學所發，總之除國民大會秘書處及光復大陸研究設計委員會尚未為之出面登報外，其餘所有關係均已全部為所利用，余今日前往弔祭，見輓誄極多，善導寺內外張掛已滿，而實際其母係在廣東原籍逝世，如此招搖，殆

全合粵人大出喪與台人好登報之兩項特點者。

師友

　　下午，同德芳到羅斯福路三段訪張中寧兄夫婦於其
新居，並略有餽贈。

4月11日　星期一　晴

業務

　　余與李洪嶽、吳崇泉、吳麟三人合租之事務所係於
上月底滿期，依約曾於一個月以前通知續租，但在通知
以後，房東第十信用合作社之代理律師李楚狂來函謂須
先付電費，續約並須覓保，李在前兩次訂約時本為見證
人，且收取余方之公費，今以對造代理人自居，乖謬殊
甚，故置之未理，於是彼方乃向法院申請調解，我方由
孫福海君代理前往，尚有同為房客之蔣慰律師等，今日
均出庭，據云，房東由李代理出庭，調解時對方認為現
在出租情形太零碎，滿期後將以一個對象整個出租，故
規定新租約時為寫明到期我方即行遷讓，但經蔣君又加
入一句，謂如我方無意續租時始行遷讓，於是又將彼方
之地步予以抵銷，調解成立後即行進行續約，除租期改
為一年，房租仍半年先付外，其餘照舊，電費則將來按
分表各各計算云。

4月12日　星期二　晴

譯作

　　連日來由 *Current History*, August 1954, United States
Tax Policy 專號內譯 Corporation Taxes 一篇，作者 Leopard

Kohr，係 Assistant Professor of Economics, Rutgers University，
全文說明美國公司所負擔之各種稅課，並檢討其得失，
雖行文未必十分謹嚴，但若干見地確極透闢，四天來以
八小時譯成，共計六千字。

家事

下午，到古亭區公所申請為紹中發國民身分證，按
規定十四歲以下者可以不帶身分證，但因紹中今年為小
學六年級，秋季報考初中，據云須有之云。

師友

下午，到菸酒公賣局訪第五科科長孟佑之兄，面託
為趙榮瑞君調動職務，趙君在嘉義分局自覺人地不宜，
且其家人均在台北，希望有機會調來總局，余並力言趙
君久在金融界服務，對於會計、出納皆足以勝任愉快，
不負付託云。

4月13日　星期三　晴

師友

上午趙榮瑞君來訪，據談今晨由嘉義來此，關於請
求由嘉義菸酒公賣分局調來總局一事，又有新途徑可
尋，據嘉義前任分局長現調總局服務者去信云，悉第一
科有辦理銀行往來之人員須增用，此事對趙君最為適
合，因與談及，一科甚願接受，但趙君之志趣似仍在於
五科，故來詢余與五科長孟佑之之接洽經過，至於分局
方面渠已與分局長洽妥，並已代辦公文請總局調其來台
北服務，故須立即進行云，余即主其與孟科長面談嚮慕
之意，並設法促成其與第一科長晤面商談之機會，一以

加速問題之解決，一以免使雙方間或有隔閡，互相牽掣，此問題反不得解決，趙君即如計而行。

4月14日　星期四　晴

師友

上午，趙榮瑞君來談昨日在公賣局與第一、五兩科長與人事室主任接洽調職情形，重要目的在使此等有關部分能互相不致脫節，俾嘉義分局請調公文到達時能得到預期之處理，據云與孟佑之科長洽談甚相投云，余囑其按排就緒後即回嘉義等候，不宜過急，以免欲速不達。晚，高注東兄來訪，隋玠夫兄亦來，因其子志願從軍已考入海軍官校，託函達衍訓遇事關照，高兄信佛，隋兄為基督徒，在此討論宗教原理甚詳，多所闡發。晚，羅東木行呂君來續談太平山林場福利社承辦林班整理一案，所指林班有變更，即將請示辦理，仍託繼續接洽。

業務

下午出席會計師公會常務理事會，通過季貽謀退會等例案三數件。

4月15日　星期五　晴

閱讀

數日來閱「台灣灘頭堡」（*Formosa Beachhead*），費吳生夫人著（By Geraldine Fitch），湯象譯，全書二百頁，亦新聞記者之筆調，抒寫其訪問台灣之印象及台灣問題形成之前因後果，其中以鉅大之篇幅描寫美國政府

之受共黨分子游說，及有意制定全盤有利共黨之對華政策，所寫自多為歷史上不可磨滅之污點，在台灣屹立不動數年以來終贏得美國之轉變，由白皮書之棄絕轉而至於日漸增加其援助，對於其間過程之回顧，使余等共存亡之孤島人民尤多共鳴，但書內亦非無記載失實之處，如憑其一面之緣而臧否人物，欲避免膚淺之譏而弄巧成拙，又如對於接觸稍多之官員即憑感情而作十分肯定之信賴，如對於孔祥熙及吳國楨，均有極為具體之好評，則欠缺理智，乃一般外國記者之通病矣，譯筆方面，大體流暢，其中有對於中國機關之名稱與人名不甚諳熟，翻譯時以意為之者，則在忠實一點上有所不足，惟書中對於民主黨時代之美國政府任令共黨在政府內從事滲透工作一點抨擊最力，則完全為客觀立場也。數日來又閱「辜鴻銘的筆記」小冊，又名「張文襄幕府記聞」，凡七十則，頗多有特殊見解之名言，摘錄數則如下：庸言庸行篇云：「英國名相論用人有云，國家用人，宜重德行，而不宜重非常之才，天下之人既不可無君長，而君長之事有大小輕重，即尋常之識量，亦未嘗不可以勝任，蓋造物於經理天下之事，未嘗秘有玄妙之理，一若非一二聖智之人不可求解，惟忠信廉正儉約諸庸德，此固人人之所能，人果能行此，且加以閱歷虛心，於從政何難之有，若無德行，雖恃絕等高才，焉能有濟，故凡有才無德之人，斷不可以任用，蓋秉性敦厚而才識不足者，固能遺誤事機，然其害豈若彼心術邪僻，且有大才足以鋪張揚厲粉飾其邪僻者之能敗壞國家至於不可補救耶，此言庸德也。」真御史篇云：「若司馬溫公論言官

當以三司為先，一不愛富貴，二重惜名節，三曉知治
體，三者具而始可稱諫官，然兼之者難矣，國朝陳黃中
與王次山論諫臣書云，御史之職，本無所不當言，而其
要在裨主德，肅紀綱，持大體而已。……今日言官即賢
如江春霖者，亦未聞一言以裨主德，建一議以肅紀綱，
能使朝野上下，革面洗心，徒呫呫攻訐一二貴人瑣屑之
陰事，憤憤不平，一若與之有深仇積恨而不能自已，是
尚得謂之明大體哉！」江春霖因忤權貴而掛冠，而春秋
猶責賢者，今日尚何處去尋江春霖乎？政體篇云：「國
朝潘耒上某學士書云，某聞善為治者，不務為求治之
名，而貴有致治之實，孔子曰，其人存，則其政舉，後
儒亦言，有治人，無治法，衰敝之世，法制禁令，與盛
世無殊，而不能為治者，法意不相孚，名實不相符，上
下相蒙，苟且成俗也，若徒恃科條以防姦，借律令以止
慝，有立法之名，無行法之實，竊恐彌縫掩護之弊，更
有甚於前也，假如今制，督撫地方官與在京大臣交通者
革職，此其所得而禁者，輦下拜往之儀文耳，使在數千
里外私人往來，僭通貨賄，能知之乎？官吏坐贓滿十金
者即論死，審能如法，則人人皆楊震、鄧攸矣，度今之
作吏者，能如是乎？夫立法遠於人情，則必有所不行，
而法故在，則必巧為相遁，掩覆之術愈工，交通之跡愈
密，而議者且以為令行禁止，中外肅清也，夫天下未嘗
無才，其才未嘗不能辦事，特患無以驅策而激勵之，於
是以其才智專用之於身家，以其聰明專用之於彌縫掩
護，設也一變其習，以其為身家者為朝廷，以其彌縫掩
護為坿循保障，則何事不可為，何功不可立。」不拜客

篇云：「唐李翊之薦所知於徐州張僕射書云：凡賢人奇士皆自所負不苟合於世，是以雖見之難得而知也，見而不能知其賢，如勿見之而已矣，知其賢而不能用，如勿知其賢而已矣，用而不能盡其才，如勿用而已矣，能盡其才而容讒人之所間者，如勿盡其才而已矣，故見賢而能知，知而能用，用而能盡其才，而不容讒人之所間者，天下一人而已矣，茲有二人焉皆來，其一賢士也，其一常常人也，待之禮貌不加隆焉，則賢者行而常常人日來矣，況其待常常人加厚，則善人何求而來哉！」以下即寫一故事，謂某官以不拜客而不得出人頭地，以明上所云云，居今之世相去其愈遠矣，上抄各段以今情衡之，實皆然也。

4 月 16 日　星期六　晴
家事

下午，到女師附小出席六年級和組家長會，該組共有學生四十餘人，到家長二十餘人，首由級任導師胡經齋報告數事，一為本年級學生下學期即須投考中學，今年新辦法須加考體能測驗，而始未公佈詳細辦法，學校由教育廳非正式抄來項目，經辦理測驗，結果只少數人及格，希望學校與家長均能加意其採用練習，計有賽跑、跳遠與擲壘球等項，二為畢業班與升學無關之功課已大都停止，所加之功課有作業須回家自作，每日約需一小時半至二小時，望家長督促辦理，又有課外造句練習，望家長自行閱卷，三為報考須有身分證，且須先與學校校正，以免年齡、籍貫、姓名有何歧異之處，四為

自問升學無望者可請學校留讀一年，報告畢各家長相繼
發言，所涉及問題多為課外時間不夠，投考時間不夠，
加請教師協助指導等等，多極實際，其中有一吉君，對
於投考中學之錄取比例、命題情形，以及閱讀課外題解
等之重要性，分析極詳，可謂有心人矣。會於五時始
散。晚，同德芳到新生南路訪程傑慷朱綺芬夫婦，為秋
期紹因上學事商量補救辦法，據云此問題已由李公藩太
太與朱君談過，當時只注重一年齡不足問題，故向女師
附小方面詢問，認為須區公所列入冊內，學校對年齡不
加過問云，其實此正是問題之所在，因不足六歲者決不
能列入調查冊內也，經研究結果，朱君因本在女師服
務，知該校同人子弟可以由校長送附小讀書，認為可以
採取方法在女師或附小為余或德芳按插一項名義，此問
題自然迎刃而解，余等對此法亦認為極妙，即拜託設計
進行，設此點能辦到，即不必再作最後之打算按五歲半
申請入學矣，又談及所以必入女師附小全因距離較近，
其實為升學打算，該校之升學比例在全部國民學校中固
屬最低也。

集會

　　下午，到會計師公會出席黨團會議，到者連代理者
十六人，此中本有兩派，余等只有六人，居於少數地
位，故事先未加運用，聽其自然解決，於是在改選幹事
中乃發生一面倒之結果，當選者有六人為對方之分子，
有一人為對方所贈票，故兩方有票，得票最多，實為點
綴性質，彼方六人中又有五人為對方團體中前次為當選
常務理事者，今一併出籠，補前失也，開票後於是有新

當選之王庸、邱朗光、徐光前相繼發言，謂須檢討前次
常務理事選舉中黨員投黨外票之問題，甚且以黨紀執行
者自居，無理之極，而攻擊對象且連省黨部亦在內，謂
其首鼠兩端，有頭無尾，措辭難聽已極，經省黨部代表
葉自成說明後，余即發言，謂如有違反紀律者，請具體
指出呈省及中央議處，余似未見其有，至於前次選舉運
用不圓滿固是事實，但亦不必多言，在座何人不知其癥
結所在，如必加檢討，亦只紀錄已足，又有提將來幹事
會請常務理事列席者，余提修正經通過。

師友

　　下午，到大西湖訪徐庶幾兄，不遇，留字請轉洽嘉
義木商先聘余為會計顧問。

4 月 17 日　星期日　晴

家事

　　上午率紹彭到基隆路姑母家探視，詢問今夏經營衣
綉業情形，並問表妹婿隋錦堂近來所接洽之國軍退除役
官兵就業輔導會設樹膠廠事有無眉目，據云該案本已擱
淺，因行政院經濟安定委員會工業委員會發布協助設廠
之消息，又引起輔導會之注意，舊事重提，隋君本以為
工業委會能提供實際上之協助，余亦認為不妨與該會懂
得技術之人員接觸，挾其優越條件以增輔導會之信心，
則此事濟矣，但據隋君昨日與工業委員會似乎負責此事
之林約翰接洽結果，林非但對於技術所知不多，且謂該
會所謂協助只是一種發動之意味，無論技術、資金皆無
可以為力之處，此等作法，亦真虧彼等想出來也，此事

如何繼續進行，尚有待再行調查工業委會內有無更能負責而明白之人員可供磋商矣，午飯後返。

集會

　　下午，在逄化文兄寓所開建華新村建材會議，王立哉主席，余為紀錄，討論各事有以下數項：（一）水井決採用深井，設水塔及通至各地段之幹管，費用約在一萬五千元左右，無論是否建築，均須投資，（二）每坪在二個月內再收費十元，一個月內出半數，作為水電等建設費用，（三）每坪按一元之標準為逄化文兄經營此事之酬勞，（四）水井占地在全地最高處，預定五坪，由公共費用內負擔地價三百元，作為補償。以上諸事決定後，大體上已無必須先行解決之其他問題，遂即以抽籤方式籤定各地之次序，抽籤前先行編號，東偏由內至外，共分六段，西偏由外至內，共分四段，東偏者略長狹，西偏者略較方正，每段均為二百坪，買地人中之二百坪者每人抽得一段，一百坪左右者每二人抽得一段，如此亦恰成十段，抽籤結果余得第五號，亦即由馬路向內之右面第二段，地勢尚稱高爽。

師友

　　晚，尹合三兄夫婦來訪，係最近移家來北市者，其所住為行政專科學校之宿舍，據云刻在該校正式支領待遇，農學院則兼課數小時，以補助開支之不足，合作事業管理處則完全義務，而此事反最傷腦筋，余詢以第四建築信用合作社復業問題，據云在彼初接合管處事之階段，或竟允彼等貿然復業，後知前案複雜，有市府合作科前科長劉某與台灣合作痞棍均欲伺機而取，如不可能

即將告狀洩憤，故類似頂讓之辦法決不能採，故如鄭希冉等欲接辦，只有先行出款還存款，再行召集社員大會商討選舉與復業，其他變通方式全不可行云。晚，與德芳往訪張中寧兄夫婦，商談為紹因下學期入女師附小事。

4 月 18 日　星期一　晴
業務

　　余與吳崇泉及李洪嶽、吳麟兩律師所合租之信用合作大樓事務所，本於上月底到期，因房主第十信用合作社云事務人員以電費不付為由，延律師函知覓保及先付電費，余等置之不理，僅持十餘日，又在法院以調解方式處理，今日房主已將新約送來，內容與舊約相同，只有租期六個月一節改為一年，但分兩期預付房租，電費各在分表，照實用數計算，保證人一節不再提起，但仍由李楚狂律師為見證人，此人前兩次立約時亦為見證人，且收取公費，余等房客均負擔，聞實際為合作社由職員所吞沒，此次因李律師竟以余等為當事人之對造，立場錯誤，無人肯再付給，聞對方知趣，亦不復索取，此約共九份，房東一份，房客五家各一份，見證律師存一份，餘送法院，余等所用之一間，由余與李洪嶽律師代表蓋章。上項租約內之租金為六個月六千元，四人每人分擔千五百元，但吳律師原係向李律師分租，雖仍照原價，而收租方式為按月付二百五十元，上次二人為此事發生不歡，由余與吳崇泉兄各代預墊三分之一，始獲解決，此次余等不願再墊，李律師則認為如短期可還始

能代墊，二人尚未晤面談商，故簽約後尚未付款，以待
問題之解決云。

4月19日　星期二　陰

交際

　　國大代表前青島市黨部主任委員殷君采氏患腦溢血
病已數年，十六日病勢惡化在台大醫院逝世，今日下午
二時大殮，殮後各有關單位公祭，余參加山東同鄉與山
東國大代表兩次，殷氏病久，經濟困難，半月前其友好
九人曾發函請助醫藥費，余準備送二百元，但本月收入
毫無，由家用中斷難節下此數，遷延不決，而縈懷不能
自釋，幾乎日日為之苦惱，洎聞噩耗，益覺此憾恨終古
難補矣。

師友

　　下午，前山東省銀行同事馬麗珊之夫君王舍甫君來
訪，據談已辦妥海軍軍醫之退役手續，將赴桃園自設診
所，或在退除役官兵就業輔導委員會之桃園農場工作，
如能雙方得兼，且支用退役八成俸，即較為理想云，余
見王君適因事務所之打字小姐許碧珠有意他就，馬女士
因在經濟部打字，乃託轉達馬女士，詢有無此等適當之
人員可以介紹，如暫時無之，並請從容物色。

業務

　　羅東木行呂君來訪，交來擬承辦太平山林場福利社
整理一三〇、一三一，兩林班之工作預算內容，余不
在，經核閱後，即約其介紹人蔡維谿太太談進行方式，
並請轉達先聘余為會計顧問，公費若干不拘，介紹人得

四成，將來具體業務報酬在外。

4 月 20 日　星期三　晴
師友

　　晚，高明一君來訪，談所供職之古亭區稅捐稽徵處不久前因填發稅單沿用前稅捐處長已用印之空白等問題，為警察人員包庇控告，本已無事，昨又突然接財政廳令轉監察院公文為此案請轉飭聲復，始知原告仍在圖謀擴大，渠本人自信無過，但揆之往昔，財廳常有犧牲所屬人員以向監察機關示好之事，故不能不加警惕，擬俟監院如派調查專員前來調查時，請余介紹監院委員加以聯繫，余並告以應向財政廳人事室加以說明，庶免因隔閡而生誤會云。

4 月 21 日　星期四　晴
閱讀

　　看新出版小說「三十五歲的女人」，穆穆作，約十萬字，乃一中篇，前有張秀亞序文，對本書推崇備至，雖多溢美，然確能將書之特長與缺點娓娓道來，無怪作者跋文謂張女士之序極有份量，「我想有好多讀者是為了讀這篇序才買這本書的」，互相標榜，不由正面出之，可謂恰到好處，全書共為五章，另加一尾聲，大致寫幾個中年女性，玉蘭、雨韻、小鶯、郁芬、劉嫂等，雨韻只顧情愛，不顧情誼，小鶯飢不擇食，到處亂抓，郁芬生活糜爛，惟知交際享受，玉蘭為本書主角，則無事生非，製造家庭悲劇，而又破鏡重圓，作者對每一女

角都給一不圓滿之過程，而最終仍歸於傳奇小說式之圓滿，只餘一小鸞尚在徬徨無路，以余之見地，此作有最大之成功，亦有最大之失敗，成功在於安排布局，伏筆於不經意處，使故事發展不太奇突，尤其對話流暢自然，無形中對其所創造之人物起突出之姿態，此非每一作家所能，就此點言，殆受紅樓夢之影響為深，而對話所欲表達之人生哲學則亦有較自然之流露，雖略有痕跡，然大體上尚無說教之弊，不似「圍城」作者錢鍾書之一味賣弄，意使人頭昏也，最大之失敗則在於全文係在雜誌連載，不能一氣呵成，於是故事發展多無其必然性，例如玉蘭與其夫雖個性不同，缺乏了解，然一向並無口角爭執，忽然因玉蘭之疑心暗鬼，旦夕間即造成離婚，離婚後自行遷居而又留其女友在家與其夫同住，直至女友小鸞片面以其夫為禁臠，大鬧單戀笑話後，又忽然破鏡重圓，種種牽強之處無非為使作者預定結局之實現而生硬的安排其過程，且玉蘭個性在作者筆下有時極趨時髦，有時又極守舊，作者或故意刻劃其矛盾，然未見其成功，插圖楊揚作，共十餘幅，尚佳，亦有不符事實處，最後之一幅為胖婦，似最成功。

4月22日　星期五　晴

集會

下午，出席會計師公會常務理事會，討論事項有關於通電三軍將士支援保衛金門、馬祖兩島之決策，此事乃省黨部所發動，與連日各學校教職員學生所發動之支援政府決策運動係屬一事，蓋因共匪有積極謀取二島之

模樣，而美國則受英國之壓力，其執政之共和黨又受民
主黨之壓力，傾向於不在台灣海峽與共匪作戰，有壓
迫中國政府放棄兩島之謠傳也，此外尚有例案，移時
即散。

師友

　　下午，王慕堂兄來訪，閒談，渠在越南兩年，回台
體察兩月，始知政情內裡更日趨腐敗，而粥少僧多，種
種光怪陸離，尤令人目迷五色，為之大失所望，又談近
來由余轉信之故趙棣華氏之夫人近況，甚為不平，緣趙
氏於交通銀行總經理任內病逝，其夫人在美，該行照規
定計算支付卹金新台幣三萬餘元，按結匯證價代匯紐約
二千元美金，經趙夫人拒絕收受，因數年前同樣情形之
中國銀行總經理席德懋得撫卹金三萬美金，而數年前台
灣大學校長傅斯年亦曾由行政院撥卹金一萬美金，相形
之下，未免難堪也，趙夫人對此款初擬退回或捐助，後
接受勸告通知交行改由其在台之子女（非己出）收受，
此事即不再談矣，而實際在此等人事日非之情形下，再
談亦無結果也，又聞趙夫人在紐約係任中國銀行雇員，
入不敷出，在初入中行之時，本派任問訊，有類傳達，
經力爭後始改為管卷，其實趙夫人為滬江大學畢業，非
無工作能力者，此等事徒示人以不廣耳，今日之官場，
現實而又現實，無事不如此也。

交際

　　晚，到中央信託局大禮堂參加革命實踐研究院聯合
作戰研究班第一期經濟組同學聚餐，凡兩桌，飯後決定
五月廿日為慶祝總統去年連任再舉行聚餐一次，以資

慶祝，按此項聚餐本為兩個月一次，為時較長，下次縮短云。

業務

事務所房屋之房租本已屆續付之期，因吳麟律師所擔任之四分之一計一千五百元須由李洪嶽律師代墊，即至今日始行談妥，故尚未付，今日又談及一個問題，即自前次電費分擔問題發生後，房東第十信用合作社已代各用戶一一裝置分表，其數約四百六十餘元，余等準備由房租內扣回，至於房東去年四月起之一年電費該社又必欲余等負擔四十餘度，余等實際並未用電，該社且將一年費數皆用去冬加價後之費率折算，單價不符，於是又生枝節云。

4月23日　星期六　晴

寫作

晨起寫成「一個腦力勞動者為體力勞動者服務的故事」短文一篇，計二千字，此文為中央黨部第四組通告各小組徵集「我們的生活」文稿而作，該項徵文辦法規定每小組至少須有一人擔任，上次小組會時即推定由余必須擔任一篇，明日開會時應屆繳卷之期，故今日將此文趕成，寫作之內容在描述余執行會計師業務已經六年，平時為資本主服務機會多，為勞動者服務機會少，其實會計師與工人同係勞動者，不過有腦力、體力之分而已，自最近參加勞工保險監理委員會後，乃有為勞動者服務之機會，以下即寫出勞工保險五年來之成功歷程，由保險之簡單辦法，保險人數之增加與給付之種類

及件數金額之逐年增加，以及引證若干受益人之來函，以證明確使無恆產者竟漸有恆心，全文目的在以真憑實據說明自由中國之進步情形，然徒空言宣傳也。

師友

下午，因昨日李公藩兄來訪留言需裝電話，乃以電話詢問魏盛村君，問其以前向余提及有可以設法申請安裝之掮客，經魏君立以電話詢問前途，答云有一部可裝，今日下午即應決定，但價錢方面除電信局所需之三千七百元外，本來只可外加一萬二千元，且以其中一千元為介紹費，現因市價騰貴，須外加一萬三千元，且不扣介紹費，余即往與李兄洽定，照總數包括介紹費共一萬七千七百元，請其詢問申請按裝者，如可能，即直接以電話與魏君洽定即可云，近來電話市價據李兄云似已超出二萬元，故要價一萬七千餘元並不為多云。

體質

晚十時已就寢，忽腹痛入廁，水瀉共達三次，由紹南陪余至蔡內科就診，在彼處又瀉二次，且大嘔吐，醫診脊骨不痛，盲腸不痛，不發燒，斷為並非霍亂，謂為急性腸胃炎，注射一針後，並配藥粉八包，每四小時服用一次。

4 月 24 日　星期日　晴

體質

晨起後腹瀉已止，但頭暈目眩，不思飲食，服昨夜取來之藥，下午洩瀉兩次，腹仍覺脹，終日只進米湯與掛麵各一小碗，晚服金黴素一顆。

師友

徐庶幾兄來訪，謂上週余囑其轉達嘉義源昌木行先
聘余為會計顧問一事，經已往洽，彼願採包辦方式，辦
妥付給較大之報酬，余認無誠意，拒之。

瑣記

會計師公會召集之會員第一次聚餐會定明午舉行，
余本決定參加，因病須作罷，今以此意著紹南以電話通
知公會幹事宋治平。小組開會請病假，送昨稿。

4月25日　星期一　晴

體質

今日腸內已漸鬆動，痛疼停止，昨日本四肢全痛，
今日亦漸痊可，惟仍遍身乏力耳，今日飲食仍小心節
制，只吃稀粥，晚飯食饅頭一小塊，無油菜湯少許，西
瓜水少許，夜間睡眠尚好，但胃內發酸，未知原因何
在，前晚醫師配藥尚有三包，今日服完。閱中央日報
「我們的健康」中談及余此次所患之疾，名為食物中
毒，又名急性胃腸炎，所述症狀均同，惟書內謂多先吐
後瀉，余則為先瀉後吐耳。

業務

徐庶幾兄又來談為人介紹業務事，一為向鋁業公司
接洽買鋁，二為向紙業公司接洽買紙出口，前者余告以
該公司在高雄，無法往洽，後者余允先行探試，如簡易
即辦，過繁即罷。近來此等事多屬枉費唇舌，為人利
用，而毫無業務價值，如徐兄介紹之源昌木行事，以及
要電話者故意壓價皆是，又比鄰蔡君所介紹之羅東木行

呂君曾託余作數度之奔走，方在進行中，余告以請先聘為會計顧問，庶可名正言順，彼竟託詞該項交易已為他人奪去，而避不見面，可見其存心完全為利用，再將範圍放大自行檢討，如最近李洪嶽、周旋冠之確言欲為余介紹會計顧問，只聽樓梯響，終不見有人下來，至於費盡心思之義務案件如中美藥房、長記公司、第四建築信用合作社等，更不一而足，余自執此業務，固從未負人，而受人利用終無收入可獲者如此累累，亦可見此業之臨於末路也。

4 月 26 日　星期二　晴

師友

上午叢芳山兄來訪，謂已辭去基隆女子中學總務主任一職，刻因聞悉大陸救災總會有總務組正副組長出缺，此事決定權屬之理事長谷正綱氏，而比較接近之該會委員姚大海向谷建議必有效力，乃託余向姚提出，余告以與姚雖一度在齊魯公司共事，然見解未必盡同，交淺亦難言深，反不如直接向谷氏進言，雖過從不密，然三十年來師生關係，當不冒昧，為厚集力量計，將約逄化文、宋志先兩兄共同為之，叢兄亦以為然，留午餐後，余往訪逄兄，而叢兄亦至，會商結果認為在如此進行以前，宜先在該會秘書長方治處有所招呼，然後可免有何阻力，並決定與志先兄再先研究云。下午楊愷齡鄒馨棣夫婦來訪，託出頂電話。

業務

擾攘經月之事務所租金事今日始獲完全解決，

（1）吳麟部分由李洪嶽全數先墊，（2）各租戶電費今
後均按分表計算，余等去年自裝者由房東照價買去，共
四百六十元，由此次房租內扣除，（3）分表裝前曾用
電費假定為二十元，找回房東。

4月27日　星期三　晴

集會

　　下午，出席勞工保險監理委員會議，討論各案有
四十四年度預算，臨時在北投建屋以便疏散等案，其
中又有一案顯見行政上脫節現象之應予補救，緣該會
四十二年度決算，已經監理委員會審查剔除十萬餘元，
而審計部抽查則剔除只萬餘元，互不相謀，莫所適從，
辦事方面人員有避重就輕之意，自然未當於事理，究應
如何解決，先交小組委員會審查提供意見，再作計議，
關於疏散房屋事，最多討論，該部提出五十餘萬元之預
算，在座有謂各部會全部疏散費不過三百餘萬元，此間
相形不宜太多者，最後決定在二十六萬元範圍內計畫興
建，其中辦公用鋁屋兩棟十八萬，住宅一幢連附屬物共
八萬云。

業務

　　前日會計師公會會員聚餐，余因病未參加，後悉決
定今午宴請立法委員會計師十三人，交換對於民刑訴訟
法中對於會計師充代理人、辯護人地位之確立一項請願
意見，余亦因病未能往作主人，後遇公會幹事來云，今
午客人只到一人，根本未談，聞立法院對於此項意見多
不贊同，又公會未經常務理事會之通過即以公會名稱對

外交際，亦頗有公會理事嘖有煩言者云。

4 月 28 日　星期四　晴

師友

上午，宋志先兄來訪，為叢芳山兄謀大陸救災總會總務組正副組長事商討進行辦法，據云吾二人與逄化文兄與谷正綱氏只屬師生關係，情面未必夠用，不若由余等人往訪王立哉氏，請其寫信介紹，此節辦到後，志先兄再當面往託該會總幹事方治，去年國民大會開會競選主席團時，宋兄曾無條件投方一票，故情感彌篤也，余即同意此項辦法，乃同往逄兄家，候其返後，即三人同往三張犁訪王立哉氏，時為中午十二時，正由考試院回寓，於是開門見山，當推余立即起稿，約定王氏即日寫好，通知叢兄前往取信即持往谷氏寓所面遞云。

業務

下午，林業員工互助協會之組合員代表周爐來訪，謂以前代擬之向行政院、省政府、省議會申請書已經備妥，且有二百餘人聯名，其中文字有謂多老病失所贍依，而具名處所填職業則多仍在林場服務，似有不妥，余謂無大關係，又謂最近蔣總統將遊阿里山，準備當面請願，至於目前問題癥結所在之財政廳公產室方面，亦準備一面奉商一面對其主辦人葉某等有所應酬，此項費用將由組合員全體負擔，余意不妨先行借款，問題解決可還云。

4月29日　星期三　晴

集會

下午，出席光復大陸設計研究委員會財政小組委員會金融小組會議，討論羅敦偉所擬之外匯管理問題討論要點，因今日方始印就，出席者多未準備，故決定下次會議再行討論，亦因起草人未出席，大綱多有為人不解之處。晚，出席研究院財經小組會議，討論題目由張平君自擬自報告，為關於促成公務人員保險事。

師友

晚，與陳寶麟兄商洽趙榮瑞君由嘉義調公賣局總局事，據云調來無問題，只接替人選尚須熟籌云。晚，李公藩兄來商分用潭墘地皮事，余因自用婉拒。

4月30日　星期六　晴

師友

下午，到林產管理局訪臧金泉、林慶華二君，不遇。下午，到南陽街訪林樹藝兄不遇。

集會

下午，到會計師公會出席常務理事會，只有若干例案，重要性不大，其中有一案為根據會員大會所擬設之會計、財稅、經濟、業務推廣四個委員會，亟待召集成立，本欲依毛松年理事之意由常務理事會指定四個臨時召集人分別召集，余認為如此恐有暗示會員選推此人為固定召集人之嫌，不若由公會名義定期召集之為愈，即照此意辦理，又討論催收會費問題，有主加用工友者，但決定暫緩。

5月1日　星期日　晴

集會

　　上午，到社會服務處參加山東同鄉會會員大會，由理事長趙季勳主席，報告三年來應改選而遲遲未能召集之原因，及三年來之工作要項，繼由張子隆報告財務情形，時已近午，即開始進行選舉理監事，選票印理事九人、監事三人，事先既無組織，只好盲目投票矣，今日會場不過百餘人，而會員亦不止數千人，因規定滿三百人即可開會，故不發生法定人數問題，又今日來開會者以從事勞力工作及肩挑負販者居多，白領階層少而又少，且多數又不來開會，蓋士大夫積習未除云。

師友

　　下午，同德芳率紹寧、紹因、紹彭到舒蘭街訪尹樹生兄夫婦，並贈其岳丈太夫人食品，該地為行政專科學校，為尹兄擔任合作科主任所供給之宿舍，新建，極敞亮，占地一百一十坪，房屋占三十坪，陳設布置，備極精雅，尹兄又任合作事業管理處處長，余詢以對於會計師公會將請求合作當局建立合作社常年延聘會計師查帳定制一案之意見，渠極表贊同，又談及此次省府疏散事宜，完全為應付總統公文，且聞最初動機為俞鴻鈞院長一秘書條陳將省府逐至中部，可騰出五千棟宿舍供中央機關使用，其後揭穿，省府頗為不懌云。

5月2日　星期一　晴

師友

　　下午，到國軍退除役官兵就業輔導委員會訪專門委

員于懷忠兄，為表妹婿隋錦堂如何設計參加該會工作事有所商談，據云該會將擴充人數一倍業已決定，但並非立即增加，而係根據實際需要逐步增加，隋君之事既已為該會客串設計工作，自以較自然之方式為妥，而發動者則應為第二組，或將來劃分為二之第三組主管工業事宜，刻此事甫在醞釀，宜先稍候，于兄允密切注意其動態，與余取得聯繫，以便不誤時機云。晚，高明一君來訪，交來余託其借閱之資料，乃用於計算課稅盈餘中之過程內，今日高君交余者為財政部所擬之資產重估價規則草案，此項草案乃用於因幣制關係固定資產價格在帳面低列，而致發生與財務實況不符情事用以矯正者。

5月3日　星期二　晴

集會

下午七時，參加實踐研究院聯合作戰研究班第一期同學第五次聯誼會，首為聚餐，一飯一湯，次為主席報告，研究院倪副主任文亞報告，新任福建省政府主席戴仲玉報告，以下即開始游藝節目，首為歌女敏華等之歌唱王昭君小白菜等，次為滑稽相聲「拉洋車」，最為令人捧腹，末為翟溫橋夫人胡夢霞女士之京戲「春秋配」，翟夫人為台北票界四夫人之一，唱來潤圓，而做工身段扮相等則俱極平常，惟因不常露演，故見者不多，余亦為初次，大致在四人中為最樸素者。

5 月 4 日　星期三　晴

家事

下午，到三張犁訪表妹婿隋錦堂，告以前日與于懷忠兄所談國軍退除役官兵就業輔導委員會擴大組織增加人員之事尚有所待，但于君已加以密切注意，隨時以可以進行之情形相告，俾毋失時機，于兄亦有事託余辦理，諒不致相忘也。

閱讀

連日以清晨時間讀載於 *Journal of Political Economy*, December 1954 之 Countercyclical Weapons for the Open Economy 一文，作者 Edward Marcus, Brooklyn College，全文甚長，要義在闡釋依存國際貿易之國家如何受外來因素之影響而有經濟循環式之起伏波動，此項波動之應付對策如何，至於就效果方面觀察，則認為對於繁榮期過分發達之抑制比對於衰沉期使之重趨繁榮為易於奏效，全文反復分析並舉例證，甚為詳盡。

5 月 5 日　星期四　晴

師友

下午，林樹藝兄來訪，據談其所執行之律師職務內近接有代辦交涉之非訟事件，希望與余合作辦理，緣羅斯福路四段台灣大學牆外有違章建築小本生意二十餘家，此等建築半在道路用地，半在學校用地，現在羅斯福路拓寬工程即將實施，台大函市政府請將學校地一併騰出，各戶向市府請求補救，市府批答如無租用證明書未便代為保留，故各戶希望台大能允諾承租，使彼等能

在僅餘之一半地上繼續營業，此事交涉對手為台灣大學
總務長，林兄不與相識，意者與余或有交情，故此案希
望余參加合作，至於委託人方面希望能先知有多大之可
能性，俾於本星期六進行訂約，至於我方原則為須預知
有多大之可能性，始能決定如何訂約與是否訂約，當決
定明日由余先訪總務方面一談。

5月6日　星期五　晴
師友

　　上午到台灣大學訪高總務長化臣，詢問日昨林樹藝
兄所託之事，據云該校圍牆外所建之屋占用台大之地原
為逐漸侵入者，在傅故校長斯年時期本已決定強制拆
除，但因傅氏病故而未果，數年來學校亦未再問，高兄
並自云深為同情彼等之情況，故在彼接任總務長之後，
亦不復問聞，最近羅斯福路拓寬工程開始分段施工，此
等違章建築既須拆除，學校自然乘機將懸案解決，同時
傅故校長之夫人因被占地乃傅氏墓園所用，觀瞻所繫，
亦堅促學校將基地收回整理，使圍牆能露出在馬路上旁
邊，故站在辦理學校總務之崗位上，無法不如此辦理，
高兄又謂此二十餘家除數家山東人以外，尚有福建等處
人，其本身並不自己使用，而係坐收房租，故不值得一
律同情，渠意此項拆除尚須待分段施工，最好先行使各
戶自行設法搬移，如屆至最後彼等確有數家無法解決
者，再由台大就其附近或他處校產以優惠條件租地使能
建屋營商，豈不兩全其美，但此為最後之辦法，目前尚
不便外洩云，高兄又云此事願與余隨時保持聯繫，余見

此事進行雖難，但不無希望焉。下午，到林產管理局交房屋估價細數資料，並便中詢臧金泉組長林場福利社承辦林班事，據云概不能准。晚丁暄曾君來答覆余代徐庶幾兄所問紙業公司售出輸出報紙、道林紙之手續價格事，因尚模糊，託其明日再行續問。

交際

　　華壽崧同學喪妻，昨與林樹藝兄合送花圈，並於今日下午往弔。

5月7日　星期六　晴

師友

　　下午，往南陽街訪林樹藝兄，將昨日與高化臣兄所談之事如實轉述，當經商定處理方針如下：（一）取締違章建築在政府及台灣大學均屬合法，故不能作為法律問題由律師乃至會計師出面，吾等只能在幕後策劃，（二）此事如能善為配合運用，因一般同情多在住戶方面，故不至完全失敗，然亦不能答應當事人完全成功，（三）如當事人肯予信賴，即請其根據此種情形簽訂委任契約，以向台大租到房屋基地（包括遷至適宜之地區）為標的，公費須先少付若干，以示信實，而免對方完全採取試探而不負責任之立場云，談竟，余即辭去，旋接林兄來電話云，住戶代表曾來商談，即以各點相告，彼等將歸回報告商討決定。

集會

　　下午，出席會計師公會常務理事會，無何要案，余將與合作事業管理處接洽合作社常年查帳案之經過作為

報告案，謂該處尹樹生處長極贊同，如農會能早付實施，合作社亦可照辦，又值月常務理事陳秉炎堅欲將會員大會交辦各案速即有處裡結果，乃作決定如下：（一）會計師節應採何日期，迄無良好意見，陳君主以四月一日主計節為之，姑且試向主管請示，（二）促成學術團體統一組織案，此實為一不可能不必要之事，陳君主張分函各會計學術團體酌辦，余謂恐引起反感，不如只向社會處轉陳了事。

娛樂

晚，與德芳率紹因、紹彭到國際看電影「玉女龍駒」，主角為一小女孩及一匹黑馬，女與馬友愛真摯，馬被賣千里外而猶歷盡險阻，百孔千瘡，回至小主人之身邊，充滿人情味，觀者無不大受感動，今日係於事先買票，排隊全為黃牛，警員在場維持秩序，竟能將普通觀眾均排在黃牛之前，亦難能矣。

5月8日　星期日　晴

集會

下午，到內政部大禮堂參加校友茶會，到十餘人，交換對各方所見所聞之種種，發言者有吳望伋、趙葆全、方青儒等，綜合各端如下：（一）滿天星斗之疏散問題，行政院長俞鴻鈞謂只是象徵性的，自然雷聲大雨點小，（二）立法院自胡光鑣之案發後，已不能再有轟動社會之他案再見提出，可見此事非政府所願暴露者，（三）不忘情政治而不斷的有所活動者，遲早仍能收效果，如最近之王秀春兄之發表為中央設計考核委員即是

一例，最後討論關於茶會每月收費十元一事之收數參差不齊，決定照所交最多者之去年六月底為準，分別催收至是時為止。

5月9日　星期一　晴
師友

　　上午宋志先兄來訪，閒談，為其襟兄無子女，曾聞余鄰蔡君云有人願以男孩送人，及知，已被他人捷足先得，極感失望，乃再度以此事相託，請再遇有此消息時，急速予以轉告云。宋兄本人有兩子，長子陷入大陸，次子在此間國防醫學院，目前已以其婚事為念，同時又頗思抱養一女孩，可見友人中在五十左右之年者，多已現衰老之徵焉。下午，到大西湖旅社訪徐庶幾兄，據云已不住此地，余意或已回台中，而其僑本公司則遷至中山北路以後又通電話，乃將代洽之紙業公司買紙事寫信通知其已經有眉目，望即回信，此事係半月前渠來面託代某出口行向紙業公司洽詢買紙出口之手續，余即託由丁暄曾君代詢，丁君曾來兩次相告，表示紙業公司極表歡迎，且允在價格上予以優待，對於洽購人且有佣金報酬，余乃急告徐兄轉知，以便進一步洽辦云。下午著紹南到仁愛路丁暄曾家探望其次子出麻疹及患百日咳，事先余並代為洽詢安息日會衛生療養院謂可以接受小兒傳染病住院，遂一併著紹南告知云。下午趙榮瑞君來訪，謂余代為向公賣局接洽調職事現仍候嘉義分局長來台北先行確定與何人對調，始可實現云。

集會

　　晚出席小組會議，討論事項為奉令各人擔任五家至
三家之社會保密防諜工作，因開會時始行宣布，立即決
定辦法，確有困難，余即提議應由各同志回寓後，自行
計畫其可能負擔之任務，下次提出作最後決定，又為完
成此項任務，似乎應由家庭成員共同協作，蓋各同志對
於鄰右動態及接觸尚不及各家女眷為密切，如能由女眷
配合，隨時注意鄰居言動，易舉而自然，當能收效於無
形，此意當即獲得全體之同意，決議照此辦理云。

5月10日　星期二　晴有陣雨

師友

　　下午，王舍甫君來訪，謂所謀之官兵就業輔導會桃
園農場醫務所主任一職，經其主管組簽准而又再簽他
人，結果二人皆不能到職，惟渠既簽辦在前，似有理由
催其實現，聞主管組無問題，問題在人事室不肯合作，
希望余能託他人代為疏解云，余允即託人辦理。晚，徐
庶幾兄來訪，謂赴中南部今日始返，余昨日函中山北路
彼並未接見，余告以託買紙事可以辦到，渠約明日與出
口商會同來訪，又閒談十餘年來彼所共事之黨校同學情
形，多涉陰私，又談及台北市社會之黑暗面，如毒、
賭、娼等，均在官私惡勢力掩護下發榮滋長而又無法對
付，多聞所未聞。

5月11日　星期三　陰雨
業務

　　下午，徐庶幾兄陪同春茂貿易行孫君來談向紙業公司買紙出口南韓事，余將丁暄曾君所詢各情面告，認為出口價可以較內銷為低，該公司目前尚未有出口掛牌價格，余可以代表向其交涉，以能顧到結匯後之虧損確有把握由進口內彌補，而存餘為出價之最高限度，此刻出口商應計算者為銷場市價，台灣銀行出口底價各為何若，由於自有結匯證而能得到之進口便利與出口虧損之相權情形又為何若，據此可以作為計算向台紙交涉價格之依據也，孫君亦以為然，並謂其貿易行曾派人到該公司接洽，因未得要領而一直未作進行云。

5月12日　星期四　陰雨
業務

　　近日只有零碎業務處理，有時只為舊案之尾聲，例如于懷忠兄前年曾與余同為債權代表處理中美藥房債權人大會事務，余則同時受代表會之委託辦理登記債權事宜，其事後因無從取償，且訟累數年，漸漸無人過問，余亦漸漸淡忘矣，于兄現因其所登記之債權憑證在衣袋內為盜竊所乘，並據云此項存款又係代人經手，為取信於人，不能不另謀補救，乃來函請余代備證明書每筆一張，寫明確曾來余事務所登記，經余查對登記底冊，予以照辦，惟來函謂有三筆，其實只登記兩筆，此兩筆且有尾差，以余底冊為準。余自執業以來未辦稅務案件，最近林樹藝兄提及此事，認為不妨配合承辦，余見日來

漏稅案喧騰報章者不少，乃函林兄主張加緊爭取，未知
能有效否。

5月13日　星期五　晴
集會

　　下午出席光復大陸設計研究委員會財政組金融小組
會議，繼續為外匯問題之研究，首由財政部錢幣司長金
克和報告此次外匯改制之前因後果，包括結匯證明書制
度之不如預期，鼓勵出口不如預期等問題，以及牌照
頂讓之惡果等尚有待於改進等，繼由討論題綱起草人羅
敦偉報告其起草之立場，對於上次會有若干委員責其何
不提出具體方案一點拒不接受，繼又對於其所謂現兌發
行一創見大加發抒，最後有委員劉子亞主張以台幣全部
發行準備充外匯平準基金，由金克和予以說明何以做不
到的原因，而後散會，今日全部時間為二小時，以金君
報告為最精彩，金君乃政校同學，本非學習或從業金融
者，其所憑藉者不過數年來之實際經驗，然說來頭頭是
道，於台灣有關大數字說來如數家珍，全場之注意力完
全為之掌握，可見學問固離不開實務，實務在有心人看
來即是學問，且比之純由書本而來者，更切實際，余對
金君本亦與其他友人眼光相同，以為其不過長於逢迎，
在官場中有打滾本事而已，今日聞言知此見地應該修
正，至於其是否只憑巧言令色如今日之所表現者，則未
見其實際工作情形，不得而知矣，今日另一發言者羅敦
偉則完全浮而不實，且多偏執之見，劉子亞則抱住錢幣
革命一辭，食而不化，則更不足論矣，余於今日之會認

為尚有收穫者，即此冷眼旁觀，由周圍之形色而知一般
社會之深淺虛實，更因而反省半生以來學問固無所成，
經驗戔戔，亦不足掛齒也。

閱讀

　　讀 *Paper Money of the United States*, by Robert Friedberg，全書
記載美國自最初於一八六一年發行鈔票以來之各種紙
幣的概況，附以圖誌，但此等紙幣皆只有收藏價值，
市場絕少流通，故書內對於每種之市價均有記載，
並附有甫券與郵票之種類與市價，至於現在行用之
紙幣則名為 Small Size Notes 乃於一九二九年七月十
日開始發行者，種類有六，皆為前所發行而圖式大同
小異，只將大小縮小者，此六種為 Legal Tenth Notes,
Silver Certificates, Federal Reserve Bank Notes, National
Bank Notes, Federal Reserve Notes, Gold Certificates，
其中現在流通者只有第一種（法幣）之二元、五元
券，銀券之一、五、十，三種券，第五種聯準券五
元券至萬元券，此即為一般所習見之美鈔，尚有一
種二次大戰期間所發行之夏威夷券（Federal Reserve
Notes of San Francisco surcharged "Hawaii" on both
sides），計有五元、十元、二十元三種，並銀券一元，共
為四種，同時又在北非與歐洲發行之銀券一、五、十元
三種，係以黃色章為特點與普通之藍色者有異，此書全
部用銅版紙印，極為精美，用途似在供收藏家之參考與
交易而用，故開端對於貨幣史實只注重其形式，而於歷
史及經濟背景，則從簡略，例如作者寫大券之發行前後
共為十二種，係上述六種小券之所本者外，尚有 Demand

Notes, Compound Interest Treasury Notes, Interest Bearing Notes, Refunding Certificates, Treasury or Coin Notes, The National Gold Bank Notes of California 六種，著者對此十二種之區別雖已說明，而其發行之淵源與作用則闕焉不詳，又在綠背幣即 Green Back Notes 以前之殖民時代情形亦未有圖誌，又上述聯準券有三藩市字樣者，亦疑誤。

5月14日　星期六　晴

業務

下午，徐庶幾兄與春茂行孫君來訪，面交關於向紙業公司洽請購買出口滾筒報紙與道林紙之公函，託余與該公司接洽價格及手續等。林樹藝兄來電話云，羅斯福路四段台灣大學牆外之居民委託接洽原基地承租事，上星期曾將我方受委託之見解告知當事人，因彼等堅持須包辦始可，與余等之立場頗有距離，故尚無進一步之接洽，此外稅務案件之承做容先設法調查云。

師友

下午，于懷忠兄來訪，談及為隋錦堂妹婿設計進該國兵就業輔導會事，尚須等待事機，蓋外國顧問尚未到達，如照嚴家淦兼主委意見，化工廠所需人手有限，不宜官兵工作，而計劃告擱淺時，則縱會內亦無設化工方面技正之望也，于兄取去余代為出具之中美藥房債權登記證明書二件。

家事

上午余不在寓，朱綺芬女士來訪，與德芳談以前所託設法為紹因能於秋季入國民學校事，據云已再三懇託

女師校長向附小介紹，為免下學期白子祥校長出國進行不易起見，採用權變辦法，目前即送其入一年級，下學期以留級方式仍編入一年級，至於目前以何方式編入，則不知詳，或作為他處轉學而來者。

集會

上午出席會計師公會理事會，討論案件有關於專利申請代理權之繼續進行，決推人再度前往，又有關於民刑訴訟法加入會計師為代理人之請願一案，決定再向立法院交涉，又討論會計師節問題，有主張以四月一日主計節為之者，有反對者，有主張查會計師案例最初公布之日者，尚無成議，又討論代公司決算簽證問題，建設廳主張義務辦理二年，以便形成制度，反對者多，未獲結論。

瑣記

今接山東青島國大代表聯誼會通知改選幹事十一人，以通信法為之，當即圈出寄回，余圈喬修梁、趙雪峯、張志安、楊揚、梁興義、宋志先、逄化文、裴鳴宇、秦德純、袁兆銓、張敬塘等十一人。近來感覺最難支配者為時間，現在每晨七時前起身，因無傭人關係，須與德芳共同處理房間工作，由生火煮水煮飯，為四兒女和牛奶，掃疊席，餵雞，餵鸚哥，幫助小兒女洗臉吃早飯，收蚊帳被褥，送幼稚園，買菜，以及其他瑣事，每須九時半至十時始竟，由十時至十二時可略從事寫作，即中間無其他間斷，亦不過可寫千餘字，故效率甚低，有時來客或外訪，即須停止，午後略休息，即送幼稚園，到事務所，人員嘈雜，亦斷難沉心工作，晚飯始

歸，因晚間無寫字之所（供兩女自修），多以聽收音機
自遣，此乃最浪費時間之事也。

5月15日　星期日　晴

家事

上午，瑤祥弟之同事王君來交瑤弟由金門託人帶來
之信，並高粱酒二瓶，信內言及以一瓶送小姑，乃於下
午同紹寧、紹因、紹彭前往，並面告表妹婿隋錦堂關於
國軍退除役官兵就業輔導委員會是否辦理化工工廠一事
日昨于懷忠兄所談之情形，但又據隋君云，該會第二組
主管課人員雖未經奉批照辦，而有積極草擬預算，近於
閉門造車，不知此是何種工作態度，殊屬難以理解也。

師友

上午，前山東省行同人馬麗珊女士及其夫君王舍甫
君偕來訪問，據王君云，其所擬擔任之退除役官兵輔導
會桃園農場一職，實際情形與上週所談有異，現知與其
抵觸之一人已先到職，彼本身則雖經主管之第四組提
出，而為人事室所否定，現第四組正策動有關方面對已
發表之人舉發劣點，以期使之知難自退，惟王君云其本
人已另謀到社會處所屬反共義士生產輔導所內醫務室工
作，明日即先行到職，俟該所向社會處保薦公文送出
後，希望余能在關係方面代為吹噓，目的在能擔任醫務
室主任，余允其所請，但希望進一步了解該所保出之公
文如何措辭，及另一醫師之資歷為如何，以便有進行根
據云。

5 月 16 日　星期一　晴

師友

　　下午，到仁愛路二段訪丁暄曾君，探望其幼兒生病，將告痊愈，又與其約定明日到余事務所持春茂行之信件到紙業公司，接洽出口紙張研究價格事。

瑣記

　　余與李洪嶽、吳崇泉、吳麟合買景美之建築地因目前無用途，決定出賣，然登報數日，無何反響，據云近數月來因國大代表等在景美買耕者有其田案內之放領地者太多，出賣之佃戶由其地主手中領地時，十年價款總數每坪甚少超過十元者，然賣價最少亦有二十餘元，因而引起地主之不滿，依現行耕者有其田條例，地價繳清者可以移轉為工業或建築用地，然地價十年後始可繳清，如須提前繳清，則此項提前辦法須由省府擬定送行政院核定之，省府已擬定，而省議會內多屬地主階級，主張加附條件，如只准轉讓一次且溢價歸公等，雖尚未定案，已張地主氣焰，故近來有與佃戶不睦之地主即以佃戶違法私賣放領地為由，向台北縣政府控告，縣府為此等事深感棘手，外間知有此等情形，因而購買者不免觀望矣，現在買入土地者有將十年地價以提存方式送存土地銀行以留■■■，故余等亦考慮此種提存方式之效力，並將另定買約，降低買價云。

5 月 17 日　星期二　晴

業務

　　下午，丁暄曾君來接洽有關春茂行向台灣紙業公司

洽購出口紙張事，余將春茂行所開南韓報價亦即接近國
際市場價會同丁君照台灣銀行出口結匯規定折成台幣
後，與丁君所詢目前台灣紙業公司內銷之掛牌價相較，
發覺滾筒報紙之內銷價比結匯出口所得新台幣高出二
成，道林紙則幾乎高出一倍，雖紙業公司之外銷價比內
銷價可低，但恐不易差得如許，余託丁君持春茂行報價
向該公司接洽，看其能優待至何限度，蓋商人須連同進
口一並計算盈虧，俟該公司可能開出之價擬定後，即先
行口頭交換意見，最後決定再正式復函云。李律師告，
城中區稅捐稽徵處曾來查詢余與吳崇泉、吳麟兩兄之業
務情形，並囑申報所得稅，因余等一年來從未申報也。

師友

　　下午到國軍退役官兵就業輔導會訪徐嘉禾兄，面談
王舍甫之擔任桃園農場醫師問題，據云另一醫師係先
派，王君在後，余因王君之事已決定作罷，故雖聞言知
內部確有問題，亦即不再詳詢矣。晚飯前徐庶幾兄來
訪，面告關於春茂行將接洽中本紗出口事之詳細規格等
項，遂留晚飯，因談及其抗戰開始階段在河北組織民團
之往事，因政府不夠開明，憤而去職，從此與政治絕
緣，非官非商，言下不勝感慨，又談近有高雄市有開設
出租汽車行者，希望余代向公路局為之接洽申請手續
云。途遇逢化文兄，談及于仲崑兄久病貲虧，託渠籌借
款項，詢余可否為力，余因前曾託于兄接洽業務，雖無
所成，然極費心，久有相助之意，而手頭始終不裕，
逢兄為余預定五百元，余允照辦，但恐為期較長始可
報命云。

5 月 18 日　星期三　晴
師友

　　下午，到社會處訪牟乃紘兄，為王舍甫君在其所屬之鶯歌反共義士生產輔導所擔任醫師已由該所具文保薦，希望文到能予以最優厚之核定，設在編制上有主任醫師之設，能否由社會處核其資歷予以同情之考慮，牟兄允於文到時注意及之，余並託其向主管科先行說明云。下午王舍甫君來訪，余即告以今日與牟乃紘兄商談之經過，據云只保薦一人，目前尚無主任之設，將來如有二人以上，應有一人為主治，余認為渠應多作工夫，如該所主任能將來呈文薦渠為主任，屆時余當在上層為其繼續為力，繼閒談瑣事，良久始辭去。

5 月 19 日　星期四　晴
譯作

　　四日來從事譯文「貿易國家怎樣對抗商業循環的襲擊」一篇，約費時二十小時，原文見 *The Journal of Political Economy*, December 1954，作者 Edward Marcus，全文在說明以國際貿易為經濟骨幹之國家，遇外來之商業循環時應採何對策，分析甚為詳盡，條目則略欠清楚，其中有百分之一、二為余尚不能全部透澈了解者，然思想之周密深刻則文中可以顯現也，原題名稱為 Countercyclical Weapons for the Open Economy, 譯成後為中文一萬三千字，其中註腳有數十條，多半為引證其某一論斷之出處及參考何書何文者，在譯文中無何用處，故大部刪去，只留其數條全為說明主文中未盡之意者仍譯附於所屬段

落之後，但不照原來方式編列號碼，與本文對照，所以
如此，蓋限於中文刊物之排印技巧，原稿宜簡便也。

師友

　　下午，到羅斯福路三段訪于可長君，不遇，留字託
協助兩大專棲霞籍學生籌集學費，並將捐冊留交應用。
徐庶幾兄來訪不遇，留字催為某當事人向公路局接洽辦
理小汽車出租行申請登記一案。

5月20日　星期五　晴

集會

　　下午，出席會計師公會常務理事會，只有報告數
項，討論事項亦無要事，報告事項中有經濟部轉來財政
部與行政法院兩文最有趣味，緣行政訴訟有一名辭曰
「事件」，其意義係指某一訴訟案件抑同類案件亦包括
在內，殊為含混，財部與行政法院認為只指特殊事件而
言，換言之即行政訴訟無判例也，余等對法律乃門外
漢，不知此項解釋有無歪曲。下午到中山堂出席政大校
友會校慶酒會，其預定時間為下午二時半至四時，四時
有供校友返校之車，余三時三刻前往，已只有簽名冊及
一、二職員，返校車亦開出多時，殊覺與通知不符也，
晚八時本有電影放映，屆時忽遇防空演習，燈火全滅，
直至九時始行解除警報，欲往參加，已感太遲，故兩次
之會皆錯過矣。

采風

　　台北市為兒童環境最不良之都市，他且不論，即零
食小販之多，推銷花樣之繁，與抽彩方法之巧已可嘆觀

止，余攜幼兒在路側見有賣泡泡糖者設一扁櫃，上覆玻璃，下有小電燈數十盞，旁有小孔，每次插入銅幣一角，小電燈即有一、二發光，如押在玻璃面上之賭注（凡六）獲中，即賠數同注，亦斂財妙法也。

5月21日　星期六　晴
集會

下午七時，在中央信託局大禮堂舉行革命實踐研究院第一期經濟組同學聯誼會，名義為慶祝院長就任第二屆總統周年紀念，半數以上均攜眷參加，余與德芳率紹彭前往，先為聚餐，共四席，聚餐後游藝節目開始，由蔡瑞月舞蹈研究所擔任之民族舞蹈七項，最精彩者有某氏姊妹花兩人表演之「小家碧玉」與另男女演員兩人合演之新婚夫妻回門，舞步為西式，由其小家碧玉一節完全用足尖運動，而服裝則用中式，且面部表情亦全為我國社會型態之反映，聞此團體在民族舞蹈曾獲冠軍，今日因場地較小，故能細細欣賞，觀者無不滿意，全部歷時四十五分鐘，演畢散會。

5月22日　星期日　雨
交際

前與逢化文兄等在枋寮合買建築用地，接洽期中多在宋志先兄寓所辦理，最近開會決定聯合宴請宋兄，以表酬謝，此事今午在電力公司食堂舉行，據云被請者本尚有中和鄉長及承辦上項土地交易之代書施取，但二人均未到，宋志先兄本約其夫婦同來，其夫人今日因事亦

未到，至於主方則為王立哉、劉桂、童秀明、劉耀西及
童君同鄉董君、逢化文諸君及余，飯後並對建築事交換
意見，現在正積極籌備者為童、董二君及李鴻超、李琴
堂、黃芫軒等人云。

5月23日　星期一　雨

業務

　　晚，舉行會計師公會常務理事會，討論今日接到農
林廳漁業管理處來函為查核漁業公司等三十餘單位帳務
事項，請推薦二會計師從事辦理一案，決定先推汪流航
與余前往接洽，如此項工作簡單，兩人可以勝任時，即
按照輪流案件辦法指定二人辦理，如不如此簡單，須有
多數人參加時，即再開常務理事會討論處理辦法，在接
洽時並將其他應有條件一併詢明云。

記異

　　余在事務所之寫字檯計有二鎖，兩鑰匙本置於上衣
之內袋，夏日著夏威夷衫時口袋太少，又改置於褲之表
袋內，此袋無表，所置為零票等，故使用頻繁，然平時
極注意鑰匙之是否遺落，今日下午著衣時遍尋兩鑰無
蹤，思必為前日在中信局禮堂交聚餐費時匆忙遺落未及
察覺，正待往詢，於步行時忽聞有聲響起於步側，視
之，地上發現其一，又尋果見其二，但從何而來，百思
難明，蓋余在尋覓時甚至褲管之捲上處亦未曾疏忽也。

5 月 24 日　星期二　雨

集會

　　下午，出席光復大陸設計研究委員會財政組委員會之財政現況研究小組會，由現任財政廳長陳漢平報告台灣地方財政，歷時一小時半，多偏重於制度方面與數字演變之敘述，準備甚為充分，最後結論對於收入來源之開闢方面寄望於所得稅之改進，其途徑為從速實行正待公布之新所得稅法，並強化相輔而行之商業會計法，渠認為商業會計法曾規定十萬元資本以上始設帳簿，因而十萬家以上之公司行號只有數千家依法必須有帳，此外即可不必，如此何能實行查帳課稅，其見解可謂十分正確，但所述商業會計法有此規定一節，並非事實，因十萬元以上之行號與全部公司在第一期實行商業會計法乃政府之行政措施，省府可以隨時修改也。晚，舉行小組會議，討論上級規定如何實踐保防工作，依上級規定為每人擔任三戶以上之經常調查，並按期報告，討論結論，按時照辦，原則上無問題，但亦不必太硬性，又關於本小組各員住在區域內之戶口有特殊情形者，即席交換意見，多對於里長呂錦江無業而極闊綽深致懷疑，又檢討其他戶口中亦有須加以注意者，因此喚起警覺心，亦佳事也。

5 月 25 日　星期三　雨

業務

　　上午，同汪流航會計師代表會計師公會到農林廳漁業管理處訪處長劉永懿兩次不遇，下午四時再往，商談

甚久，緣該處經辦美援漁業貸款今年為一千餘萬元，將
以十家為對象，每家約百餘萬元，申請者有七十餘家，
經初核餘二十九家，散在高雄、基隆、台北、宜蘭四
地，複核之手續本擬由該處自辦，然疏通運動請託不一
而足，故將託會計師辦理，請公會推薦二人，劉君初以
為余等即為此二人，當面告以係代表來接洽，俟詳細情
形明瞭後即開會決定辦法與人選，經研討之下，彼方初
擬二人於一個月完成，此為事實上所不能，余等云每人
至多只能擔任二家，然則至少十餘人，至多二十餘人，
劉君即云可以公會為對象訂約辦理，公費方面渠詢公會
規定，當以實告，並望請款時勿太嗇，以免待遇太薄授
請託者以可乘之機，於是初步交換意見，完畢，定於日
內再行續商，側聞該處此事所以向公會接洽，乃因向該
會活動之會計師太多，無法應付，該處乃行出此云。

集會

下午，列席會計師公會黨團幹事會第二屆第一次會
議，事先余係接各■■通知，該通知乃根據上次成立會
所通過之辦法，必要時請常務理事在黨團幹事會時列
席，據云四個有黨籍之常務理事均經通知，但只余一人
參加，即七幹事中亦只六人出席，不似開端時之彷彿將
大有作為者，會議未終余因他事先行退席，今日所討論
者乃關於今年之計畫與預算及加強工作方案。

師友

晚，丁暄曾君來訪，談紙業公司對春茂行接洽紙張
出口事所起之反應又與開始時不同，白報紙將歸物資局
以高價買入辦理出口，道林紙價格太高，出口絕對無

利，除非模造紙成本較低，或可出口，至對於春茂行來
函須簽報常務董事會後始可作復云，余又託丁君代為接
洽購買毛紗出口事，亦為春茂行之所託，接洽對象為中
本、中華、福華等公司，聞已有成例云。

娛樂

晚，同德芳率紹寧、紹因、紹彭到台灣大學法學
院，看該院學生為慶祝總統副總統就職週年紀念而演出
之四幕話劇，余等到時已開始，劇為「沒有女人的地
方」，演員七男一女，太長、太鬆、太單調，僅略有俏
皮台詞引人發笑而已，演員皆學生，無舞台經驗，尤其
聲音低暗，會場秩序不佳，於是更不能使稍遠者得以聽
到，十時餘第三幕演完後早退返寓。

瑣記

今日有小事使余深感控制時間之重要，上午與汪流
航君在農林廳第一次分手時，為十時半，約定十一時
五十分分頭回該廳，余為消磨此時間乃在省府新聞處外
閱報，並就近到公共汽車管理處買票，到物資局代辦處
之合作社省聯社買配給香港衫，其距離均非甚遠，不料
到達省聯社時為十一時半，該社手續生澀，僅買物二種
已用去二十分鐘，由此本欲至對面之照安市場補買今晨
買菜遺漏之辣椒，亦因而不可能，乃急雇三輪車回農林
廳，已遲十分鐘，且多餘支付車伕二元，到後知所欲晤
之劉處長仍未歸，於是分頭回家，余係乘十五路公車由
省府前上車，行前又赴華山市場先買辣椒，返時改至社
會服務處站上車，錯過一班，又延遲十五分鐘，上車後
遇友人談話，至福州街站本應下車，因車掌叫站名未能

得聞，發覺時彼照例絕不通融，於是乃在和平東路口下車，倒行一站而回，其實和平東路口有極大之菜市，然則專往華山市場之跋涉為費力費時矣，然亦有因勇斷而爭取時間者，如下午在公會開會中接汪流航君電話囑即赴農林廳，此地須十五路車相距兩站，余略候不至，乃決意步行以免誤事，迨費十餘分鐘，趕到農林後門附近之路口返望十五路車仍無蹤影，此與上午適相反也。

5月26日　星期四　陰

集會

下午，到市黨部出席對此次參加「我們的生活」徵文應徵者之招待茶會，由主任委員汪祖華主席，到二十餘人，聞未到者尚有十餘人，先後發言者五、六人，皆將論旨集中於當前的文藝創作與出版問題，余因事未終而去，今日並先填表一張，重要為寫出所作之文及發表之報刊，共四種。下午，出席會計師公會常務理事會，討論漁管處託辦案件，決定仍照輪流方式辦理，且設法使所提報告整齊劃一，究竟如何辦理提明日全體理事會議作最後決定。

師友

下午到立法院宿舍訪林鳴九兄，託查所得稅法草案所附之資料。

娛樂

晚，同紹南看電影「女人世界」，瓊愛理孫等六人合演，尚佳，但少意義。

5 月 27 日　星期五　晴

師友

上午，徐庶幾兄來訪，託為高雄高家申請設立小汽車行並為台北紡織公司介紹買機油事，又談及託辦事項之不抱信任態度者，余將來不欲接受云。

集會

下午，出席光復大陸設計研究委員會金融小組會，由台灣銀行國外部副理賈君代表其董事長張茲閩報告外匯，所述完全為銀行實務，全不適合於此一場合，不知張不出席，何以其總、協理亦不出席，亦可謂奇談矣。

業務

下午，出席會計師公會理事會討論承辦漁管處之查帳案，會場中十人大都支持前日常務理事會之意見由多數會計師分配辦理，僅徐光前一人主張應照該處原始提議輪派二人承辦，但孤掌難鳴，渠所以作此主張，乃因輪辦案件已輪至富伯平，富、徐為同鄉，如此可以兩分天下有其一矣，動機完全出於自私，富亦有質詢函，對此事兩人乃互相呼應者，今日出席十人中無一同情其主張，結果由與徐立場較為接近之王庸提出意見，即獲全體通過，其意見為人數由常務理事根據需要與該處洽定之，公費在一千元與二千元（每件）之間，須顧到外埠旅費，如旅費包括在公費之內，其實際支配由公會辦理，今日在會議席上余發言不多，但明白指出須顧到事實需要，不可因該處來函咬文嚼字，又請顧到常務理事會對外接洽之立場，不可前後兩歧，受人輕視，至於余前次係同值月常務理事汪流航一同前往，根據決議辦

理，今後自不繼續再往，惟經討論後仍須余與汪君一同
前往，但事實上張安侯會計師亦會同接洽。

5月28日　星期六　晴
業務

下午，同張安侯、汪流航兩會計師到漁業管理處再
訪處長劉永懿，談公會承辦漁業公司行號查帳事，今日
交換意見主要為時間人數與酬金三項，而三者又有連帶
關係，該處計畫由將來核准貸款之十家，每家負擔一千
元，政府自行請款大約五千元，共一萬五千元，余等表
示不夠，須每案最低公費標準二千元，則二十九家即為
五萬餘元，雙方不堅持所持意見，容下次再行洽商，時
間預定半個月，故人數宜多，該處對此不作主張，由公
會支配，但決定公費時應參考及之。

師友

晚，蕭繼宗兄來訪，閒談寫作出版等事。晚，王慕
堂兄來訪，閒談關於其子女留在大陸讀書之計劃等事。
徐庶幾兄來送為一汽車行所寫申請書。

5月29日　星期日　晴有陣雨
集會

上午，到中山堂出席中國地方自治學會第三屆會員
大會，據云會員有三千餘人，但到者僅數百人，余於開
會式舉行後即因另有他事，未及開會即退席。

師友

上午，到公路局宿舍訪曾大方兄，因渠日昨曾為余

所託詢之事而來訪，余乃往訪與一談，據云辦理小汽車
登記之公路局監理處人員操守似有問題，故不必與其
多談，余又探詢其有關儲備登記核定官階問題，略略
明曉。

娛樂

晚與德芳率紹寧、紹彭到台大法學院看平劇，為該
校同學為歡送畢業同學彩排，有梅龍鎮、玉堂春與轅門
斬子三齣，尚佳。

5 月 30 日　星期一　晴

業務

下午出席會計師公會常務理事會，對於昨日漁業管
理處商洽各節交換意見，並由汪流航會計師草擬合約草
案，散會後即由余與汪君及張安侯會計師續到漁管處訪
劉永懿處長，今日所談皆為公費問題，據渠表示已與處
內各主管人交換意見，最後決定全部公費不能多於二萬
四千元，余等即表示如二十九個單位需廿九人工作，而
二十單位又在高雄，旅費為數不貲，此事確有困難，且
會計師公會理事會議決案為照二千元一單位，設只千元
須另給旅費，相距太遠，最後復商定以每單位一人一千
元為原則，雙方再分頭作一努力，後天再行續談，余等
並查悉高雄廿家中漁戶占十九家，兩家分一人辦理，公
費可省，庶幾勻支可夠云。

師友

下午，到南陽街訪林樹藝兄，交還其以前託余進行
之羅斯福路四段拆遷建戶委託案文件。下午訪台北紡織

廠侯銘恩兄，託商購前日徐庶幾託售機油。

5月31日　星期二　晴

集會

　　上午，參加光復大陸設計研究委員會財政組財稅小組會，由關務署署長周德偉報告關務，尚簡明，余未終席即退出；下午參加財政現況小組會，由美援會王蓬報告美援內容，並有書面，尚未及詳閱。下午出席勞工保險基金監理委員會小組審查會，決定四十三年度決算與四十四年度預算之審查意見，並對於以前剔除款項經審計部抽查剔除較少，雙方互不相謀應如何擇定途徑解決，亦加以討論，決定函達審計部洽商辦理。晚出席研究院財經小組於菸酒公賣局，由陳信麟報告台灣之合會儲蓄制度，並散發書面。

業務

　　徐庶幾兄來訪數次，將代高雄高一行申請設立小汽車行之申請書附件交來，由余代為打印申請書，並決定中層由彼疏通，上層由余接洽。下午到公會出席常務理事會，討論關於漁管處委辦漁業公司行號漁戶查帳一案公費事，事先由余與劉永懿處長通電話，作最後決定為每單位一千元包括旅費，常會中以二萬九千元總數研究以若干人為適宜，咸以為十六人較合宜，每人可得一千元，外支旅費，公會得七千餘元，但因與理事會所洽原則不無出入，決定召集會議決定之。

6月1日　星期三　雨

集會

上午，到人民團體活動中心參加中國地方自治半月刊社召集之作者茶會，因到只十餘人，故須人人發言，余發言時主張仿照抗戰時期政校之服務月刊體裁，加載工作經驗之記載一欄，其方式一為由地方自治函授學校學員內，選擇正在服務者擔任其一部分，另約現在各縣市與鄉鎮之內地籍公務員長於寫作者擔任一部分，並由在座之羅志綱兄即以前負責服務月刊編務者先行籌畫約集，此意見極得同情。

業務

下午，出席會計師公會理事會，對於漁管處查帳案之方式作最後決定，接受常務理事會之意見，以二十九家公費二萬九千元包括旅費在內訂約承辦，人數比照常務理事會所提之十六人集體辦理意見通過，僅將高雄旅費略予提高，會後即發通知在輪流範圍內之十六會員，限三天答復，並預先通知候補五人，以便隨時加入補充，又草擬合同稿備明日商訂，各事本為值月常務理事汪流航之工作，渠堅約余幫忙，乃會同處理良久始退，今日理事會出席僅過半數，上次開會持反對意見者有數人未到，但多數均支持常務理事會意見，常務理事中■■■則連續數次不來出席，有謂係表同情於少數人而又無理由可以明言云。

6月2日　星期四　雨

師友

　　上午徐庶幾兄來訪，代呂新權君交來委託轉台北紡織廠之機油報價單，余即於下午備函送侯銘恩兄。下午，徐兄又來訪，謂高雄高一汽車行公路局許可設立事已與該局監理處處長、副處長併主管科長以及主辦科員分頭接洽，結果均甚圓滿，但尚須進一步與主管科長談其他條件，徐兄已將登記用表件交余，將託余與譚嶽泉局長商量，必要時或尚須與交通處方面接洽，余並提醒其先行注意收受公費。

業務

　　下午，同汪流航、張安侯二會計師到漁業管理處與劉永懿處長及梁秘書商洽代辦二十九家查帳簽訂合約事，劉處長將余等所擬約文閱後認為所定日期二十天太長，希望改為十五天，因該處預定月底前即須將全案辦完，貸款放出也，但本公會方面因需要與承辦會計師有時間從事準備工作，故須有三數日之餘裕，經討論結果，決定十八天完成，此外零星問題只待履行合約時隨時洽辦，合約即決定只定大的項目。公會方面除已通知十六人徵求參加外，因時間迫促，恐不能參加者回信後再輪以下次序之會員多有延誤，決定先行通知數人作為候補，■期回信者，立即可以補入，現預定下星期一可以決定全部名單開始工作云。

6 月 3 日　星期五　雨

師友

　　上午，徐庶幾兄來訪，談連日進行代高雄高一汽車行向公路局申請許可一案，已再度與該局監理處長蕭國祥接觸，並向蕭之友人處詢明此次代高一行所擬呈文請將設車標準人口數減低一事，省府為處理舊車售之汽車行辦理營業，已自動向省府提出方案，且其減少比呈文所擬為尤甚，故現在申請此事，確為有利之機會云，余因有此內幕，始信有極大之希望，否則於一直不認為其有通融辦理之可能也，徐兄又閒談同學在台北動態，移時即去。

集會

　　下午，出席光復大陸設計研究委員會金融小組會，請近由泰國回台之方顯廷報告，方氏現在聯合國遠東及亞洲經濟委員會服務，根據其所接觸之統計資料表示其對於遠東國家人口資源工業等問題之意見，方氏接觸問題之角度極為廣泛，比例數字亦俯拾即是，然未能以較周詳之理論詳細作理論之闡發，僅提出若干零碎意見為美中不足。

師友（二）

　　晚，趙榮瑞君來訪，謂已奉菸酒公賣局之調由嘉義來台北■■■■道謝余為其說項之情，但謂即將借調至外匯貿易會，不知何故。

6月4日　星期六　陰有陣雨
譯作

自前日起共費時十數小時於今晨完成一文「所得稅法資產估價條文修正聲中談美國新稅法的折舊方法問題」，主要參考資料為 *Harvard Business Review*, Jan. -Feb. 1955, Robert Eisner: Depreciation under the New Tax Law 一文，尤其文內有比較數種折舊法之詳表二件，如自行計算編製，費時須數天始可有濟，今該文均已算好，信手拈來，即感莫大之便利，此文共計九千字，包括較長之表二件，小表三件，占二千字之地位。

6月5日　星期日　晴有陣雨
家事

星期無事，下午率紹因、紹彭出外游玩，計到中山北路環球戲院觀劇，又到附近之敦煌書店買兒童讀物，計買美國出版之蠟筆畫書各一本，又到新公園散步，看池塘睡蓮，及展覽十九世紀之英國製火車頭，薄暮始返。

娛樂

下午到環球戲院看河南梆子，此為台灣若干年來初次露演，由張岫雲演「洛陽街」，凡歷時近三小時，故事甚長，而且曲折，余因以前未看過此劇，故於情節尚不能十分了解，張伶扮相做工俱好，唱亦不弱，惟嗓音欠亮耳。

6月6日　星期一　晴

師友

上午，到金門街訪欒文煉兄，託日內為棲邑籍兩大專學生募款。下午到春茂行訪孫丹秋君，因今日丁暄曾君來告，紙業公司對於該行買紙出口事已復函，價格恐做不到，往詢如能提出對案，仍可辦理交涉，又毛紗出口事無現貨，孫君云可買期貨。

業務

下午，出席會計師公會常務理事會，討論處理漁管處委託查帳案如何付之實施，首先討論人選問題，在上週通知時，分為兩種情形，一種為輪值之十六人，其中包括有對此案另懷私見之富伯平、程烈、徐光前等，其中有肯定答復者有十人，第二種為通知準備候補之十人，其中答復願辦者六人，恰成為十六人之數，即決定通知集會開始辦理，惟兩批人中不願參加或以滑頭方式不表示意見而復信說東說西者，在此情形下雖只能認為放棄，而其實別有居心，其居心為認為此刻輪值之人選為富伯平君與另一會計師，縱事多人少，亦應由彼等作主，公會不應對漁管處所提僅推薦二人一節加以變更，現在鑑於公會理事會中除徐光前一人有自私之見外，其餘幾乎異口同聲同意常務理事會之意見，且接洽進展，已漸次■■■■，即使再呶呶不休，亦鮮能改變既成事實，於是由徐向汪流航值月常務理事透露下台辦法，謂彼等為顧全富君之面子，故對本案不願參加，但如就此即為放棄，似又不甘，故希望公會能為彼等保留將來輪辦之機會，庶乎可以兩全，此事亦即因而告一結束。今

日開會之陳秉炎即首先贊同此議，余亦附和，因團體事
如認真到底，結果不免孤掌難鳴，且此項公會內之分
子，有權必爭，有責必推，為公肯任勞任怨者，幾無其
人，今日之事，論曲直自然為富等東北人集團之無理取
鬧，然為息事寧人，亦只好不為已甚矣，結果決定由常
務理事會接受此項意見，並提請理事會討論，一面並推
汪、陳二人訪富說明本案處理經過，在常務理事會與理
事會雙方均無剝奪其權利之意，且任何人亦無此必要，
況漁管處之公費雖最後定為二萬九千元，在其開始之時
只預備出數千元，設彼等二人承辦，且不問能否於半月
內完成，即使能之，試問彼等又能收入幾何，是即在絕
對自私之立場上亦不為此拙笨之圖也，將此點說明後，
本會即可謂已經仁至義盡，設仍擾攘不休，即只好公事
公辦，好在本案一切大原則皆為理事會所決定，並非完
全由常務理事會作主者，是是非非，公道自在人心矣。
今日已將漁管處之合約簽字，其方式為甲方蓋該處處長
官章，乙方由常務理事加蓋私章，今日已蓋者為余與
汪、陳二君。又決定後日下午召集承辦之會計師開會，
以便開始抽籤分配案件，並討論進行之具體方式云，討
論二小時餘始散。

瑣記

　　下午國大代表同人陳詠絃君來訪余與吳崇泉、吳
麟、李洪嶽諸君，談以前共同買進景美之放領地，因台
北縣政府決定對耕者有其田案內放領地移轉情形正作普
遍調查，若干佃戶不免恐慌，吾等站在買地人之立場，
因法有明文可以移轉作為建築地，更無所用其顧慮，現

在據云台北縣此等情形之買賣已有五千餘件，景美一鎮亦有五萬餘坪云，余等買地者目前有一必須站穩腳步之步驟，即因此等移轉須在地價繳清以後，但地價尚欠八年半，提前繳清雖法有明文應予鼓勵，但其方式尚須另訂，在未訂定公布前，承辦收受地價之土地銀行不肯算收，陳君所買鄰近他地曾用公函將價送之土地銀行，以類似提存之方式由銀行作為普通存款予以收存，以備萬一有人吹毛求疵時可以對抗，余等與陳君共同買入之地尚未辦此項手續，陳君有意即辦，但是否仍用舊法抑先行向法院辦理提存，以期腳步更穩，尚待各律師加以研究，至於地價欠■■■■，乃按實物照掛牌折算現金，照目前價格每坪約為六元有餘云。

6月7日　星期二　晴
師友

徐庶幾兄為代介紹售機油於台北紡織廠事一再來催，余以電話轉催侯銘恩兄，始終未遇，下午到該公司等候一小時亦未遇，乃託王慕堂兄代為洽詢催速辦通知售主交貨之手續，在等候期間與王兄閒談，以有關丁暄曾君者為多，余對丁君之評價，為做事切實有始有終，細密與開展均足應世，如能對學問再事補充，即更善矣。

娛樂

晚，率紹彭看電影「杜巴蕾夫人」，為法國片，馬丁加露兒主演，寫法宮之荒淫無恥，極為生動，色彩亦美麗無比，惜法語對話，不能了解，因紹彭欲歸早退。

6月8日　星期三　晴

參觀

　　上午，保安司令部所辦匪情展覽排定國民大會參觀時間曾通知為此日上午，乃到實踐堂聚齊參加，凡費時一小時半始能走馬看花，略無遺漏，其中分中共之黨務、政治、經濟、軍事及自由中國之防諜等部分，布置時凡圖表皆懸牆上，以下案上則皆為實際資料，說明中英文對照，蓋主要為此次亞洲反共聯盟在台北召開大會供各國代表閱覽者，余稍注意其經濟部分與防諜部分，尤防諜部分對於年來破獲匪諜之記錄與圖片證物等一律參加展覽，可謂怵目驚心，最後為自首工作之成果與綠島新生營生活情形，共計全部展覽資料占兩大房間，整理布置均有頭緒，且印有說明小冊，可供參證焉。

集會

　　下午，出席光復大陸設計研究委員會財政組之財政現況研究小組，討論如何寫成研究報告於六月底繳卷，決定由召集人龐松舟、謝耿民與閔湘帆共同處理，此小組開會以今日到者為最少，不過十人，總數則在四十人以上云。

師友

　　上午以電話詢王慕堂兄，是否遇侯銘恩兄問過其買機油事，據云一切照辦，但須等候台北紡織廠之購料手續開會通過，余下午將此意往告徐庶幾兄。

6月9日　星期四　晴

交際

中午，漁管處委託查帳參加之同人十六會計師中十一人在青年會聚餐，約余參加，因係常務理事之故，余在席上並答詢關於查帳如何求得統一方法，報告書如何採取同一體例之問題，決定由兩位召集人王培基、涂方輝草擬要點分發照辦，今日之會且有以助理員代表參加者二人，並決定不受被查人招待，其實此可能甚大也。

師友

下午，到合作金庫訪隋玠夫兄，託借貨幣、銀行書籍。下午徐庶幾兄來訪，閒談。

娛樂

晚，參觀中央大學四十週年校慶晚會，金素琴、周正榮演新四郎探母，甚佳。

6月10日　星期五　晴

師友

侯銘恩兄著其台北紡織公司職員沈聞天君來訪，留字謂請通知機油售主即將貨送至板橋該廠，適徐庶幾兄來訪，余即請其轉告呂新權君，去後又於當晚來訪，並留晚飯，持來呂所開期條，據云因未在銀行開戶，故對於介紹費不能開給支票，徐兄決定明晨隨同其運貨車到板橋參加交貨，希望取得貨款支票，明日上午即可取款，免為下午銀行放假所誤云，徐兄談後又將期條取回，謂備明日與貨主辦理手續云，渠又談正在進行代基

隆轉運公司介紹空軍卸運水泥至南部事，又在進行以寶
島牧場名義接洽承辦軍人之友社勞軍，於端節運毛豬
三百至五百頭至金門事，希望余能予以幫忙，此二事渠
均係受台籍商人之託，自稱最能交結新友，蓋其談鋒極
健，又能故作驚人之言行，凡不知就裡者往往為其所
炫，其所從事之介紹交易能將觸角伸至各處者以此。下
午，到交通處訪熊亨靈主任秘書，詢設立小汽車行改變
設立標準事，據云不知其事，須再轉詢主管，但亦謂不
知其事，余即轉告徐庶幾兄，因係渠所託問，渠聞之經
濟安定委員會中人云正在準備修訂標準云。孫丹秋君來
訪，堅託代為接洽中本毛紗出口事，謂八月後之貨可以
預定並可預繳定金。晚，逢化文兄來訪，談于仲崑兄舊
病復發，而窘於資，詢余以前允予以幫助，最近有無款
項可用，余允加以籌措，先送一部分。晚高明一君來
訪，與徐逢兩兄在此談佛學，深夜始去。

6月11日　星期六　雨
閱讀

　　讀由美國圖書館借來之新書*The Isms*，Galab 作，此
書雖取名如此，然所涉者只為與經濟有關之主義，由舊
重商主義、資本主義、社會主義，以至新重商主義，又
有作者特給以名詞之公司主義或謂之組合主義、第三路
線等，皆一一述其淵源與內容，余現在只讀過其序文
及新重商主義一章，此章乃分析凱因斯學派之來龍去
脈，將其精神之如何蛻化自舊重商主義，有極詳細之分
析，行文亦生動有致，全書卷帙不少，恐無時間可以全

讀也，關於此書之地位，余由最近期之 *Journal of Political Economy* 二月刊內之書評欄獲讀某教授所作評論，對作者之著述態度與全書內容均表推崇，但謂其書名與實際相去有間，似為缺點，蓋可以主義名者並不限於經濟思想也。閱周君亮作「小人物傳記」，為短篇故事十餘篇，其筆下之人物極平凡而突出，可謂善於選擇題材。

6 月 12 日　星期日　晴

集會

上午，到中山堂參加台灣大學本屆畢業生結業典禮，因友人之子張緒心今年畢業，曾來邀請觀禮，故往參加，主席校長錢思亮，勉學生以勝任與合作為涉世之二大條件，繼由各學院院長向校長推薦學生，不知是何意，然後發文憑予各院學生代表，最後由教育部長張其昀致詞勗勉，一小時半禮成。

師友

上午，訪徐庶幾兄詢問日昨會同呂新權到台北紡織公司交機油情形，據云因到廠太晚，經手人未遇，託廠內友人代收暫存，尚須下星期一始能辦理領款手續，故預料之當日上午即可取得款項一節，已為事實上之困難所阻云。

娛樂

下午率紹寧、紹彭到第一劇場看電影，片為派拉蒙之Vistavision 出品「三環馬戲團」，由莎莎嘉寶等主演，以大馬戲班之形形色色為背景說明若干人生之裡面，故事並不深刻感人，但有時小刺諷處都能給人以小

小悵惘之感，本片所最炫耀者自然為其製片技術之高，
至配音稍差。

6月13日　星期一　晴

師友

　　下午，徐庶幾兄來訪，謂呂新權之機油價款直至今
日始行取到，應付給余等之公費渠則於下午開給劃線支
票，時已三時半以後，無法存入銀行，乃交余於明晨存
入，下午可以取得現款，屆時余當為送往。前數日宋志
先兄代其夫人向余借銀行學書籍，余因自己無之，乃分
別向圖書館及友人借用，日昨隋玠夫兄送來一本乃數百
頁之「中國貨幣金融論」，不適合準備投考之需要，圖
書館則皆二十年前舊書，無已，乃向書肆買流行小本者
以應命，現在小本之此等書亦復奇缺，亦有作者無藉藉
之名，只好捨而不取，最後始選定林霖所作之一種，雖
不甚佳，然更無適選矣。

6月14日　星期二　晴

師友

　　上午，到羅斯福路三段一百八十巷四號張中寧兄寓
送其子台大畢業紀念歷史書二種，一為Toynbee: *A Study
of History*，乃節本一至六卷合為一本者，二為 *You Can
Change the World*，乃一基督教之流行修養著作，余到時
適張緒心回寓，詢明其並無此書，乃在扉頁寫提贈送文
字。下午，將昨日收到徐庶幾兄之支票（於上午交紹南
送之銀行者）提出半數送徐兄，渠本允為學生捐款，因

不夠支配，允於月底再付，余亦不便相強，其實余若預
扣亦可，只為表示禮貌，乃致如此。下午到中和鄉送贈
宋志先夫人貨幣與銀行一本，據宋兄云所需者為銀行會
計，余囑其自換。

6月15日　星期三　晴

師友

　　上午，到中崙看于仲崑兄之病，最近一個月來發作
一次，連日又漸告痊可，但須澈底休息，並不斷的打針
藥治療並滋補，該病為慢性腸炎，直腸部分已失卻消化
作用，故胃雖健全，仍不能進食，進食至大腸後即洩
泄，日在十次左右，身體虧損異常，而又無根治之法，
纏綿痛苦，而藥費所需輒難以為繼，余本欲贈五百元醫
藥費，但一時難以集齊，久延亦非辦法，乃於今日先送
二百元應用。于兄因常在病中，本為一極其達觀之人，
近亦多所感觸，且近於悲觀，據其分析時局之歸趨，認
為將來兩個中國之說遲早必將實現，現在自由中國實際
上只能保衛台灣，且不言反攻大陸，友邦美國則唯恐無
法與共匪妥協，如此則無期拖延，師老民困，銳氣全
無，亦只能求與共匪隔海並存矣，聞共匪並不急於對台
用兵，我方動輒謂其將有攻台企圖，此為彼最不情願之
事，彼方最有利於拖，如此拖延十年八年，即將自絕，
此著乃最可怪，但不能反攻，又非走此著不可，豈不
■■，至於內政方面，完全充塞自私自利之輩，軍人待
遇微薄，朝不保夕，空■■■甚有操可恥之暗業者，未
聞政府有何改善之方，日惟從事於檢閱■■自欺欺人，

而對外局勢如此，前途尚可問哉！談一小時餘返。欒文煉君來訪，交來經手募集為本縣在大專無靠之學生捐款，渠本身五十元，而其經手者亦為五十元。鄭邦琨兄來訪，不遇，留字，余以電話詢以有何事見訪，據云並無，但又提及余為其稅務旬刊撰稿事，希望每篇字數較短，庶每篇不占太大之篇幅，而每期可容較多之題目，使內容稍見多樣。在景美共同買地之謝代表來訪，惟余等之地留出十二尺作為公共之道路，現近鄰之地已在建築房屋，其企圖為利用余等之地道路作為公用，如此其本身之地即絕不犧牲，初謂不知是私地，及知又不出面接洽，似欲造成既成事實，以逸待勞，故主張立即採取行動，與其談判條件，余因買地之吳、吳、李三君適均不在，允改日洽商。

閱讀

晚，將周君亮所作「小人物傳記」之最後一篇看完，此篇名「徐么」，寫一鐵匠為發憤以手工製成輪船而傾家蕩產，繼覺悟又復舊業，借用他人金錢，有力後即欲歸還，其子時已由法政學校出來，謂只要有錢即可買船，欠款無據亦不必還，且不怕打官司，徐么對此見解不能了解，此故事寫來活現，其所■傳達者乃我國百年來人才起伏之消息，而國運隆替，亦於此中覘之也。

6月16日　星期四　晴

師友

上午，到永信貿易行訪戰世之君，欲為本縣在大專兩學生捐款，但不遇。到交通銀行訪王慕堂兄，與其商

量如何向中本紡織公司接洽購買毛紗事，王兄本可為余
介紹，但渠云有困難，不願與中本方面人員有所接洽，
主張余訪李鴻漢兄介紹該公司業務處主任張景琦商談，
因李兄乃該公司之董監事也。晚，蘇景泉兄來訪，據談
對於革命實踐院各期聯誼晚會之多且由召集人出錢之辦
法認為不妥，且對於研究院之觀感似已不甚佳，不若其
前一向之嚮往再度受訓之切矣。晚王舍甫君來訪，因其
服務之反共義士就業輔導所醫務室人事人員為其辦理呈
薦手續時十分瑣碎，不以其所受之醫師檢覈證書為充足
之證件，而需要另送大專畢業證書，可謂節外生枝，託
余代向社會處牟乃紘兄處商談通融。

6 月 17 日　星期五　晴有陣雨
師友

上午，訪永信貿易行戰世之君，託為本縣兩大專學
生捐款，當承慨允照辦，且謂為應盡之責，可謂豪爽
矣。上午，訪李鴻漢兄於交通銀行，探詢中本紡織生產
之毛紗如何可以購買出口，彼初謂問明後告余，後因余
恐簡略不詳，又■■■到該公司面訪負責人，李君當即
寫信為余介紹，並認為不必詢問業務處主任，應逕向其
代理總經理趙耀東洽詢，該公司相當集權，部分主管不
能作主，如洽詢後仍有不能明白之處，當由渠再為詢
問，熱心亦可感也。

6月18日　星期六　晴

業務

上午，持李鴻漢兄之介紹信到中本紡織公司訪趙耀東協理，詢毛紗出口南韓事，據云該公司進口羊毛係向政府借用外匯，毛紗、毛線出口委託物資局統一辦理，所得外匯不憑為申請進口之實績，故縱商人辦理出口，既無法由進口貨內彌補結匯虧損，亦必無利可獲云，余下午到春茂貿易行以此情形相告，因該行孫丹秋君外出，改與張君相談託其轉達。

集會

下午出席黨團小組會議，到八人，趙雪峯主席，討論事項有關於第二次建築房屋貸款開始辦理之意見，希望將款額提高二成，並將第一次者勿予保留云。

師友

上午，到合作金庫訪隋玠夫兄託代匯經捐補助兩本縣籍學生之款，託匯初以支票交付，詢其有無不能抵用問題，據云無之，余乃外出洎十一時半返，又有問題，乃亟將支票送彰化銀行取現，回該庫再匯，雖未誤今日十二點下班之時限，然已■■延矣，其實余本慮及此事，欲先往取現，而未果行，終至弄巧成拙，下次戒之。

6月19日　星期日　晴有陣雨

家事

晚，姜慧光表妹及其夫婿隋錦堂君來訪，此為其纏綿病榻年餘以來初次來余家，據云今夏所經營之女裝生

意大不如前,一因製者較多,二因社會購買力漸行萎縮,一般消費降低,此事各行業俱可看出,隋君刻兼在台北工專任教,下學年繼續擔任,託紹南在台灣大學工學院為其借閱工廠設計一課程之參考資料,又其進行之國軍退除役官兵就業輔導會化學工廠設計工作已形擱淺,該會主管組曾擬有設廠預算交隋君核閱,久久亦不催詢,余從旁亦聞其係無期延擱之故云。

閱讀

讀美國 American Accounting Association 出版之 *The Accounting Review* 本年一月號,本刊為一純學術性刊物,本期內容多為年會論文,而偏重於會計教育一方面,余大致均涉獵一過,而於以下數篇頗加注意:1. Price-Level Adjustments: Fetish in Accounting,此篇由物價變動之角度觀察會計學在此方面之成就,完全為一學說上之研究而不及其方法,偶涉及時亦只述其處理之結果,如指出某公司以普■■額法(Statement show in current dollars)與購買力法(Purchasing power statement show in 1935-1939 dollars)可以表現之事實大異,包括分紅之實盈■■■,所得之留為護本與由資本付出紅利利息與所得稅,純益之數由最大而最■■動資本由增加五成而不增加,固定資產加多與加少,折舊數與設備增加數之相較,前者本甚大而實甚少,等等,至於如何作成 Adjusted Financial Statement 則文中不詳,2. Applicability of the Realization Principle to Money Claim in Common Dollar Accounting,此文所數之 Common Dollar Accounting 與由於物價變動只對於折舊與存貨價

值加以調整者不同，而係以貨幣性之科目為主要調整對
象，包括現金、應收帳款、應付帳款、公司債、優先股
金等，認為只調整折舊與存貨者之假定貨幣項目無所盈
虧實未窺全豹，因貨幣之購買力有所變動，貨幣性之
科目價值亦非重新詳定不可也，文中舉例為現金科目
期初結存照期末之購買力調整，而逐筆收支又因購買
力不同而加以評定，於是得一小表，左欄為實數，名
曰Mixed Dollar，右欄為調整數，名為 Dollar of 12/31/
XX，而以其差額造成Gain (or Loss) in purchasing power
一行，此文之著眼點在於對此項盈虧應否劃分其已否實
現而加以研究，故於方法方面則甚少提及，但提出參
考 Sweeney: *Stabilized Accounting* 及 *Journal of Accounting* 等。

6月20日　星期一　晴有陣雨
瑣記

　　下午，到枋寮潭垵與建華新村諸同人會同重新勘
界，緣此地共分十段，數月前即已分割，且編號抽籤決
定各人之地段，當時界址用竹插地，數月來因無建築
者，漸漸為牧童所毀棄，現在馬路邊之二家李鴻超與其
他二同人即將動工，而所用界址則自行以意定之，乃引
起其他同人之顧慮，遂決定於今日下午重勘，並將以石
灰灌地下為界，以免重蹈上次覆轍，請台北縣政府地政
人員工作整個下午，尚只大致完成，其中李君與余為比
鄰，其自定之界較今日所勘者越出余方多多，渠自稱所
用之面積不夠，詢之測丈人員，謂係被鄰地所侵，應向
其收回，余以步測余之地段，計縱為三十步，兩邊相

同，所以如此，為恐李君自移其界，苗差數尺，僅憑目力無法斷其為已移也，余又向李君表示，設余方面積足夠而有溢出時，則為測丈之誤，余亦不願損人利己，李君立謂余方不會多出，此問題應大家解決云。

集會

下午，到勞工保險監理會出席委員會議，今日討論案為上次審查會所■■兩項決算案與一項預算案，均照審查意見通過，並先送管理委員會，■■■審查意見之剔除開支應送審計部一節，均認為應慎重考慮，以免■■■■定案即不可挽回，此即含有馬虎了事之意味，抱此見解者為主任委員財政廳長陳漢平，而紀主計長萬德本甚堅決者，現亦無堅決表示，此外皆各委員所派之代表，無何意見，余亦不便有何露骨表示，故結果仍是準備雷聲大雨點小，至於所以致此，則是否均已受公司當局之請託，則不可知矣。

觀象

中午，日偏蝕，聞為一千餘年只一次之大日蝕，在台灣能見食甚至百分之七十，余由地下水盆反照用黑眼鏡觀測，於食甚時曾見其全貌，有類新月，聞在菲律賓即可見全蝕，但在台亦已感到日色黯淡無光，報記動物園內有敏感動物如蛇、豹、獅、熊等均亦暴跳怒吼，可見日光對生物之影響其大無比，另據報載菲律賓電訊，謂馬尼拉天空星光點點，如入拂曉景象，此則為台灣人士所不及見，且此生難見者也。

采風

今夏台灣果品除習見之每年常年應市之香蕉、木瓜

等而外，最多者為檬果，其種又分小而綠與大而黃者，前者核圓，可食部分無多，然甚甘甜而無異味，後者核扁，可剖食，核部與近皮部分味之酸甜有別，且有異味，如有特嗜，當非小者可比，然在一般每每不加愛好也，此外上市水果又有桃子、鳳梨，另有一種皇冠型之小紅果，須挖去頂部始食，聞極鮮美而低廉，惜未曾嘗試。

6月21日　星期二　晴有陣雨

師友

下午，到社會處訪主任秘書牟乃紘兄，閒談勞工保險事，余昨日聞勞工保險部有脫離人壽保險公司另成機構之說，牟兄云有其事，刻已備文請示省府，所以推此步驟乃因目前制度極不合理，現制為經費出自省府，行政人事監督反歸人壽保險公司，於是有太阿倒持招牌不靈之象，至於改制後名稱或不更張，以免紛歧，余託其對此案留意，設有吾人可以插足之處，應以不為外人先登為佳也，余又談及代表會計師公會所參加擔任之監理會委員兩月後即行任滿，勢須辭職，希望能在管理委員會或基金監理委員會內注意得一位置，庶可與此事業保持關係。

家事

晚飯到姑丈家吃酒，所請客人尚有魏棣九、劉孝推，及表妹婿之本家隋君甫由台南工學院畢業來北就業者，余與德芳應約偕往，並率紹因、紹彭兩子女，事先因已臨近端午節，故買荔枝、芒果與茶葉等隨帶相贈，

客人中劉君酒量甚宏，現在省政府擔任秘書，聞極長於
文墨，新近且編■■■腳本「草木皆兵」，正在預備排
演，客人中之魏君乃工業專科學校化工科主任，前次隋
君到該校任課，即係由余向魏君介紹者，九時散。

6 月 22 日　星期三　晴

業務

　　■午，出席會計師公會常務理事會，討論有關承辦
農林廳漁業管理處二十九漁業公司行號查帳案，因依據
契約規定應已到期，但由於被審查單位有遲未將帳件在
規定日期前送承辦會計師者，即漁管處本身之有關資料
亦有未能適時送到者，故不能全部如期完成，前據北部
召集人王培基來函述明此情，當即轉該處查照，但此次
雙方訂約處理此案，始終在融洽之空氣下進行，各會員
亦不應過份注意時間之責任問題，故決定通知各會員之
尚未將報告書送來者仍須趕辦云。

參觀

　　上週末在博物館參觀台灣省文獻委員會與中華古瓷
研究社合辦之中華古代文物展覽會，計書畫、瓷器各
一百餘件，瓷器自宋至清，各窯各色，琳瑯滿目，書畫
尤多精品，包括八大、新羅、仇英、董玄宰、王石谷、
沈石田、劉石庵、朱文公、王陽明、伊墨卿、張伯雨、
郭詡、宋張守、鄧石如等家，美不勝收，最精者為懷素
千文卷、黃端木萬里尋親卷、宋高宗付岳武穆書，皆稀
世之珍，雋品有金農作畫數幅，其中一為菖蒲圖，完全
為墨水下垂線條，詩云「菖蒲九節俯潭清，飲水仙人綠

骨輕，階草林花空識面，肯從塵土論交情」，境界超逸，字亦脫俗。

6月23日　星期四　晴有陣雨
集會

　　下午，枋寮購地建村五人小組會議開會，到童秀明、王立哉、李鴻超、逄化文與余，主要討論事項為前數日分割工作與以前兩度有異，致李鴻超之地面積不足，應如何解決，事先李君有函致逄兄，謂將其本人之地與隔壁余地在地圖上用公尺比較，又在地上用尺丈量，發覺比例大差，認定必有一誤，為免將來不快，且渠須立即建築，希望早有解決辦法，討論結果，認為只有請縣府方面再度丈量並解釋以前差誤之原因，決定後日齊赴台北縣政府接洽辦理，此外又討論以前所決定之水電工程計畫等，緣當時決定每坪地須再交付十元，其中大部分為打井之用，但因決定建築者少，繳款者幾無其人，且建築者如負責保管全部工程，問題亦不簡單，決定改變計劃，鑿井部分不再統籌矣，此外又閒談近來國大代表同人因房地建築等問題而發生爭執者甚多，余等當防患未然云。

娛樂

　　晚，同紹彭到大世界看電影，片為所謂超級綜合藝體，其實即係寬銀幕，為雷電華出品，片名海宮仙蕊（Underwater），由珍羅素主演，其實另數角色戲更多，全部鏡頭為水底景色，拍攝殊不易易，至於故事取材則平平矣。

6 月 24 日　星期五　晴

端午

今日為舊曆五月初五日，亦即端午節，上午到基隆路為姑母送粽子，並閒談，粽子為自製，今日中午並殺雞置酒過節，因友人中無可邀請者，故只一家七口之團聚耳。

師友

下午，張中寧兄來訪，談及中央黨部第四組所辦之我們的生活徵文已彙送該組，由專職委員三人會看評定，渠為其中之一，且已閱過余之一篇，聞將只取一、二十篇，又談及其子緒心畢業與打算，據云如不受軍訓，將上政大研究院，余告以畢業典禮時曾往參加，惜未能相遇，張兄對於送其子書籍及前託為紹因進行入學事概未談及。

6 月 25 日　星期六　晴

瑣記

上午，依約定與王立哉、李鴻超、逄化文、童秀明四人到板橋地政事務所訪劉君，請其將枋寮潭墘之地分割線重新計算，據其在圖上量算無誤，李君則謂實地測丈與圖上有出入，經決定下星期一再往重量一次，並由地政事務所通知左鄰地主，屆時亦往，俾將其對余等地段侵占之部分亦得以劃清交出，余等五人之意，為求避免將來不必要之糾纏，下星期一將對全部界線重新鑑定云。

交際

譚嶽泉兄之長女在美出嫁，渠今日登報，下午往賀，只見其夫人，陳設中有送花籃者。

6月26日　星期日　晴有陣雨

師友

下午，廖毅宏夫婦來訪，閒談，其長子亦於今夏在女師附小畢業，但與國語實小之假定交換考試所得分數甚低，正考慮正式升學考試之希望不大又將如何。

家事

紹中今夏在女師附小畢業，考試已畢，得分如何尚未公布，然前次舉行假定考試得分似在全體之前百分之十以內，升學似屬有望，明日學校仍為之開課補習，余今日命題「台灣的水果」囑其作文，以瞻其思路，尚未繳卷，但從其過去成績觀之，似乎以國文科內之作文部分較弱，故由此方面予以著眼，是作最後努力云。

閱讀

看劉枋散文集「千佛山之戀」，包括散文十餘篇，有隨筆性質者，亦有小說性質者，更有屬性不明者，作者之特長為馳騁想像，深加功力於描寫，瑰麗恣肆，表露才氣之豐厚，缺點為故事頗多斧斲之痕跡，不能天衣無縫，此乃在台灣之若干寫作者所難免，固不必求全責備也，作者為山東人，其中「千佛山之戀」及「大明湖」兩篇刻劃歷下風物，影事如繪，令人讀之頗能顯現畫面之美，印象較深者尚有「杜鵑花下」與「壯烈以外」兩篇，前者為抒情的愛情故事，寫來■■■，後者

則在提出愛情不比國家更重之課題，乃有心人陶鑄筆法之功夫也，

6月27日　星期一　晴

琐記

　　上午，到枋寮潭墘與購地同人重新參與測丈分割工作，余因事到達已遲，台北縣地政事務所人員正在準備歸途，據各同人云，今日測丈之所在界線與前數日無異，近馬路之李鴻超部分仍照原界線，其不足部分係鄰地所侵占，為由李君地起，經余地、尹志伊地、逢化文地，而至王立哉地，愈進愈狹，作一楔形，李地約有二十餘坪，余地則十餘坪，上週縣府通知鄰地主今日前來會同鑑界，結果未至，但已由地政事務所人員加木為界，余到後與李君以軟尺將余地四週長度加以丈量，四邊各為九十六、九十五‧五、七十、六十九‧五尺，兩邊相平均後乘積得六千七百五十五方尺，按每坪三十六方尺，除得一百八十七坪半，按圖約少十坪，即在鄰地之內，將通盤請縣府代為追回，至於李君之地被侵獨多，正在準備建築，彼與王宣共為一段，欲將被侵部分歸之王君，庶免延誤動工，經決定改日約王君協商解決，李君本已占用其另一半，現因收回鄰地困難，又欲改占其他一半，此事未用抽籤方式解決，乃有此小小枝節，可見凡事預先準備妥貼之不易，此在其他各段地上，或亦將有類似之情形，因自每二百坪抽籤分配後，其中二人一段者凡四段皆未抽定云。

師友

　　下午，與逢化文兄會訪宋志先兄，因皆接王沅淑女士之嫁女喜柬，商量如何餽贈禮品，決定三人會同辦理，因三人皆與王女士為國大代表同人，而三人之夫人又皆與王女士為濟南女師同學，彼此關係相似也，經即決定晚間由宋太太及德芳與余會同前往，比即照辦，在翔泰買紗料三段，作為三人會同送贈者，每人約出六十餘元。下午，譚鎮遠君來訪，謂在中壢經營軍品供應處，因擴大業務，須增資十萬元，送之軍方證明其供應力量增大，而送驗前須由銀行以放款透支方式提供存款之證明，略貼給利息，又謂此等事有會計師可辦者，但彼以前辦理文化服務社登記驗資係金紹賢代辦登記，而其本人向銀行友人洽接證明，現在不願再度請託云，欲託余代為洽辦，余告以向未辦此等業務，且與本省金融界無此交情，而就本省會計師界情形言之，恐作此業務者亦不多，容余再為訪詢，其實渠之登記工作既託金紹賢辦理，何以證明資本渠不能一併辦理，說詞前後矛盾，不攻自破，余所辦登記業務不多，然如果如譚君所云，會計師■■■代人籌款驗資為招徠生意之手段，則此項事業之走入歧途，已更遠■■■可挽回矣，譚君又談及第四建築信用合作社復業已正式獲准，不致再變。

6月28日　星期二　晴

師友

　　上午，王舍甫君來訪，謂其在服務之鶯歌反共義士生產輔導所辦理呈薦手續已數日，本對於其學歷證件是

否為醫科大學一節發生疑問，現在已解釋清楚，但又因
其各種證件所用姓名不完全相同，仍在吹求之中，同時
以前託余向其上級機關社會處主任秘書牟乃紘兄雖均係
當面懇談，據云並未下達，故效力不能貫澈，託余再行
備函牟兄，俾其可以交至人事室，以免脫節云云，余當
允與照辦。

業務

　　余與吳崇泉、李洪嶽、吳麟之事務所共同使用人打
字小姐之薪給係每月二十日共同集資發給，本月份者余
按期交經手人孫福海君辦理，今日始知尚有小節，未能
及時發給，緣吳律師部分本係按時照付，近因建屋用款
較多，乃想一新法，事務所電話係渠之財產，電話費由
余等借用之人負擔，過去均於月底交渠至電信局繳款，
現在渠意即以電話費抵用人費，前者每月一百二十元，
後者其個人名下只九十元（均略尾數），如此二者互相
套搭，勢須余等於每月二十日電話費、用人費一齊付出
矣，據云吳律師接到此項電話費未必及時向電信局繳
納，而電信局之電話費亦對於拖欠並不十分嚴格限制，
如此吳君即可略加套用云。

6 月 29 日　星期三　晴

師友

　　上午，徐庶幾兄來訪，談至中飯後，歷時五小時，
談其連日來回台中及往南部之見聞，雖不無誇張之處，
然足以反應時代之苦悶，不可忽視，據云最近蔣總統到
南部校閱，有某部隊心懷異志，圖謀叛變後挾蔣總統

入山有所劫持號召，幸及早發覺，未成事端，又有台中
四士兵於領到其每月只有相當於美金五角之十八元新台
幣餉項後，相率往訪一美軍顧問團人員於其寓所，謂彼
等酒足飯飽，但已了無生趣，於準備自殺前希望能對於
友邦人士傾吐其鬱結，繼對當前之苦悶及未來之渺茫加
以敘述後，尚不及外籍人士答言，突即舉槍自裁，數年
來雖國內自殺之風本甚熾盛，但採此方式者，則志在聳
動聽聞與喚起上層注意，用心更苦矣，目前民窮財盡，
除少數人驕奢淫佚外，多數人皆岌岌不可終日，若言反
攻大陸，又復遙遙無期，師老民疲，尤其精神頹喪，徒
恃一時之訓練■■輸，最多只能興奮於一時，此種人人
可以感覺之事，並非理論與教條■■■復，猶如日前日
蝕，禽獸見晝晦而奔騰，其感覺或且較文化太高之人類
更敏銳，然則知識水準較低之兵民，其對時局感應之敏
銳又豈可忽■■■？徐兄又談及其所經營接洽之業務事
項，言端節前有豬販協會常務理事■■堅懇其向軍人之
友總社接洽買豬勞軍，其手續為先繳訂款，然後交■■
中間未能完全洽妥，致未實現，最近此一常務理事竟捲
款逃匿無蹤，回思其當時為情之迫切，未必不是用心欺
騙，幸未落其彀中，否則將無法收束矣，徐兄又談及在
香港時曾拜倓虛法師學佛，因談佛法，所知頗多，又云
■■者有一新和尚為曾在安徽任建設廳長之儲應時，已
經削髮剃度云，徐兄於午飯後取去三十元零用後始去，
此人細行往往具備若干類型，似不相容，而又似不相
妨，亦此變態時代之縮影也。晚，王慕堂兄來訪，據云
中本紡織公司趙耀東君所告余之毛紗外銷情形，似尚不

是全貌，又談及為研讀商業應用英文，託余代為物色個
人教師，以便從而研究，余則勸其至大學聽講。

集會

　　下午，出席光復大陸設計研究委員會財政組金融小
組會，討論題目一為關於外匯改進之方案，有人提議請
原起草提案之羅敦偉寫成方案再行討論送出，無他意
見，自然通過，又討論金融市場資本市場問題，余未待
散會即早退，今日出席只十一、二人，較法定人數相差
甚遠，可見渙散之一斑。

6 月 30 日　星期四　晴

師友

　　下午，童世荃兄來訪，謂其公子在台灣大學上學，
習機械工程，欲於暑假中在公路局中正路修配廠實習，
已與該局主管處洽妥，並備有台灣大學之正式公函，託
余再辦一私函寄譚嶽泉局長，童兄本在青島市任市黨
部主任委員，與譚兄相識，但在此不常過從，不願自己
往託，因余與其有同事之雅，乃託余代函致意，余即照
辦，謂如無行政上之困難，即請俯允，其實此信余亦不
願照寫，因在此見面機會甚少，且在初到之時為表妹姜
慧光向該局謀事，無所■■，余執行會計師業務之初曾
得其面允聘余為顧問，但不見實行，其後見報已聘其他
會計師，雖因余一直未多追求，然由此可見漠不相關之
情，數年來不相往來，即以此也，但因童君為此事而
來，恐堅卻有誤會，故照辦焉。

交際

晚，到東興樓參加王沅淑代表嫁女之喜禮，對方為銓敘部科長李廣訓，乃山東人，故今日來賓幾全為山東人，證婚人為銓敘部部長雷法章，男方主婚人由秦德純氏代表，余事先與宋志先、逄化文兩兄合送禮品，今日參加並偕德芳率紹因、紹彭兩子女，儀式為現在一般所流行之格局，但聞新娘為天主教徒云。

7月1日　星期三　晴

趙榮瑞夫婦來訪，渠係上月調回菸酒公賣局總局，
並未分配工作即調至外匯貿易審議會普通外匯審核小組
工作，所任為工業外匯之各種統計，但因過去帳簿記載
不全與不適用，尚須先行改變記帳辦法，始可以言統
計數字之有用，又此機關與建設廳工業原料外匯審核業
務及台灣銀行之外匯全部統計業務有連帶關係，但各
■■■統計，互不相謀，秦越之見極深，此為今日官場
中之最大毛病，而改善則無從下手也，趙君此次調回台
北係余向其總局局長與第五科孟佑之科長一再洽商始告
成功者，其夫人以前並未來過余寓，期間且曾赴嘉義住
頗久，今日來訪尚係首次。

起居

換歲後匆匆又半年矣，此半年中之生活狀況，迄無
改善，會計師業務依然清淡，友人介紹與自行嘗試與接
洽者，多託空言，結果費力多而收穫微，徒費精神與時
間，至於讀書寫作，原期望於上午不赴事務所之時間為
之，但亦甚少成就，因瑣事太多，晨起整理房間，早晨
送紹彭上幼稚園，買菜，寫日記，往往即須上午十時始
可完成，以所餘時間即感不足，下午赴事務所並處理零
星事務訪問師友，至晚由於無適當寫字地點，且精神往
往不佳，欠伸思睡，亦尠能工作也。

7月2日　星期六　晴有陣雨

集會

上午，出席光復大陸設計研究委員會財政組全體委

員會，由召集人及兼秘書等報告三個月以來之工作，而
今日付諸討論者即為成果之一，今日討論內容為財稅小
組所擬之租稅改進方案，此方案事先發各委員，今日
到會後又由紀錄人員宣讀一過，方案內容將目前各種稅
收全部包羅，每種以數十字提出改善之意見，或有在財
稅小組不能得到結論者，如鹽價應否一律之類，則留待
今日之會討論決定，余因他事在未宣讀完畢以前即先退
席。到中山堂參加卅三屆國際合作節紀念會與中國合作
界年會，到時太遲，業已散會，僅參加攝影而■■■。
到會計師公會出席常務理事會，完全例會性質，出席理
事之一毛松年兄甫由香港回台，據云香港會計師完全以
辦稅為業，因人數太少，故業務甚忙，有使用人達數十
人，年收數十萬元者，制度使然，非關人力也云。

娛樂

　　晚，同德芳率紹中、紹寧、紹因、紹彭四兒女到中
山堂看合作節紀念晚會，余到時蔡瑞月舞蹈研究所之芭
蕾舞已演過五節，只看其最後三節，尚佳，最後為話劇
「人性」，係三幕四場宣傳劇，乃由陳果夫氏遺作「合
作之初」所改編，其優點為親切實在，以極平凡之對話
表達極真確之道理，缺點為文藝氣息不夠濃厚，不能以
對話引人入勝，導觀眾於高潮中之激動，故演至最後一
幕時，台下觀眾已只餘數十人，較開幕時不過十分之一
而已，散場時十一時半，亟返。

7月3日　星期日　晴有陣雨

家事

次女紹中今夏已在女師附小畢業，刻正由其級任教師集體補習準備升學考試中，■■■謂須將志願開出，由學校代為填寫報名單，向招考學校集體報名，據規定北市市內省立中學五所，即建國、成功、師大附中、一女中、二女中，分為男女兩方面，前三校限男生，後二校限女生，另有近郊省中三所男女分班，為桃園中學、復興中學、板橋中學，更有市內五校在郊外所設之分部，計新店、汐止、桃園、木柵、中和，凡女生居主市區者可以報考市內二所女中、郊外三所省中與五個聯合分部，此等聯合分部據云係由五校每校擔任一個，據云新店為一女中，其餘不詳，故於今日填寫報考志願，一為一女中，二為二女中，三為新店分部，四為中和分部，五為汐止分部，六為木柵分部，七為桃園分部，八為復興中學，九為桃園中學，十為板橋中學，至於投考之志願除以上所列各省立中學而外，將以工商職業學校為第二對象，市縣中不取焉。

7月4日　星期一　晴

師友

下午，徐庶幾兄來訪，談其近來進行之業務，無何進展，其中為高雄一汽車行進行申請設立事，因其當事人遲遲不來，致不能定約，同時省府對於設立標準是否準備修改一節，亦尚無確實之信息，另一事為代基隆台灣運輸公司接洽代運空軍進口水泥事，因進口後即存

入碼頭倉庫，需要時始行南運，故不能預知其何時起
運，因而介紹承攬亦有難以著手之苦，又有嘉禾麵粉公
司嘉義以北之推銷工作將往洽承辦，但該公司不能訂
約，其推銷方式將由北方食品店著手，因競爭■■，辦
理恐須大費力氣，彼預料糧價必漲，因運出之大米正在
陸續裝船■■。晚，李祥麟兄來訪，謂下月將赴美作一
年研究工作，經費得自中華■■教育基金董事會，連旅
費往返一千四百美元共得款三千餘元，勉可支應，但在
台如購買環遊地球一週之航空票實際只須九百美元之新
台幣，尚可多出五百元旅費，又欲再向台灣銀行申請若
干外匯以供其他用途，但揆諸其此次出國■■■，似乎
不易獲准，至其此次出國係由台灣大學轉請，美國庚款
給予台大■■■相當之名額，此次前往者有四人，李兄
將準備由歐洲回國云。

7月5日　星期二　晴

上午，王樅兄來訪，閒談，渠刻任教於師範大學，
因經常代表其校長參加亞洲反共聯盟會議而至合作大
樓，因而來訪。下午，徐庶幾兄來訪，商談代高雄高一
汽車行申請添設汽車行事如何進行，渠本聞已經準備修
改設行標準，經余向交通處打聽並無其事，又再度調
查，始知只有醞釀，並無行動，乃決定俟申請人北來後
再商■■■進行申請云。下午，楊天毅兄來訪，據談其
近來情形，有人介紹至中央黨部工作，因聞內部人員未
必皆能和諧，決定作罷，最近中華日報社長葉明勳因保
證其親戚入境，係屬匪諜，因而去職，由曹聖芬接替，

曹君曾託人約其商談參加幫忙，因聞內部懂新聞者不多，而該報在台北居第四位，業務極難開展，故亦無甚興趣矣，又談及最近山東人士在台發生之事端，如裴鳴宇氏被人在民眾時報寫成特寫，謂其處理漁業物資有貪污情形，渠將延律師起訴，識者則多勸其見怪不怪，因該報讀者無多，設形成訟事，正中該報之宣傳詭計也，又如王玉圃以震華文學院名義，假興學之名，謀發財之實，實亦經民族晚報記者以特寫刊出，為山東人丟醜不淺，現與其糾纏者有教員、學生、建築廠等等云。

7月6日　星期三　晴有陣雨
家事

晚，同德芳到蔡文彬醫師處為紹因診療發燒症狀，緣自三數日前此女即夜間發燒一次，因次晨即愈，料係或有蛔蟲，乃自服鷓鴣菜兩包，但糞便未見有蟲，繼即未再發燒，亦即未予置裡，今日晚飯後又有發燒現象，乃往診察，因曾云側腹部疼痛，疑有盲腸炎，醫云非是，斷為感冒之類，當注射一針，又取來粉藥、水藥各一種。數月來諸兒女均未有疾病，尤其入夏以來，雖在多病季節，而輕微感冒亦無之，可謂幸事，紹因之微恙則唯一例外也。

7月7日　星期四　晴有陣雨

廖國庥兄來訪，閒談，渠現任立法院主計處長，據云最近立法院休會前立委因調整待遇對抗行政院之舉動，至今尚為懸案，有待解決，緣立法委員目前之待

遇，除歲費公費約一千元外，尚有出席費交通費每月一千一百四十元，在立院成立之初並無此費，到粵後始比照旅費加支，到台後則始終為每日二十四元與十四元，而政■■之旅費則迭有增加，至今特任官已達每日八十元，於是各立委要求行政院■■加五百四十元，而休會期間之考察等費亦由六百元增加為一千三百元，政院初允所■■■■一再推諉，乃有以迅雷不及掩耳之手段將國家總預算通過，刪除五院及光復大陸設計研究委員會機密費、特別費之舉，此事在立法委員乃感於生活費■■高，不能不作此要求，其所比照者為政府特任官首長，而不知士兵月餉十八元也，即就其本身言之，出席費一千一百餘元在家居台北者固綽然有餘，即在外埠■■■另有記帳火車票，來此有獨身宿舍可居，亦不致不夠，故作此要求亦另■■■地也，廖兄又談工礦公司賣紗舞弊案，有呂之渭同學等均鋃鐺入獄，而看守所內六疊席睡十餘人亦云慘矣云。（廖兄今日來為探詢張中寧兄新居所在。）

意外

晨，掃疊席後至玄關處將掃走廊，因余之玄關上階處為改造的，甚窄短而高，一滑而下，跌入平地，兩肘擦去表皮，胸部則撞在縫紉機之角上，當時不覺有異，至中午右胸內隱隱作痛，呼吸時舉手時或用力時皆覺之，至晚，即左方亦略有所覺，直腰或抬頭時有似抽筋，數十年無顛仆經驗，尚不知將如何也。

娛樂

晚，與紹南到國際戲院看電影「一曲情深」，由荷

西法拉、曼兒奧伯朗，與海倫查拉寶合演，寫製曲家西
門戎伯之一生故事，此片重在音樂，而國際戲院之音效
獨佳，故放映此片最為相宜，中文字幕雖在片上，然譯
述殊不見佳也。

7月8日　星期五　晴
集會

　　下午，出席會計師公會黨團會議，由徐光前主席，
事前並定有議程，討論事項共有六項，舉凡會計師申請
專利之資格列入條例，會計師受託辦理案件得向行政機
關就受託事項查詢及閱卷抄錄，公司設立登記以財產抵
繳資本准由會計師依法證明，舉辦會計短期補習班，黨
團半年經費收支預算，提高職員宋治平待遇增設工友，
均有討論，而其中有為今日開會之動因者則明日舉行理
事會議，將討論於此次承辦農林廳漁業管理處漁業公司
行號查帳工作之有關問題，緣此次承辦之始漁業管理處
為請介紹會計師二人，但因常務理事會及理事會認為查
核二十餘家之帳務在短期內絕非二人所能勝任，最後決
定十餘人參加，而依常例應輪值之富伯平等以由彼二人
為承辦人為理由對公會之措置表示不滿，且以監事身分
提經監事會通過請理事會下次不可，且保留彼等此次應
加入而未加入之辦案權利（包括富及因與富合作而未參
加辦案者二、三人），並主張由公會成立紀律小組，此
案經常務理事會議決交明日理事會，但富之表同情者太
少，明日在會議席上不能取得多數，乃由■■風氣之徐
光前召集黨團會，思欲以此會控制理事會，蓋此會有幹

事七人，■■■■在大體上與富徐一致也，余與另三位
常務理事則為列席身分，有在理事會■■■黨團幹事會
決議之義務，如此即可以少數控制多數（黨團共有七幹
事常務理事會有四常務理事，七幹事中六人為一集團，
常務理事中有二人為同一立場，但因六人中有一人為監
事，故在十五理事中，此集團只有七人，今欲使理事會
受黨團控制，乃■■黨團決議案交常務理事之列席者共
同貫徹，豈非將成多數，用心良苦，惜乎■■一種機械
作法耳。）在討論時富伯平發言只謂彼以監事資格希望
明日開會大家支持其立場，而未言案之具體內容，彼或
知即在今日會議席上亦非在此案對彼表同情者乎（理事
會不贊成現在已實現之辦法者只一徐光前而已），至於
應否保留權利，今日之會議未提及，只對於設紀律小組
一事決定明日一致主張，據云在漁管處案內有一會計師
曾向漁業公司索賄，開口萬元，千元成交，又有一專門
辦稅之會計師為其他會計師在財政廳控告，正在徹查，
此為會計師名譽最受影響之事故。

業務

　　下午，到第四建築信用合作社洽詢去年查帳公費欠
款，因該社登報清付存款之故，未見孫伯棠理事主席，
只遇受盤代付存款之張子久君，據云此款不在存款應付
範圍之內，余應亟詢孫伯棠，請立即償付，因此等對外
負債應優先於社員存款云。

7月9日　星期六　晴

業務

　　上午，到林產管理局訪臧金泉、林慶華兩君，探詢林業員工互助協會清算工作何時始得賡續進行，據云自財政廳公產室認為此案須重新考慮，業已數月，該室對於原營林共濟組合組合員台灣籍部分權益應予清理發還一節，不能否認，其所提異議為原組合並非財團法人，不得改組為新的財團法人向法院登記，詎知先成財團然後始清理發還者正是該室之前身公產管理處所辦省府訓令，今因主辦人員更替，乃又謂今是而昨非，現該案已移法制室解釋，法制室之立場有■■據云認為以前公產室與林產管理局之看法與作法並無錯誤，刻正等候相同情形之鐵道共濟組合與公賣共濟組合尚須提供之文件送到，即可統一簽註，按相同之原則處理，設公產室不符法制室之意見，恐尚須送請中央解釋云。下午在會計師公會遇劉階平兄，渠認為業務不易打開乃因有惡勢力作梗，山東人在此之麵粉廠布廠與五金行數十家甚少委託劉兄與余辦理業務，因有高■■利用行政專科學校學生之在稅捐稽徵處工作者向各公司行號串通拉攏，以便利納稅為餌，此等作法，商人營利而又現實，何樂不為，自然無他■■■之餘地矣，此等情形頗難改善，雖行專學生在稽徵處已因表現不佳而遭財政廳澈查之案件累累，但決不足為來者垂誡，所謂利令智昏者是也。

集會

　　下午，出席會計師公會理事會常務會，余到已晚，旋接開全體理事會，討論案件首先提出者為監事會移送

紀錄，謂對於承辦漁管處廿餘家查帳理事會■■非無不合之處，又對於此次派進而未參加者應保留其權利，此案係以全體理事為對象，於是會場意見均為不快，只有一、二東北人之別有用心者主張照監事會意見辦理，余發言謂監事會謂本會「不合」，此種字眼本會絕對不接受，至於是否應該保留輪辦權利，余無意見，本會最重要者為不可不顧自己之立場，言竟，監事會列席人王樹基謂，監事會之案乃根據一位監事之提議（意指富伯平，此為本案與公會理事會全體為難之東北人），渠本人無何主張，至是為富護航之程烈亦謂此項措辭太重，本會應表示並無不合，此人開會多半不到，今日為爭少數人權利而來，真自私自利之典型份子也，在座另有主張即使保留權利亦須有具體理由與具體決議，始免糾紛，於是乃將不參加查帳人（亦即程烈等數個東北人）一一加以研究，其時余因事早退，下文未知。下午，到社會處出席勞工保險管理委員會與基金監理委員會聯席會議，討論修改勞工保險辦法，以適合逐漸增加之省庫負擔力有不勝之困難情形得以改善，緣照勞工保險辦法，省庫係負擔保險費之百分之二十，另按百分之十負擔行政事務費，歷年保額逐增，省庫積欠累累，問題因以發生，四十四年度省預算列保費七百二十萬元，估計相差仍多，而下半年又將舉辦疾病保險，問題乃更嚴重，據管理委員會最近擬議之意見有三，一為將七百二十萬元撥作特別事業費，保費由勞資雙方全部負擔，垂為定制，省庫不逐年增加負擔，二為照現制將補助之百分比降低，三為照預算所列七百二十萬元以倒果

為因方法分配為各類保險之政府補助保費，固定其每工人每月補助之數，先解決本年度之問題，三法各有利弊，蓋目的均為政府省錢又不願引起反感也，發言者極多，意見仍不集中，會議三小時，並無結果，決定照三案均將細數算出，再行召集討論。晚，出席小組會議，余因到達較遲，只繳黨費未參加討論事項，此外即為填表一張，為市黨部徵求參加社會服務之項目，余填兩項，一為辦理補習教育，二為輔導辦理生產合作社等。

師友

徐庶幾兄兩度來訪不遇，下午余在公會時知渠在余事務所，乃以電話接通，據云端節後來台北進行辦理各事一無所成，而所費已多，準備即行南返，繼續各事，代基隆運輸公司接洽裝運空軍水泥事，因交運日期不能把握，不能急急進行，高雄商人申請設立舞場，問余能否代辦，余謂不能辦理，又談高雄高一汽車行申請設立事，商人堅持在申請之初不立契約亦不先■■之公費，完全包辦始可，余謂預收數目不必太高，渠云亦無辦法，余主張緩辦，蓋余之業務章程不許如此，且徐兄本人為此事代其奔走之花費如此之多，而謂如果不成即屬徒勞，亦屬不近人情也，徐兄無言以對，余知此事之不易進行，故自始即不熱心。春茂行孫丹秋君來訪，談中本買毛紗出口事，余告以向趙協理洽談經過，據云似有他家買紗出口過，但不能斷定云云。

娛樂

晚率紹寧到明星戲院看電影「王寶釧」，此為章遏雲所製平劇電影，由葛蘭、陳中和分飾代戰與薛平貴，

完全照平劇方式演出，唱詞錄音另在片上印出，由武
家坡至大登殿，十分緊湊，章完全程派行腔，玉潤珠
圓，得未曾有，唯一美中不足為擴音太強，有時高音
太過刺耳。

7月10日　星期日　晴

集會

上午，到建國中學出席北方建設問題研究會會員大
會，會員範圍包括二十九省市，據報告會員七百餘人，
今日到者不過二百餘人，由王秉鈞主席，報告時特別提
出歷史上北方人之光榮與人才之輩出，而不及現代，
此猶如展覽古人字畫，一切今不如昔，其情固甚哀也，
革命後如張溥泉、丁惟汾諸氏已均先後作古，由會場上
亦可見出人頭地者之少，此非謂北方人不如南方人，就
聰明才力與人格品行言，無一不在南方人上，然不善援
引，不善奔競，不用權術，不阿附好，宜乎官方報紙漫
畫以土包子概指北方人，尚復何言，余在場內聽完主席
■■富報告，即覺為情不勝，且更有他事，即先行離場
未參加選舉。

業務

上午，到林口訪孫伯棠，因其任理事主席之第四建
築信用合作社發還存款，余之積欠公費請亦照付，據云
絕不落空，但須俟復業並開理監事會，又此次移交之
帳目亦須請余為其核閱一過，余允照辦，但公費望早
設法。

娛樂

午後與德芳及紹因紹彭到環球看戲，由張春秋演拾玉鐲，唱做俱在水準以上，惟配角不甚整齊，末為虮蠟廟，張演張媽，則反串彩旦耳。

7月11日　星期一　晴

師友

上午，到大西湖旅社訪徐庶幾兄，據云渠將回台中一行，此間有正在進行中之事務將託余代為處理，其事為葉君接洽出售活性炭於菸酒公賣局，已與陳寶麟局長及孟佑之科長接洽，將先行送樣化驗，再作去取，送樣事將於明日辦理云。

業務

事務所四人在景美所買之放領地八百坪，曾由律師以賣主代理人名義函詢土地銀行何以不能提前繳清地價，該行復云據地政局簽復，此項提前辦法不日可以公布，據云此地過戶成為私有之後，價即數倍，咸以為應等候辦法公佈，地價繳清，即行轉移，然後出售，但余意現在出價如合宜，仍不妨先行出售云。

師友（二）

途遇陳開泗兄，渠任立法院秘書長，據云預算委員會專門委員至今懸無其人，認為余極相當，設會計師業務不多，何妨一試，余允考慮後再答覆，此職無物質上之利益，待遇與國大代表同，且不能兼業，實味同雞肋也。

閱讀

　　看陳定山作「黃金世界」下冊，自廿二至四十回，此冊內所記主角穆庸之故事甚少，占大篇幅者為柯蓮蓀與秋波情死一故事，而穿插以張騫、梅蘭芳、孟小冬、余叔岩、張宗昌等奇事，內容不如上集，且時間上有不能脗合處（如鐵路名）。

7月12日　星期二　晴

家事

　　上午，在寓修理竹籬笆，現在損壞處為通至內巷之轉彎處，多為巷內三輪車所碰撞，籬內之橫木板因朽腐而折斷，幸前年所換杉木柱則屹然不動，故只治標即可，現在籬外均有橫竹板，上、中、下三根，今日所修理者為下邊之一根，用鉛絲拴住。

集會

　　晚，參加革命實踐研究院聯合作戰研究班第一期同學聯誼會，先行聚餐，每人一菜一飯一湯，餐後讀訓詞一段，繼報告院內負責人均未能參加之原因，再由福建省府主席戴仲玉同學報告，由歐美回國之張希哲同學報告，凡半小時。

娛樂

　　晚在實踐堂看話劇，由教育部中華實驗劇團演出四幕喜劇「花好月圓」，謂係本期同學張振宇編劇，演員有王昌熾、熊英、于淑萍、王應瑞、■■■等人，計十五，劇本創作充滿笑料，具見匠心，故能始終控制觀眾之情緒，缺點為第四幕寫一對因結婚而負債之夫婦如

何覺悟如何還債，則說教與畫蛇添足之病太深，反為其
前半之累，況全劇三小時亦未免為時過長也。

閱讀

　　看本期自由中國半月刊，有周德偉作「谷錫五先生
傳略」，文情並茂，有舊文學之辭藻，又有新傳記之內
容，可謂力作，谷氏為山東威海衛人，聞名而未見面，
本文寫其為北大哲學系畢業，從政之餘，精研佛學，
故遇事淡泊，天性學養，兩■■關，而坦蕩和易，風度
有若行雲流水，絕非今日政界中人物可比，宜其自大陸
淪陷後移居香港韜晦，貧病交迫，直至天命將絕，始應
友邀來台，旋即作古也，傳內謂今日飛黃騰達者類皆
見機而作翻雲復雨之輩，可謂痛切，然與谷氏為友者
■■■■內又何嘗非夤緣顯達之時代產物，今日周君之
文將喧騰於眾口，而谷氏之行藏反不獲彰著於世，甚矣
立言固已匪易，而立德、立功之為更難也。

瑣記

　　一月前曾以譯文「貿易國家排拒商業循環的對策」
送中國經濟月刊發行人趙聚鈺，越數日接復信云，此類
稿件特多，已排至十二月份，非至明年不能刊出，如何
請復，原稿先退，余將稿收下後即復云，此文無時間
性，如無其他困難，即排至明年亦可，請洽復，半月餘
渺無音訊，今日在晚會會場遇趙，渠又若無其事，余由
其周旋徘徊，知其粗心大意，輕浮淺薄，只知表面應
酬，不知實事求是，此亦今日官場之通病，復何足怪。
由文稿憶及又有雜誌於文稿刊載後竟將應付之稿費不
付，一方面裝聾裝痴，相見時敷衍說詞，無期拖延，使

作者不願多所囉唆，而自甘放棄，行此法者，余先遇戰鬥青年之王□青，後遇合作經濟之李錫勛，兩相伯仲也。

7月13日　星期三　晴
師友

　　徐庶幾兄代葉君向公賣局洽售活性炭，渠昨日將樣品送來，余於今日送公賣局孟佑之科長，孟君云，須另備一公函，余歸後查電話簿，竟未能查出徐兄所開示之裕隆化學工業工廠之所在，無法中乃由余事務所名義補辦一公函致菸酒公賣局，至徐兄處因其已回台中，不再往返周折查詢矣。到嘉陵公司訪吳先培兄，探詢其辦理白糖出口之經過，據云此種出口不在獲得外匯以便申請進口，而在獲得出口貿易價格方面之盈餘，蓋糖業公司可以允許民間代為出口砂糖，只須將外匯結交該公司名下，至於出口價格之差額一任出口商自行洽售，且規定在糖業公司價格百分之二範圍內可以支給外匯云，又談進出口公會中近來為會員■■■■提單轉讓貼印花事發生對稅捐處之爭議，余順便表示今後如有適當業務交余處處理一部分亦可，蓋目前該公會已有章宗鈺為會計顧問，普通事件自然託章辦理也，余之作風向不與人爭已成之局，故吳兄在數■■當選進出口公會常務理事時，余絕未提任何業務上之要求，即其公司成立之初余亦未提任何意見，而聽任其將公司登記委託他人辦理云。

7月14日　星期日　晴

師友

　　上午，王舍甫君來訪，謂所任鶯歌反共義士生產輔導所醫師職務因人事室■■不肯認定其姓名之證件之有效性，為免麻煩太多，已經自行辭去斯職，刻正與民政機關接洽辦理更名手續中。晚，蘇景泉兄來訪，閒談，題目多偏於教育■■■■，一致認為悲觀，蓋政府已不提反攻，共匪策略則與蘇聯沆瀣一氣，一■■和平攻勢，此種策略為美國所最難招架，主客強弱之勢形成已非一日，夢想世界大戰突起，我國可由大動亂中找出路，恐至少數年內無此可能也。

7月15日　星期五　晴有陣雨

集會

　　下午，出席會計師公會常務理事會，討論事項有數項，一為上週理事會交議關於一部分會員拒辦漁業處案件聲請保留輪辦權利一案之處裡辦法如何擬議，因需時較長，延至下次，二為理事會決議增用工友，每月三百元，衡以經費情形，暫從緩辦，三為某印刷局承印會員證將印信誤印於封面，未印於年月日處，應否重印，決定仿國民身分證辦法，在封面上加蓋年月日，以資補救，四為研究會先推張■璞召集會計問題研究會，從事商業會計法修改之研究，五為今日起由余值月。

7月16日　星期六　晴
師友

　　為進行商業銀行承辦美援工業貸款之審核工作，曾於三日前函財政廳副廳長陳運生兄，渠在陽明山受訓，請其備函寄回，以便持往各銀行與負責人接洽，但久不接復，今日為陽明山莊休假之日，乃往財政廳造訪，等候良久始晤及，在先曾以電話詢問，據云此事不好辦，既面晤時，渠又云，彼下山只有一天，無法與彼等相晤，余請寫卡片介紹，渠云書面不會發生效力，顯然有推諉之意，余即謂不必三家，只須一家彼擔任常務董事者即可，彼始謂明日第一商業銀行約彼晚餐，屆時必與其總經理周菩提當面提起，囑余後日到該行訪問云，甚矣請友協助業務之不易也，設非步步逼緊，豈非又被推個一乾二淨，類此情形故不只陳■■■■，其餘如口頭漫應而其實置諸腦後者，數年來固不勝枚舉也。同事務所李洪嶽律師之助理員孫君為余介紹一種申請業務，因有木材商知農業試驗所在南投魚池鄉之分所有漆林可以割漆，而不知是否可以招商■■，余下午到農林廳訪李子敬兄擬託其介紹往詢，不遇，乃到新生南路訪單鳳標兄，當承為具名片介紹訪該試驗所秘書，以憑往該所訪詢云。

　　到春茂行訪孫丹秋君，不遇，與其店內人員略予說明向糖業公司洽訂白糖出口之手續，其價格在百分之二之差額內可以付給外匯，詳情告以俟孫君回店內再談。本日起會計師公會由余值月，今日宋幹事送來所辦文稿數件由余判發，多為日前常務理事會所通過之案件須立

即行文各會員者。

7月17日　星期日　晴有陣雨

家事

　　私立忠心幼稚園今日假台灣大學法學院舉行第三屆畢業典禮與懇親會，幼女紹因即係今日畢業，紹彭則亦為該園幼生，晨起由德芳率二人先往參加典禮，余赴菜市買菜歸來後又率紹寧前往，其時游藝會方開始，游藝凡十二節，費時二小時，以大班所表演者為較成熟，其中紹因參加表演「賣橘子」一節，飾三個賣橘子者之一，推車叫賣，維妙維肖，似為全部節目中之最佳者。此外即為另一小朋友之鋼琴獨奏與另一去年畢業小朋友之芭蕾舞，因台地不平有破處，竟顛躓，台下有笑者，此小朋友竟悲不自勝，表演未能十分精彩，草草終場，觀者惜之，全部於十二時結束，觀眾皆學生家長。

師友

　　上午，趙榮瑞君來訪，欲臨時周轉數百元，適余亦極窘，婉卻甚歉疚。

7月18日　星期一　晴有陣雨

業務

　　上午，到農業試驗所訪蓋秘書，詢魚池分所漆樹割漆事，據云該所並無此項分所，只有若干年前曾設一分所試驗茶葉，自七月一日起又劃歸該所，此前係歸農林公司茶葉分公司經營，但亦未悉有林木作業云。上午，到台灣第一商業銀行訪周菩提總經理，據云昨日曾晤陳

運生副廳長，已談過關於美援委託代放小型工業貸款審
查如何委託會計師並介紹余往面洽，據渠表示向無委託
會計師之事，有之只為申請書類有時申請人不諳如何填
寫則請會計師代填，渠可通知營業部注意，有此類事項
時以此相託，於是引余下樓晤其營業部副理莊晨曜，但
莊君所談者則謂甚至此等事亦少而又少，余即面託注意
有關業務後即行辭出，余之所以進行此項業務者，乃因
聞之其他會計師云有過先例，如此說來，則所聞有不正
確處矣，甚矣開展業務之不易也，有時消息不靈，有時
過靈反不實矣。

師友

　　上午，到連雲街訪李祥麟兄夫婦，為其夫人新任花
蓮女中校長道賀，不遇，下午兩人來訪，據云將儘先赴
花蓮一行，以便舊校長來台北接女師校長職務，李兄出
國手續尚在行政院核定中，託余向有關方面催詢，余允
代為查詢云。

7月19日　星期二　晴有陣雨

家事

　　二女紹中明日將赴成功中學投考各省中聯合招生之
初中組，連日準備功課甚力，余自昨日起複核其所答各
種測驗作業，計有歷史、地理、自然、公民等，合稱常
識，見其所答十九不誤，尤以歷史自然為佳，公民次
之，地理雖錯誤略多，但所占成分亦不多，一般論之，
均屬上選，但有一點余囑其大加注意者，即寫字往往漏
劃或偏旁有誤，此為在國語中發生，將大影響成績也，

國語在倉促中無法補救澈底，算術則亦有測驗題作業，
余交紹南為之核閱，據云答案皆無甚錯誤云。

7月20日　星期三　晴有陣雨
集會

　　上午，到漢中街出席光復大陸設計研究委員會財政
組金融小組會議，討論題目為當前資本市場問題，其中
包括三問題，一為如何設定投資金融機構，二為交易所
之存在與否，三為公布而未實行之證券商管理辦法應如
何實行，發言者針對此問題者不多，反有數人普遍性發
言，涉及銀行制度，國行銀行之恢復，台灣銀行業務措
施之缺點（如外匯無國際地位，放款之唯利是圖）■■
目前有職務者來此發表感想者，雖不無新資料提供參
考，然終嫌不是本題，最後自然推出數人整理紀錄製成
方案提至財政委員會，余由此等會議所發生之感想為：
（一）可以覘若干人之見解圖謀與心事，（二）可以發
覺自己之學養有應求進步處，（三）可以獲得若干有用
之參考資料，故此項會議雖不能有何貢獻，然尚非毫無
意義也。晚，出席小組會議，投票選舉出席本月二十四
日之區代表大會，結果小組長吳治當選，聞此項代表大
會之任務為選舉區黨部委員，新規定係中上級黨部提出
加倍人數，在範圍內投票，至於候選人名單則非至當場
不予公布，故無人可以事先競爭，此項辦法之優點為免
除競選之紛擾，缺點為有背黨的民主精神，影響黨員
情緒。

師友

　　下午，陳長興兄來訪，談為陳開泗兄約為立法院預算委員會專門委員事，■■■■經濟上不甚上算，因家住新竹，須來台北辦公，交通費與飲食零用等費，每月需增加開支五百元左右，此數適為擔任此職再加向國民大會支■■額之所能多支者，詢余可否考慮此事，余告以陳兄亦曾與余談及，余亦覺不能解決生活問題，蓋目前一面支國大待遇，一面安心發展會計師業務，業務上之淨所得雖不能十分把握，然終比上項差額為多也。

7月21日　星期四　雨

　　上午，應約到枋寮潭墘會同辦理建地鑑界事宜，此項時間係縣地政事務所公文指定，通知越界鄰地地主，恐其不到，又通知派出所，以便作證缺席勘定界址，不料因下雨太大，地政、派出所概未到達，同人中亦只到四人，以致未能辦理，現在開工建築者已有四■■■■君與余隔壁，其宅基本移佔余之界內數尺，經復勘後業已縮回，現在彼在其另一鄰地王宣之名下略有占過之處，其理由為王君在參加之初意為七十坪亦可足用，李君則自始即要一百坪，故其房屋緊靠王地，以造成既成事實云。

7月22日　星期五　雨

師友

　　下午，徐庶幾兄與葉君偕來訪談，據云今日接余信由台中來，詢悉余在寓尚未外出，故到寓來洽向公賣局

出售活性炭事，余將與孟佑之科長接洽經過相告，當即
決定由葉君速向貨主處索取印信及箋封等，明日晤面代
為補辦公函送公賣局俾早交化驗。晚，楊綿仲氏在寓請
客，到劉大柏、任維鈞、吳先培、朱鼎、黃德馨、陳少
書等，皆政校同學，又有在台南任教之馬忠良兄，據談
台南會計師業務極易發展，私立學校亦缺人教書，余對
於前者認為有加以注意之必要。

7月23日　星期六　雨
師友

　　下午，王慕堂兄來訪，據談近與行政院公營事業會
計工作視導團多有接觸，該團主持人張直夫因近來團內
有人調出，託其物色有工業會計經驗與能寫作英文報告
之人員，渠因汪茂慶兄曾辦過兵工會計，曾往徵求同
意，汪兄遜謝，問余有無此等人才，並謂曾考慮余本人
是否適當，認為未在工業方面幹過，故似不甚適，余謂
果然不適，但問題並非在此，因學會計者並無同時懂工
程者，余云不適乃在於不能以英文寫報告，余自思此係
余多年來之缺點，對英文只能讀能譯，而不能說不能
作，近年精力日衰，雖時時求能溫故知新，但終嫌進步
不易，此外余又思對此項工作並不十分適當，因中國政
府而因洋■■■■終不免有辱國體，余三十年前由教會
學校退出者以此，若以時尚加以衡量，豈非悔不當初，
言念及此，為之啞然。晚，徐庶幾兄來訪，閒談■■
餘，皆有關青島階段之往事，其最得意之事為接收交易
所與小笠原之房，又談宦海現世報之劉茂恩、馬鴻逵與

下層社會之杜月笙等，皆繪影繪聲，據云馬鴻逵棄守寧
夏時，以兩飛機載黃金三十餘萬兩飛台灣，其中之半失
蹤，另半調美鈔到美作寓公，最近為美匪綁票，劉茂恩
在豫省地下藏金七千條，倉皇喬裝死人逃出開封，現在
台幾無以為炊云，又談日昨託余之介紹公賣局購買活性
炭事，渠今日已晤孟佑之科長，據云渠已向其表示售主
願在價格上為之留有餘地，但既必須以投標方式為之，
自然必■■■渠已接受此項意見，並預定下星期以內將
此事辦妥云。

7月24日　星期日　晴有陣雨
集會

晚，舉行小組會議，首先將每人之開會次數紀錄表
與黨員紀錄表加以登記，以備下星期日持往第七信用合
作社樓上投票選舉出席全市代表大會代表之用，依現在
新訂規章，市代表係屬普選，任何人均可當選，故不乏
活動當選者，至於各級黨部委員則否，按新規定係由上
級發布加倍人數之名單，臨時圈選，且事先保守秘密，
故無法競選，而競選此項區代表市代表者至時不過出席
圈票，根本無自由意志可言，因之競選者不若往昔之多
也，又討論上級所發討論大綱如何改善環境衛生，余發
言認為下水道問題在人口密集之巷弄最為嚴重，又市內
養豬及燃用煙煤均應切實取締，會議歷一小時散。

7月25日　星期一　晴
師友

下午，到立法院訪廖國庥兄，不遇。下午，到連雲街訪李祥麟兄，不遇，與其夫人約定為其夫婦餞行日期，余原定為後日，因二人另有他約，乃改為明日，約作陪者有吳崇泉兄夫婦，係著紹南往送通知。徐庶幾兄本約定於今日同葉君來辦致菸酒公賣局之公函請化驗活性炭，但不果來，有電話云，葉君乃貨主之債權人，由該債務人委託葉君為之銷售，先訂契約，俟此項契約訂妥後，即由葉委託余等介紹洽售於公賣局，今日預定辦完彼等之手續，明日續辦余等之手續。

7月26日　星期二　晴
師友

今日終日等候徐庶幾兄所接洽之活性炭交易重辦公文以便偕送公賣局，但直至下■■■■據其來談為彼與葉君對貨主訂約細節太多，本作為由貨主委託葉君代辦，後又改為由貨主售之葉君，每噸一萬三千元。由葉君用貨主名義將來投標，■■將來押標金及對同業圍標代價等均由葉君與彼負擔，買方回扣亦然，故不得不有長時間之磋商，最後公文雖已辦妥，又發覺應用工廠名義申請化驗，以原來用工業原料行名義圍標分子太多，報酬太多，故今日已辦妥之用工業原料行出面之公文，又須另辦，而廠在桃園，絕非今日可以前往辦妥者，乃須又延一日。

7月27日　星期三　晴

師友（補記昨日）

　　二十六日下午在寓邀宴李祥麟夫婦、吳崇泉夫婦，及徐庶幾兄，因李兄下月出國研究，其夫人則赴花蓮接女中校長，吳兄與李兄為前廈大之同事。

集會

　　逢化文兄家舉行枋寮建華新村小組會議，到王立哉、童秀明及逢兄與李鴻超共五人，所討論者為水道問題、食水問題、電路問題，最後並談及李鴻超與王宣間共用二百坪土地之分割糾紛問題，李君堅執其認購較早，不能與王君之參加時原只欲要七十坪者相比，現地不足兩百坪，彼本人決不會超出一百坪，但此所謂不足，又與測丈實有地積不同，余主張先將面積確定，如照測量數有一百九十餘坪，理應平分，設將來平分線在李君已建之屋上，再按地積補算價款，王君主張市價，李君主張原價，至時再議，如此草草終場。下午，主持會計師公會常務理事會，討論理事會交議對於漁管處一案部分會員不肯參加而要求保留權利問題，常會均不願作主張，決定照余意見，提說明送理事會。

師友

　　下午，與徐庶幾兄到公賣局訪孟佑之科長及職員管君，送活性炭樣品及公文。

7月28日　星期四　晴

體質

　　昨日飲食油葷過多，晚浴後赤膊乘涼，腹部受寒，

自半夜起即腹瀉十餘次，並大嘔吐，腹內脹痛，輾轉床褥，服止瀉散二次，晨間漸愈，但下午又較為沉重，乃服腸胃用消炎片前後九片，終日只食米湯，國民大會黨團小組改選會及光復大陸設計研究委員會財政組財政現況小組會今日均會期，未往。

師友

下午，徐庶幾兄來訪，謂晚間將回台中，關於活性炭洽售公賣局事望余與孟佑之科長保持接觸，大約須下月初始可招標，此次所送樣品為E種，比A種價高，葉君由廠買來為每噸二萬元（前謂一萬五千元或一萬三千元係A種），預定售二噸，大約可以每噸四萬三千元得標，可淨餘四萬六千元，預定渠與葉君及余得一成，■■■■得二成（按售價算），即須二萬六千元，尚餘二萬元，半數為對參加投標同業之「湯圓費」，半數為墊出押標金者之風險報酬及其他雜支，此押標金由彼回台中籌措云，其實葉之報酬亦應在此中，余因在此案中並未盡奔走之特殊力量，故亦聽之，另請回台中注意介紹證券商委託登記業務。

7月29日　星期五　晴

集會

晚到合會儲蓄公司出席實踐研究院研究小組會議，到不足半數，除由余讀總裁訓詞「中國公議的分析」半冊十五頁外，此外並無任何報告或討論，但會後閒談時則多發由衷之言，有對於政府年來一味扶植台人特殊階級，形成新的流氓或紳士層一點，認為乃絕大錯誤，

如不更改，內地人將有一日死無葬身之地者，有對於四
■■■■對集權國家妥協成分之擴展，而至於難免有一
日美國放棄協防我外圍島嶼，或竟允共匪入聯合國而深
致其憂慮者，亦有認為由台灣而能反攻大陸乃史無前
例而又理所必無者，種種論調，無一不充滿悲觀之氣
氛者。

7月30日　星期六　晴有陣雨
業務

　　為會計師公會核定二十七日常務理事會之決議案文
字，因幹事宋治平所送之草稿與當時會議經過有所出
入，乃不得不加以重整，主要為關於一部分會員要求保
留輪辦案權利問題，余所主張者為大原則應根據輪辦辦
法，不得抵觸，辦法第四條只云未答復者作棄權論，至
於答復者應如何，則未提及，因而應有兩說，一說為凡
答復者均不作棄權，不問答復內容，另一說則答復應含
有肯定承認之意思，否則效果上仍與不答復同，從前說
應保留，從後說則否，請理事會擇一決定。

7月31日　星期日　晴
家事

　　次女紹中投考八省中聯合招生初中考試，今日發
榜，上午先由其同學處見國語日報所發單頁，係取至新
店聯合分部，乃一女中所辦，下午三時率往觀榜，對照
相符，其在女師附小同班同學投考者三十六人，取三分
之一，全部考生與錄取比例亦為三比一，尚屬相稱，聞

去年附小尚無此成績焉。晚，姜慧光表妹夫婦來訪，談
隋君在兵工廠服務已極厭倦，而難以脫離，刻因偏頭痛
准假三月，擬請長假，但須加以運用，或可獲准云。

投票

　　下午到第七信用合作社投黨員選舉市代表之票，此
係普選，票上寫一人名，當選者為將來出席全市代表大
會之代表，余因事先有徐嘉禾兄之委託，故照其所託投
歐立人之票，聞歐君為政治大學同學，至此外亦有來信
競選者則未理會。

瑣記

　　余事務所前臨衡陽路，傍晚有書攤出賣舊雜誌，昨
忽見有最近在台出版之影印褚河南大字陰符經，只索八
元，余時袋內不足此數，乃還價而去，移時折回，則原
有兩本者，全為人購去，失之交臂，不無悵惘，然尋思
在大陸碑帖遺失在數百種以上，對此亦只好以身外之物
看待矣，今日路過，猶情不自禁或冀能另有類似之機
遇，此固屬徒然而已，然忘情之不易至此，不亦大可
哀乎。

8月1日　星期一　晴

家事

　　上午率紹中到新店訪張志安氏，為紹中考取五省中新店聯合分部，尚未口試，該分部乃第一女中所辦，請張氏向該校關係方面囑託留意，以免為他人擠下，張氏云該分部本有請其擔任主任之意，因體力不勝，只允擔任功課。晚，姑丈來，係聞余病，特順便前來探望，據云在中和鄉地皮一百坪最近已出售，淨賺六、七千元，獲利五成。

集會

　　下午，出席會計師公會常務理事會，談最近法院委託案件輪流問題，決定週六先開理事會，將漁管處案問題會計師是否保留機會一案同時解決。

8月2日　星期二　晴

家事

　　紹彭患咳嗽多日，今日見劇，昨夜且曾發燒，今晨往蔡文彬醫師處就診，據診斷為傷風，不致係他病，始為之安心。今夏未用下女，家事由德芳操作，僅洗衣一項，每日即須兩小時，因胃病每每感難於勝任，余有時略作瑣碎事情以為之助，然甚有限，昨日起衍訓放暑假回台北，又高注東兄之女公子淑真來此投考升學，亦寓余家，人口增加至九名，連帶的亦增加事務不少。

師友

　　晚，蘇景泉兄來訪，閒談，題材偏重於此次教育部留學考試之錯誤。

8月3日　星期三　晴

家事

上午，到女子師範訪朱綺芬女士，談紹因入女師附小事，據云日昨女師秦則賢校長曾以此事再度與附小白子祥校長接洽，白又變卦，自係因秦即將移交之故，余託朱君俟六日交代後再改託新校長鄭昭懿，仍用舊有方式解決，或託女師同人中之有吳姓者代為其子弟資格俟開學時加入亦可，同時余亦再託他人設法云。

集會

上午，到光復大陸設計研究委員會出席財政現況研究小組會，討論「財政現況研究報告草案」，今日全部時間為由召集人之一謝耿民報告草案內容，迨討論時為時已晏，鮮有意見，同時所印草案視為極機密之件，於離會場時即行收回，亦無從為較詳盡之推敲考慮，今日結果為推小組整理。

師友

晚，逢化文兄來訪，約俟薛秋泉同學為子授寶之喜柬到達時合送喜儀，又談及枋寮土地上李鴻超與王宣二人之分地糾紛事，均不願居中調處，李乃宋志先兄介紹參加，欲余與宋兄晤面時託其從中疏解，余意共同購地之小組責任為分割後予二人以足夠之土地，至於其本身如何分割，設局外人無從為助，即只好不予置理，故當前急務為將各單位之界址從速釐定云。

8月4日　星期四　晴

業務

　　事務所所在之信用合作大樓，三樓房客共有六單位，若干事項欠缺中心，在昔三樓前為由亞洲反共聯盟使用時，該盟曾約集各單位處理清潔衛生等問題，後該盟上移四樓，雖三樓有時開會使用，對此等事已不再過問，於是管理清潔者由每月每單位二十元逐步增加，現在來收四十元，但何人核准，則無人知之，且房東第十信用合作社使用其第三樓禮堂或出租開會宴客亦用同一廁所，清潔問題大半即為廁所，該社竟不負擔費用，亦失事理之平，故余等事務所決定對此款在未查明前不付。

8月5日　星期五　晴

集會

　　下午，列席會計師公會黨團幹事會，此會有幹事七人，但今日只到徐光前、富伯平與鄒馨棣三人，討論事項為關於明日理事會所議案件先行交換意見，明日議案最主要為關於漁管處查帳案件之保留問題，徐、富二人均強調應予保留輪流之機會（彼二人在內），希望各同志一致做此主張，富對於上次理事會對本案初次討論時邱朗光持反對態度認為違反決策，其實上次黨團會何嘗有此決議，富亦自說自話而已，余於開會時對常務理事會所擬建議案經過報告後即先退席。

8月6日　星期六　晴

集會

　　上午，到公會主持第六次理事會議，由余主席，討論事項為上次理事會未決交常務理事研議之監事會對理事會承辦漁管處一案之決議案，應如何處理，今日討論藍本為常務理事會之建議案，該建議由余起草，其中首先聲明監事會謂本會處理該案有不合之處，不予接受，其次對於未參加承辦之會員保留機會一節，已予以同情之考慮，但對本案處理意見認為應以不抵觸輪辦案件辦法為前提，依該辦法第四條之規定，只謂對於未如期答復者作放棄論，未言其他，循譯原意可作形式未答復者始放棄解，亦可作凡未應允承辦即作放棄解，此二解釋應以何者為準，請理事會擇一決定，於是案內之人徐光前、富伯平相繼發言，主張從前者之解釋，此時在座者逐漸早退，已只餘徐、富及張安侯、劉階平等數人，於是為息事寧人均主照此通過，繼討論高等法院請派會計師鑑定帳目一案，根據上項保留之決議，即輪由富辦理，但如案情繁複非一人所能勝任時，應報由公會加輪其他會員會同辦理，於是散會。今日之決議完全為遷就事實，其實放棄者乃屬自作自受，於人無尤，故在議決案內堅定理事會處理完全合法，不接受監事會之無理決議，監事會上次會來列席者為王樹基，曾聲明為一個監事之意見，即指富伯平而言，今日列席者為富，彼亦無話可說，殆自知理屈歟？然於此次之事，更深一層了解東北人之惡劣作風矣，散會後處理公文時，先發對富之通知，俟其復到，再復法院之文，慮其或有變卦也，此

即保留之惡果，蓋如彼在三天內來一不關痛癢之復函，又將為之保留矣，此所以余所擬建議案之主張從速修正輪辦辦法第四條也，此點今日不及討論，留待下次會議再議。

8月7日　星期日　晴

師友

下午，徐嘉禾兄來訪，談在國軍退除役官兵就業輔導委員會改任第五組副組長及該會諸般業務進行情形，至今業務不上軌道，而經費亦因組織規程未經立法院通過而始終在墊支狀態，徐君今日來意為託余向電力公司黃煇總經理關說，其夫人因該公司將恢復圖書室而請求恢復已被停職之臨時工，希望核准，余答謂自當盡力，但自問與黃君並無深交，渠對余亦無何等請託之事，故不能存何奢望云。

家事

下午，率紹中、紹寧、紹因、紹彭游公園並為紹中買鞋，為紹彭買卡片式數字板。

8月8日　星期一　晴

師友

下午，蕭繼宗兄來訪，談已辭去陸軍總部秘書之職，將到台中東海大學任教，據談其數年來擔任文職之經驗云，軍人生活習慣根本不同，愈不學無術者，愈喜集眾訓話，高談理論，更喜管束別人，自以為高明，有時不免使人啼笑皆非也。

家事

　　下午，偕紹中到第一女子中學看榜，此為紹中口試後之最後發榜，其名次未被淘汰，實際上此項口試並未有落榜者，有之亦特殊情形也，榜示尾端規定十六日下午領入學須知，下月八日開始上課，辦理註冊手續，新店分部在新店七張附近。

8月9日　星期二　晴

師友

　　下午，楊甲兄來訪，渠連年在基隆市立中學任教，雖清苦而安定，據云去年尹樹生兄曾約其到行政專科學校任課，因無宿舍，不能接受，現在任公教職務此為一最大的需要，至於待遇高低，只有大貧小貧之別，竟不為一般所過分計較也。

見聞

　　社會有若干事項，形成此一是非彼一是非，而真正是非所在，竟混淆不明，且亦無人過問矣，數日來省臨時議會開會，有議員質問政府成立倉庫公司且由台灣銀行投資之不當者，謂民營事業正在逐漸接受官營事業，今反其道而行之，且該公司預算未先送議會通過，何竟先即成立，於是該公司董事長聲明抱歉，並儘量早移民營，其實所謂官營轉民營，乃耕者有其田案內之特殊措施，何竟謂因此而不辦公營事業，問者、答者均從此見解，又何以明知而故辦，是亦奇矣，至於所指投資限制及未提預算，因不無理由，但問者明明自己經營倉庫業，是亦司馬昭之心路人皆知矣，又有議員主張發行

十元以上大鈔者，為社會大肆攻擊，其實其動機非無可
取，然今日十九不敢正視現實，於是以掩耳盜鈴之心思
而掩飾通貨膨脹者無罪，言者反成大逆不道，民主政治
豈皆如此乎？

8月10日　星期三　晴

集會

　　晚，參加革命實踐研究院聯合作戰研究班第一至四
期經濟組歡迎第五期經濟組公宴，首先開會，由郝遇林
主席，副主任李壽雍、經濟組長沈宗瀚、副組長洪其
琛、輔導委員楊家麟等相繼報告，李副主任轉達最近院
長訓詞謂與共匪打仗，乃打組織，打生產，打學術，吾
人應反躬自省云，可深長思，會後聚餐，八時半散。

師友

　　晚宴遇孟佑之兄，據告徐庶幾兄前送之活性炭樣本
檢驗報告略不合格，望轉達，應如何改善，俟有結果再
談如何投標，余亟函徐兄轉洽。

8月11日　星期四　晴

師友

　　上午，到台灣電力公司訪黃煇總經理，所談二事，
一為徐嘉禾君之夫人姜寶琳女士原在該公司充臨時工，
因所負單位工作停頓而解用，現聞該項工作即將恢復，
希望予以優先復職之機會，黃君對此事尚不知，但允查
明果有其事實應予優先考慮，二為中央公布證券商管理
辦法中，規定上市證券須先行呈准，此項申請手續需有

會計師之審核證明，電力公司股票事實上市上有交易，將來既不能將商股完全收回，仍須有所交易，故申請手續或屬需要，余執行會計師業務，可以承辦此項審核工作，黃君尚不知此事，謂將與財務處商洽，辦理時當注意及之云。

8 月 12 日　星期五　晴有陣雨

師友

　　上午，到成功中學訪潘振球校長，不遇，其教務主任薛君接待晤談，余欲為紹中查其在省中聯合招生中投考中之分數，據云限期已過，試卷均已封存，不便再查，但據所知，錯誤甚少云。上午到台灣大學法學院訪李祥麟兄，據談美國之行將於月底起程，目前正辦理簽證與出境手續云。上午，到社會處訪牟乃紘兄，談余代表會計師公會參加之勞工保險監理委員下月即滿一年，余對此事甚不忘情，詢以有無其他出缺委員可以補入，但牟兄之意，會計師公會之代表委員不宜常常更換，準備用不准辭職之方式使余不離該會，余認為不妥，但亦未有結論，又談及勞工保險部改組問題，據云此事已形擱淺，俟疾病保險辦成後再談云。上午，到教育廳訪曹緯初兄及國民教育股孫股長不遇，適遇林國瑞君，承介紹其他主管國民教育人員，詢以三省小幼稚園直升小學事今晨報載並不變更，究係何情，據云完全不知消息來源。上午到公賣局訪孟佑之科長不遇，留字，渠下午派人將活性炭化驗報告送來。晚，隋玠夫兄來閒談。

見聞

　　今夏所表現之學生升學問題甚多，第一為中學招生不能容納之小學畢業生較錄取者尚倍之，教育廳將計畫增省中三十班，原則上為市區內各省中設夜間部，即就統一招生落榜者遞補，其家在市內而分發到郊區分部者可優先請轉至夜間部，第二為小學畢業生之投考比例，聞三省小比去年已有進步，可有半數錄取，比去年之只取一成者為佳，至於國民學校之錄取比例有極高者，據聞雖屬對升學學生補習較緊而功課較嚴，最重要之原因尚為其學校教師對學生之是否升學有選擇控制權，自然比例為之提高，在省立小學則非是。

8月13日　星期六　晴有陣雨

師友

　　下午，訪廖毅宏兄，託為紹彭介紹至女師附小幼稚園報考，因廖兄與該園人士有關也，據云當往面洽，或無問題。下午訪鄒馨棣會計師，因其遷居至植物園外久未晤及，故便道訪問，據談正欲在羅斯福路三段建築房屋。

業務

　　下午，持單鳳標兄之介紹片到植物園林業試驗所訪林所長渭訪，探詢該所南投蓮華池分所漆樹是否招商割漆事，當承同到總務科查卷，知係於上月下旬由該分所來文請示辦法，此間答復，除自留三百株外，其餘可以投標方式招商承辦割漆，但須先訂計劃送核，現正等候分所復文中，余見其公文係根據四個商人之申請，今託

余探詢者為孫福海君之友人，亦孫姓者，孫君云將通知
其前來接洽約定委託手續，將來代為參加投標云。
娛樂

晚，持高明一君所贈戲票，到三軍托兒所看劇藝協
會成立之大公演，今日為第二天，戲目為金素琴主演之
新生死恨，此戲演二個半小時，唱做甚重，但情節並不
甚佳，新改似亦無比舊本特殊之處，余看至程鵬舉得官
派人尋妻，以下尚有小段，因須趕車回寓，即未再看，
時已十一時半。

8 月 14 日　星期日　晴有陣雨
體質

余之髮自幼即有脫落之象，且頭屑多如雪片，數十
年來未有痊愈，抗戰勝利後迄今十年，乃較之八年抗戰
為尤多憂慮，尤其抗戰期間，日見曙光，雖顛沛流離，
不以為苦，今則侷處海隅，雖為避秦，而非桃源，今以
甫逾不惑之年，而髮已半白，且脫落依舊，晨間梳理已
漸覺其稀，僅尚未露出頭頂耳，此外兩目昏花，乃一年
來之現象，余本不近視，不用眼鏡，現在須在看書時有
兩尺之距離，尚可勉強不用眼鏡，牙齒則一年來未痛，
斷臼齒一枚未補亦無不便，尚可將就云。

8 月 15 日　星期一　有陣雨
師友

徐庶幾兄託葉君由台中來，上午來余處將公賣局化
驗活性炭之報告單取去，該單認為其所送樣品之脫色力

吸收量只10.7cc，而要求之規格為13cc，故不合格，下
午葉君電話云已通知廠商，謂易於補救，過去投標因公
賣局並未宣布其規格，故暗中摸索，現在則易於照標準
改善，大約明日可以有結果，但改善須加材料，則對於
內部有關人員之報酬須酌量改變，否則來源不夠云。

集會

　　下午到公會開常務理事會，因雨到遲，有簽而去
者，致未開成焉。

8月16日　星期二　晴有陣雨

師友

　　下午，宋志先兄來訪，係詢問劉振東先生地址，欲
有友人事前往拜託，緣林產管理局秘書呂君因不適台北
之氣候，希望外調林場或山林所，但此等事非上層疏通
就緒，不能達成，故託劉氏與嚴家淦主席一談云，因
即談及林管局內之律師、會計師業務，謂最近太平山林
場場長沈家銘外間正醞釀對其有控案，據云標的在三數
百萬，霑其利益者林管局上下非只少數之人，被控後將
延律師，公費將達十九萬元，可能尚有聘請會計師之必
要，宋兄將託呂君為余注意其中消息。宋兄又談近日德
芳所患之腿痛，渠與叢芳山君均曾患過，且皆用土法
拔火罐與服食維他命B1而治癒，希望余亦照辦，下午
即買藥交德芳服食，一面用茶杯代替火罐，又因無黃表
紙，即以極薄之衛生紙代替，據云亦同樣生效云。

8月17日　星期三　晴有陣雨

瑣記

　　上午，依事先約定之時間到枋寮潭墘重新鑑定建華新村之地界，前兩次丈量時，台北縣地政事務所之劉君云，東鄰地被侵占，已通知地主與派出所前來解決，因地主未至而尚未解決，今日則又云東鄰無被侵之地，至於李鴻超及余乃至逢化文各段地積不足約二十坪之原因，為在將全坦土地分成十段時，有所偏差，蓋在分割之時，須將一千九百七十坪分成十段，而地形為一刀形，乃將地之東偏劃成六段，西偏劃成四戶，欲求每戶面積相等，勢須人為的求得中線，此中線亦即兩面共用之路，今日則云問題在此中線偏東，遂致東邊六家之地不足，而西面四家之地則有餘，故須西移四尺半，此線移後則李鴻超與王宣共用二百坪之爭執亦可以迎刃而解，然由此引起新的問題，即西邊亦有正在建築者，且有一段為兩家共用，原已照舊中線為界自將其地分割，今再重分，其已有之建物又何能移動，又有一家雖只須減削其院落，然亦因劉之辦法屢次更張而表示不肯接受，於是群情為之迷惑，經決定星期日開會討論解決，下星期二再行實際分割，但事實問題終非事先籌謀不可，有主張以不影響建物為原則移動中線，不必兩端均為四尺半者，有主張固有中線不動，將各戶用地面積再加測之後，以地價互相找補差額者，有主張原定之中間公用道路原為兩面各出六尺，改為東偏只出四尺或五尺，以增多其使用之地積者，亦有主張將道路重新測定，先行除去再按十份分地者，各種意見紛歧不一，然

均不能兼籌並顧也。

8月18日　星期四　晴有陣雨
家事

　　德芳患腿痛，起因於感冒，但感冒早愈，而腿痛依然，自宋志先兄告用維他命B1藥片並用火罐後，已漸見起色，今日起更照友人意見，同時注射維他命 B Complex 每天1cc，由附近福州街一助產士前來注射，此藥之成分照仿單所註明者為Vitamin B1(Thiamine Hydrochloride) 10mg, Vitamin B2(Riboflavin) 2mg, Vitamin B6(Pyridoxin Hydrochloride) 5mg, Nicotinamide(Nicotinamide) 50mg, Pantothenic Acid(as a sodium salt) 10mg。

8月19日　星期五　晴有間歇細雨
家事

　　上午，到姑母家取戶口名簿，備作到國民大會秘書處校正實物配給之用，並談關於表妹婿隋錦堂君向所服務兵工廠請假事，已函請楊孝先氏代向國防部主管人事者說明經過情形，准予給長假，詢以兵工廠是否已經核轉，據隋君云，此事兵工廠方面準備仍先報備三個月短假，如屆時續假，再提長假之議，理由比較充分，且最近兵工署方面因機構即將改隸，人事凍結，故目前以不請長假為宜，俟將來再託人辦理疏通工作云，余當再函楊氏。下午，訪徐嘉禾兄，不遇，由其夫人處取來戶口名簿，其中有紹寧等之戶口，將為其遷入余之戶口簿內，以前為進女師附小而移入徐兄之學區者，現在為辦

理配給校正，乃改分歧為畫一，徐太太曾託為其說項恢復電力公司工作，據云公司消息有望云。

集會

　　上午，出席會計師公會常務理事會，前兩次因雨停開，故今次通知如遇暴雨即改至下午，但今晨細雨霏霏，至開會時已停，到者只余與毛松年君二人，久候他人不至，乃各代一人，湊成開會人數，今日案件只為常務理事值月問題，蓋常務理事五人已輪流五個月，第六月應由何人接任，須先討論方式，於此有兩意見，一為重新籤定，二為照先前五個月之次序，毛君本為第一個月者，渠意如照固定輪下，至下次開會員大會時未必無畸零之月數，則在首者必多一次，遂堅主另行籤定，余無意見，乃重新抽籤，結果余為第一，乃與前輪之第五相銜接矣。

瑣記

　　到中山南路長老教會禮拜堂買廣播英語文摘，司賣書之事者即為在電台有時充譯員者，余詢其姓氏，移時又忘，當時渠正與一西人談話，乃為余介紹，知名為 Mr. Lush，年事不高，人甚活潑，余與略事攀談，似乎一見如故，即贈余文摘一冊，余平時極少機會與西人談話，臨時極生澀，然均能領悟，可見非難事也。

8 月 20 日　星期六　晴

家事

　　上午，表妹婿隋錦堂君來送姑丈之身分證，並順便探視德芳之腿痛病，據云病情或不嚴重，但主至中心診

所外科診察，以期放心。上午，到古亭區公所將原移至
徐嘉禾君家之紹寧戶口仍行移回，以便國大秘書處為配
給糧食核對之用。

業務

　　下午，張子文君介紹基隆台利漁輪行李君來委託查
核其帳目，緣每家以二對漁船與另一家合作立約經營，
但出海打漁收穫平分，帳務各自處理，現發覺會計人員
處理雙方之帳務資產有懸殊之處，例如應付款一項，本
身有二十餘萬之負債，對方只有二萬餘元之負債，現懷
疑會計人員有不忠實之情事，希望將自去年至今年之帳
務予以審查，余允承辦，至於公費若干，暫未明言，俟
獲知其工作之分量始克商訂，委託人對於過去余查核黃
海水產公司之帳目一事，認為極有貢獻，但此次委託係
由其本身發動抑由張君發動，則尚未詢知，如係由張君
根據黃海查帳之往事向李君提出後，渠始行請張君會同
來委辦此案者，余對張君應有報酬，今日談過後約定下
星期一上午由李君將帳務檢齊送至余之事務所點收，迅
即清查云。

8月21日　星期日　晴

集會

　　上午，舉行建華新村建村會議第四次全體會，由王
立哉主席，余為紀錄，討論事項有以下數端：（一）鑿
井問題，對於是否設公井一節，無法獲得結論，因費用
無法預計，管理無良好方法，款項能否一律收齊，漫無
把握，結果交三人小組研究擬具方案再行討論，（二）

地界與分割問題，為顧全已經建築者之實際困難，中間
道路分界線決定不再移動，由本會聘請技術人員會同縣
府人員將各各已分割之地段仔細丈量，其面積較之十戶
平均應得之面積為超過或不足者，照市價補繳或退款，
（三）排水問題，決定由李鴻超與南鄰地主交涉，由
小馬路下排水，如不獲允，即按原有地勢向西排水，
（四）為修築道路及裝設電桿電線需款較多，在鑿井費
以外另外收集，每坪照四元計算，月底以前繳齊。

師友

　　晚，徐嘉禾君來訪，閒談其在國軍退除役官兵就業
輔導委員會工作，及該會準備接待美國顧問之形形色
色，又將託辦二事，一為與中央財務委員會胡希汾秘書
談了解楊天毅君之振中工廠債權人糾紛，二為託余與公
路局譚嶽泉局長談為其一友人申請在台北市增加汽車牌
照事，余允先行調查再談。

8 月 22 日　星期一　晴

業務

　　上午，基隆台利行李、陳兩君來送其一年半以來之
帳表，委託查核，余只將收條開出，尚未決定公費及完
成日期，故先未定約，午飯約余在三六九小酌，余詢其
託余查帳之緣起，據李君云，當時係與陳君商談此事，
陳君告在黃海水產公司服務，對余至該公司查帳一事印
象甚深，故立即聘余查帳，其中有基隆稅捐處職員介紹
其兄為會計師者到該行任會計顧問，渠數度表示願為其
查帳，俱不首肯，乃因知余對水產業有特殊了解也云

云。台利行與新泰行係以兩字號合作經營業務，而各各
處理其帳務，新泰曾請張安侯會計師查帳，其工作份量
與今茲之台利行委余者相似，為免對外兩岐，故余下午
往詢其曾收公費若干，以為向台利收取公費之標準，便
中又談及會計師公會之常務理事問題，余主應照原議八
人作局部之輪流擔任，現余等擔任第一階段之三人即將
到期，請與其他五同人考慮照原議辦理，張君之意，不
再更張，由三人擔任全期兩年，八人中之另一人嚴以霖
君適亦在座，彼亦作此主張，余仍堅持照原議履行，相
談並無結果，余即告辭。

師友

上午，到女子師範訪朱綺芬女士，據談為紹因設法
入女師附小事，又改變進行方式，託一友人轉向女師附
小之訓導主任接洽，據云現在不談，俟將來開學後再行
設法，大致肯定，尚不能完全認為無問題云。下午，到
五常街訪蔡繼善君，索取渠昔住愛國東路時代余保存之
德芳與紹因戶口簿，因已取至其公司辦公室保存，故須
明日送來云。到廣州街訪廖毅宏兄，不遇，其夫人云，
已出差，尚須二、三日始回，女師附小幼稚園招生為紹
彭說項事尚未照辦，須待廖君回台北再辦云。

閱讀

連日選讀 R. F. Mikesell: *Foreign Exchange in the Postwar World*，此書蒐集全球國家之外匯管制方法與發生背景，
材料充實，條理清楚，全書分以下四卷：1. The Emerging
Pattern of Postwar Payment Practices, 2. The Fundamental
Payments Mechanisms, 3. The Countries and Monetary Areas,

4. International Currency Problems，後並附錄七種，一為英國與日本占領當局支付協定，二為英國與瑞典協定，三為標準實務法典，四為美國安全署復興開發銀行與進出口銀行三機構對於出口貿易調劑金融之方式，五為非英鎊區域各國雙邊協定，六為各國匯率政策制度，七為世界幣制集團之劃分，此七者更為有用。

8月23日　星期二　晴有小型颱風陣雨

師友

上午，路遇曾大方兄，談天詢以小汽車行照人口限制辦法可以增加車輛時，而車牌照依照通案又不增發，應當如何補救，談次同到中和鄉，上車後正遇公路局牌照科李科長，據云對此點已有解決辦法，即根據核准增車案照發牌照云云，到中和下車後同到該局疏散辦公處，李君查出省府解釋，其大意為由公路局根據實際需要，慎審核議，呈省府核定，是此案之本應歸公路局核准者，今復輕描淡寫的歸之省府交通處矣，辭出後據曾兄語余，申請設立汽車行為該局監理處之職掌，此申請弊端最多，由該等人員之生活情形可以知之云。

置產

上午，到枋寮潭墘會同各買地同人及縣府地政人員丈量房屋基地，參加者並有童秀明君所聘之工程師，余因事遲到，其實據云已將各段土地重新量過，俟地政人員回縣後當逐一核算，據預料恐全部面積之總和未必能足圖上之一千九百七十餘坪，即如余之地段在圖上應有百九十餘坪，但據云今日丈量後粗略之算法已只有

一百七十六坪，他人者亦有類似情形，如總數不足，更
足證明確有被侵之地，地政人員受鄰地地主之賄賂，自
變其主張云。

業務

　　上午，到和平東路訪張子文君，談台利行昨已將帳
簿送來，正待開始審查，余根據工作之情形，決定算收
公費第一年二千元，第二年一千五百元（八個月），共
三千五百元，至於彼方表示願意在查出其吃虧處而挽回
本身利益時，允提成為酬一節，亦可接受，但不必寫在
委託書內，將來可以口頭約定，三方同知，以為信守，
余假定其比例為一成，將來實收若干，將以百分之卅提
酬張君，渠雖謙遜，然認為如此甚好，渠將與台利行李
君再行商酌，張君又談及彼有參加之證券行，現在須辦
證券登記，聞已歸聯誼會統一承辦，余告以可以託聯誼
會亦可不託，望自行決定，必要時余亦可辦云。下午，
台利行李君來談查帳進行事，余將委託書草成，徵求其
同意，渠甚願重視將來提成之酬報，余告以此事可約同
張子文君三方約定，不必列入，渠對公費三千五百元主
張稍減，經余解釋照最低標準計算，亦無異言，因即簽
字，至於完成之期限，余定為下月五日，渠主張本月月
底，余將趕辦能來得及，自然最好，渠又告余今日曾晤
張安侯會計師，知余昨日曾晤張，余告以晤張目的在知
彼方查帳之內容，先作初步聯繫，渠對於張之印象甚不
佳，謂其壞心思極多云。

8 月 24 日　星期三　晴有陣雨

業務

今日起開始查核基隆台利行之四十四年帳簿，今日只求對於其全部結構有所了解，該項帳簿包括傳票簿籍與表報，均有相當之系統，處理亦頗有常軌可循，僅就形式言之，大體上尚稱完備，且此帳即為稅捐稽徵處用印據以完稅之帳簿，表裡一致，可指摘之處甚少，但此次查帳另有重點，即須求明白其與其合作業務之新泰行間過去一年半來有無失之不均之事實，蓋據云主辦會計者細分記兩方面之帳，業務本係合作經營，分別將數字兩方分記，會計甚傾向於彼方，疑其有損此或利彼之行為也，故不能全重形式焉。

師友

下午，王慕堂兄來電話，謂將來訪，至六時尚未至，迨回寓，見其在寓相候，乃即談來意在說明因兩度在匪區為交通銀行移交，保安司令部囑填附匪分子登記，其中所填各欄，已字斟句酌，余詳閱後仍有略加潤色之處，旋即長談此事經過，並出示擬填之在台友人表，其中共十二人，余亦在內，其餘皆屬知名之士，今日來說明，防其或來調查也云。晚，蘇景泉兄繼王兄來訪，直至十時半始辭去，乃獲進晚餐，小組會則遺忘矣。

8 月 25 日　星期四　晴

業務

今日全日為台利行查帳，今日看四十四年度之漁撈

收入一科目，兩對船舶計出海十餘次，每次漁撈所獲，
均按與新泰雙方各半之原則，將款分別收帳，附屬單據
為魚市場結單，其中往來最多者為台市、基隆、台北太
原路，等處，除基隆與台北均照總數外，太原路則結成
半數，頗符台利與新泰平分之規定，今日審核時，初尚
將單據上所結總數與傳票所列總數相核對，並將費用亦
逐一核算，後因時間不足，乃只著眼於魚款之本身，其
他費用均成比例，則加以比較推斷而已，今日日間工作
不多，晚加工三小時始將此科目核算完畢，大體上似無
問題，其中有一部分為軍魚價款，則只有漁輪公會所出
之證明單，單上寫明箱數，至單價總價則為後添者。

家事

　　紹彭之忠心幼稚園今日開學，但因欲考女師附小幼
稚園，故尚未繳費，目前只為旁聽，向其說明因目前無
力繳費，請展延至下月初再繳云。

集會

　　晚，舉行勞工保險監理委員會會議，只有報告案九
件，無一討論事項，而據列席之副理報告，只為希望對
剔除之開支予以通融，尚無定論。

8月26日　星期五　雨

業務

　　今日全日用於查核台利行之帳目，今日所查為漁撈
成本一科目，此為該行最重要之付出帳，筆數亦最多，
內容亦最繁，凡有子目五十餘個，先核對其七月底總帳
與分類帳之餘額相符，然後逐一核閱其子目之帳項內

容，今日尚只核過其四分之一，所注意之事項為依據台利與新泰雙方合約，漁獲與成本均係平均分配，但在今年漁撈成本分戶帳上雖每月以半數分之新泰行，但有時分出不足半數，有在支付時註明為半數以示不必再分者，有並不註明，只在月底分配時作為自身之全部負擔者，有無原因，尚無法完全明瞭，只得在工作底稿上註明，以備將來本科目核訖後整個加以檢討。

瑣記

國民大會秘書處前來通知，因行政院限期核對各代表支領實物之眷屬戶籍情形，寄來卡片三張，囑填送，余乃於今日將卡片填好，攜帶戶口名簿與身分證前往校對後仍行帶回，今日所填除本人外尚有家屬八人，為父母妻及四女一子，又為申請建築貸款，去年本只申請丁種，現因基地已有價值可以先作自備款項部分，乃請其改為甲種，丁種為七千元加秘書處代借三千元，甲種則須自備基地材料或現款二萬二千元，申請借款一萬八千元，合共四萬元之數，但須另附證件為戶籍謄本及基地之證狀等，余聲明待審核時再行補送，又敘明現住之房屋為向一民營公司借用，而現在已無職務關係，依審核優先次序應為「借住私人房屋」之第二類云。

8月27日　星期六　晴有陣雨
集會

上午，主持會計師公會常務理事會，僅為例會，通過新會員二人及決定修理大門。

師友

晚，到崔唯吾先生家吃飯，意在為李祥麟兄夫婦送
行分別赴美及往花蓮，崔先生並商談張磊、張彬之學費
問題，就所能憶及者得十二人，每年擬請分別擔任一百
元至三百元不等，並決定分別徵求同意，此外崔氏謂將
推余管理，余表遜謝。

業務

繼續為基隆台利行查帳，續查漁撈成本一科目，尚
未完。第四建築信用合作社來約為其作證明的工作，余
下午與其新負責人邢開場、張乃恆、鄭希冉談商，緣有
理事雷賓玉係四十年為理事，依法四十二年末始能除責
任，該社四十二年末資金週轉不靈時曾墊款五萬元以度
難關，現彼向市府要求償還，謂其任內已無未收付之存
放款，該社方面則四十年內拖延不還放款有十餘萬元，
已製表，請證明，余允先行核對。

8月28日　星期日　晴

業務

下午，到事務所續查台利行之帳，因假期事務所無
他人干擾，故工作效率甚高，今日所查為繼續昨日之工
作，將漁撈成本一科目之分類補助帳查完，此帳之子目
有五十餘，因已核兩天，得以熟能生巧，今日迅速核
完，蓋此帳按成本項目分成補助帳，每一項目每月均將
應歸合作捕魚之新泰行所負擔之部分轉出，記該行之
帳，依照雙方合約規定，本為各半負擔，故若干子目均
係逐月平分，但亦有若干子目之分配數目方式，並不平

均，多係歸新泰行負擔者為少，此種情形頗易使甲方為
乙方擔負開支，其內容情形尚未加以分析，初步只將不
平均分配之所在分別加以記載，然後查核傳票，俾知其
經過，然多仍茫然，蓋傳票上不但語焉不詳，且亦無附
件，不知其何以分辨何者應平均負擔而何者又不應平均
負擔也，該行與新泰行所定契約只有原則，而具體事項
多從闕略，因而會計人員多能有伸縮之處，此影響兩家
之損益實非淺鮮，至於余查核此項分戶帳之方法，亦有
足記，初時較為繁瑣，必須將帳上所記之數字，按付出
若干折成半數，再與帳上實際轉至新泰行者相較，以觀
其是否半數，此在第一個月尚較容易，至第二個月以後
則因其餘額包括本身已經負擔數目之累積額，須先將以
前各月之累計數減除，始為本月份之實際分配額，以此
額再與轉出數相較，以觀其是否恰為半數，如恰為半
數，此月份即屬正常，如非恰為半數，即證明有一部分
完全自己負擔，（超過自己負擔而以過半加諸人時極
少，只有一次發現），於是求其實數，加以記載，以便
統計，及後發覺逐月減除以前月份累計餘額之方法太
繁，乃得一簡捷之法，例如一月份共付一千元，則看其
月底收方是否五百元，以及結餘是否五百元，二數相等
即證明已經平分，如第二月為七百元，則以原餘額五百
元加其收回數，如所得之和恰為第二月之餘額，亦證明
第二月為各半分配，蓋第二月之半數為三百五十元，由
付出之七百元減去收回之三百五十元，亦得三百五十
元，此數滾入上月餘額，即與以餘額加收回數結果相
同，若不按半數分配，則滾結之餘額與上月餘額加本月

收回額之數必不相同，由此不同處再審核其原因及為數若干，此法較為迅速。

師友

上午，參加建華新村建村五人小組會議，只到逢化文、王立哉與余三人，僅略談。

8月29日　星期一　雨

業務

全日續查台利行之帳，該帳四十四年度部分損益科目已於昨日查完，包括漁撈收入，漁撈成本管理費用，管理費用子目十餘，不若漁撈成本之多，昨日已附帶查完，特別著眼其分配與新泰行負擔之情形，今晨該行派人來將四十四年度部分帳簿與憑證取去以備辦理月底結帳，余今日乃開始查核四十三年度之損益科目，上午將漁撈收入逐筆以帳上收入與傳票核對，傳票後之魚市場結單均屬完備，下午開始查核漁撈成本補助帳，已完成大半，發覺有若干不與新泰平分之支付，根本無理由可言，又有同類支付，在甲月份分擔而在乙月份則否者，此將對於雙方合約上之權利義務有深切影響，故均特加注意並予以紀錄焉，又發覺其會計王君對於帳內結算之餘額時加塗改，甚至明知其誤，而不肯用正確之數，殊不可解，此中理由或由於試算表不能平衡，而以生吞活剝方式為之，不但滑稽，且近於荒唐矣，又轉帳傳票無憑證者居多，亦無附件，蓋章不全，亦值注意。

瑣記

數月前蔡文彬醫師贈余小鸚鵡一雙，在籠內因余置

水米忘關籠門，而相率飛去，後蔡君知此事，又以一對相贈，近來且褪毛有築巢準備生卵之打算矣，而今日又生意外，緣在即將生卵之期間於米水與青菜外，尚加餵烏賊骨，此骨乃懸於鳥箱之鐵絲網內，拴以細線，不料今日下午余見一鳥之頭纏於線上，早已氣絕身死，另一鳥則圍繞哀鳴，若不勝情，景況甚為悲切，始發覺乃數小時前之事矣，然一線之力竟置此鳥於死，其何以如此巧湊者又類思自殺者之自投於繯，則殊難索解也，余家因瑣事太多，此等家禽鳥類以至種花養樹，皆往往無由遂其條暢之生，即如近來養雞數隻，生蛋甚少，而飼料恐須倍之，又前年由宜蘭農校取來花草一盆，旦夕間為太陽灼焦，及至細心灌溉，見其又抽細芽，而施肥以助其生機，又久久不見其繼續生長，近來乃又無計可施矣，大概此等事如本身無充足之經驗，必須有好學深思與耐勞耐煩之心情，今此條件俱不完備，而又時間不足支配，其又何能有助於禽鳥花草之繁榮滋長乎？

師友

　　晚，高明一君來訪，談其妹淑真前次來考台大等五院校聯合招生，發榜已名落孫山，高君又代達其父注東之意，因其妹曾在余家居住云。

8 月 30 日　星期二　雨

業務

　　今日繼續查核台利行四十三年之帳冊，已將漁撈成本與管理費用等損益科目完全查完，注意之重點仍為此項分配成分之輕重，發覺若干不按對等分配，而在帳冊

與傳票上俱不記明理由，只好一一記下，待後予以分析
矣。台利行會計員平時對於帳之餘額結算，從不注意，
有時直至月底作試算表時，始查出錯誤，然並不由錯誤
開始之帳改起，而在發現時在餘額欄直接塗改，此種方
式已在帳上發現多處，可見其以意為之，已成習慣，此
等作風，尚未見諸他處也。

師友

　　晨起率紹因紹彭到松山機場為李祥麟兄送行赴日本
轉美國，機場現在對於送行客人與送行者間在旅客開始
檢查行李後即不能謀面，迨登機前入場時始隔兩道鐵絲
網可以握別，據云其用意在接受私物之防止云，與李
兄握別後即搭潘維芳、宋憲亭兩兄之車回寓。下午吳先
培兄來訪，謂其嘉陵公司之寫字間已經放大，將利用空
位添設證券行，望余為其研究，余告以對此知者太少，
嗣又談及余之業務，余託其注意介紹，但對於不勞而獲
之名義，並不希望爭取，白盡義務之工作，自亦應當避
免，凡事總求合理，吳兄現為進出口公會常務理事，據
云該會顧問章宗鈺最近又請其公會通函各會員委託其辦
理假定之業務會計檢查，公會已答應照辦，但未接受其
所定公費標準，因前年曾為辦理更新登記，渠通函各進
出口業擅自規定公費標準，致引起全體會計師公會之公
憤，此點不能不懷戒心云。

集會

　　晚，陽明山研究小組召集人陳信麟在福州街合會儲
蓄公司招待晚飯並舉行小組會議，除照例項目外，有陳
寶麟之財政現況見解報告，謂時論每每強調關於直接稅

之重要，然由多年來之經驗，所得稅收入不多，且無法提高，新稅法如最近能獲通過實行，恐收入更少，且多為公營事業所繳，等於政府由左手交之右手，遺產稅則有背民間風俗習慣，掌握不易，土地增值稅則因納稅人無法將土地化為金錢，如何徵收，亦是問題，又談所得稅能夠轉嫁，不能嚴格稱為直接稅，至於間接稅方面，則去年貨物稅徵課對象一經擴充，收入立有起色，故不應視所得稅等為萬能也，報告畢，周開慶君雖認為實際理財者固有寶貴的經驗之談，然完全知有環境困難，而全不知遠大之理想，同樣失之偏蔽，今日之會共三小時始散。

8 月 31 日　星期三　雨
業務

全日為台利行繼續查四十三年帳，今日之工作對象為對於漁撈成本各子目就日前所查之分擔情形進而審查其內容，凡帳上已經全數分為二部分由新泰行與台利行分擔者，即不復注意其每筆開支應歸何方負擔，只將每筆金額較大在一千元以上者審核其單據是否相符，但如某一子目未照半數分配負擔者，則不問其金額大小，均須一一審查，其有已照單據半數記帳者，自無問題，其未如此分擔者則將金額記下累積得一數字，以便進一步再統計其總額，並繼續研究其不分擔之原因，故此等帳審查費時而進度甚緩也，今日只將此一科目查完一半之譜。下午張雲泰來訪，謂其分掌黃海公司之漁船，本以股數分船，然期間有不能恰好相稱者，曾互相間以股

票買賣之方式（每法幣一百萬元為新台幣七百元），加以調節適應，然董事監察人又視股數多少而以協議方式分配者，因股票轉移自對應出董監人數有影響，詢余如何處理，余告以此乃實際問題，須在轉讓股票時成立協議，以免久後糾紛也。

集會

　　晚，參加革命實踐研究院21期同學聯誼會，省黨部文化工作隊舞蹈表演，佳。

9月1日　星期四　雨

業務

上午，續查台利行四十三年漁撈成本帳，此帳之支出費用，依該行與新泰行所訂合作契約，為二方共同負擔，故初步審核時已經著眼於分配負擔之問題，現在進一步審核之目的為對於支出每筆之為數較大者（超過千元），由於原始憑證之核對而證明其支出之無誤或有誤，同時對於未按半數分配負擔之費用，由原始憑證上查核其有無特殊之理由，此事甚繁，故兩日來只完成其一部分。下午，到第四建築信用合作社受託為其審核所製之呆滯放款表，初步工作為根據帳冊確定其表列數字與帳列無異，今日已核對完畢。

師友

下午，到中西旅社訪楊孝先氏，據談在台曾與其外孫車君不期而遇，車君今春奉派出國，本欲今秋即返，建屋與楊氏同住，而楊氏並已準備辭卻現在所擔任之宜蘭頭城中學教員，最近又接車君信云，在美將獲延展一年，明夏始得回台，故上項計劃將亦因而變更，楊氏本意興蕭索，毫無生趣，自車君之相遇，而有親人在台，自云萬一生死之大限來臨時，將以遺囑交車君執行，是則無異於其自己之子孫云。

9月2日　星期五　大雨

業務

今日終日續查基隆台利行之帳，已將四十三年漁撈成本一科目分析內容之工作完成，將所見特殊情形分別

記下，然有若干須存疑者，尚須進一步求證始可，譬如
漁撈成本費用依約為台利與新泰二家平分，然由傳票
上欲知其不平分者持何理由，則無法斷定，此蓋因傳票
或附件上有時註明所附之款已照半數列支，有時則根本
不加註明，無法知其非屬全數，故只能列入應補行分配
之列，而對於記帳人員之有意或無意疏失加以糾正也，
至於千元以上之款余尚須核對其單據，有時相符，有時
或為缺漏，亦在糾正之列也。第四建築信用合作社在
四十二年冬週轉不靈，當時市政府曾勒令理事數人籌款
濟急，雷賓玉即其中之一，曾出款五萬元，最近因該社
籌劃復業，雷君根據合作社法向即將負責業務人員請求
返還，理由為理事對存款雖負有二年始能解除之償還義
務，然此等存款之在彼任內存入者均早已提出，或轉期
另換存單，已不屬其任內之事，因而延高造都會計師為
其查帳主張權利，四建社方面之立場則根據合作社法另
一條文，謂理事在二年內有對其任內所生之損害賠償之
責，因而摘錄四十年內放出，直至雷君墊款時尚未償還
之放款名單，計算應由該年理事負責之未收回放款本息
在二十萬元以上，自當由理事負責彌補，該社為取信於
人，乃約余為之證明，以便向全體理事徵求意見，並於
將來對抗雷賓玉之要求，此表製成已久，昨日託余將內
容加以審核，已將所根據之數字由帳上加以核對，並證
明大體無誤，今日著紹南代余核對利息，發覺問題甚
多，因過去數年來由台灣銀行掛牌之利率數月一改，須
先查出官利率適用之時期，始能作為計算之根據也，查
出後紹南複核時發覺為數不符者甚多，如一一以複利重

算，將不勝其煩，余乃根據此表之目的，囑紹南採取變通之辦法，此法即根據政府每次飭台灣銀行掛出之利率表附說有云在此日以前之放款適用放出時之利率，數年來台灣放款利率為逐步減低，四十年付較四十二年高出甚遠，如照四十年之利率複核其數，絕不在表列利息以下，即是以證明所提之表且未達其最高之合法權利，自然理直氣壯，又為計算時之方便，囑採用單利，以示如採複利時將超過更多云。

9月3日　星期六　陰
業務

今日繼續查核台利行之帳目，仍為管理費用之分析，昨日未完成者為四十三年之雜支與利息兩項，其利息科目包括對美援貸款之利息與普通收存款項之利息及銀行透支利息，根據雙方合約美援貸款之利息由雙方分擔，後二者則應歸其本身負擔，但在帳內發現有數筆稱為美援貸款息而未平分負擔者，只能記下後再候進一步之查詢，蓋雖有可能為漏未分配，亦有可能為其他契約之負擔，不作平均分配也，今日對此科目之審核只能將美援貸款與銀行透支之單據加以核對，至於個人貸款，則既無憑證單據，摘要亦不寫明利率期限，此中可能有不實不盡之處，但無法可以勾稽，亦只好置之不顧矣，四十三年之損益帳目至此已全部查完。下午張子文君來託為其所營之證券行向外週轉短期款項，余與其再度談及台利行對於發生損失挽回數目之提成問題，張君云該行未與其續談，余託其明日應與該行再度談定原則，以

百分之十為準，而以其中之三成為余轉酬張君者。

交際

　　上午，與逢化文兄到肆上買衣料送溫子瑞、劉馥齋兩兄喜儀，因前者為子授寶而後者則嫁其次女也。今日為首屆軍人節，軍人之友社函徵物品供將士摸彩之用，余買大日記簿一冊送往，當接其掣給之收據。

集會

　　上午，到公會主持常務理事會，討論今日下午出席軍人節慶祝會之人選，並提出最近承辦漁管處案件帳目收支情形報告，因數月以來之會計師公會以最近之經濟狀況為比較寬裕也，下午之慶祝會余託代表參加。

9月4日　星期日　晴有陣雨

業務

　　繼續審核台利行四十三年之帳目，今日開始資產科目，現金一科目並未根據每日之現金收支傳票加以記載，諒係據現金帳餘額以平衡試算表，銀行往來因未附支票存根與送款簿存根，故亦無從核對，事後亦不必核對，內部往來為內部人員之掛欠帳，以其經理為最多，將近二十萬元，暫付款帳則為外間之掛欠，餘額二十三萬元，有去年轉來十七萬餘元，以外皆為購料與船員所支，此科目為數最大，平時進出最多，傳票後甚少有附件者，或係業已退還，無從核對。

交際

　　溫子瑞兄子下午在中山堂完婚，往道賀即辭出。下午，劉馥齋兄在福州街台電俱樂部嫁女，往道賀，男方

為中統局人，其內眷為女監委，雙方賓客均盛。

9月5日　星期一　晴有陣雨

業務

繼續查核台利行四十三年度之資產負債類帳目，今日所查主要有二，一為資產類之益增漁輪一科目，二為美援貸款一科目，前者記載此漁船建造之支出款項，其中有美援直接代台利向造船廠支付者，有美援以外自行配備之部分，後者大體具有單據，前者則為數甚大，而支付憑證則付缺如，至美援貸款一科目，則記載此船建造之經費來源，傳票後亦無適當之憑證焉。上午，第四建築信用合作社薛君來會同研討其所製之本息表，據云係以前在社之陳小姐所製，經試驗其所依據方法與利率，甚少能與其所列之表相符者，無法核對，乃決定改日約陳小姐來作說明，再定取捨。

師友

上午，到公賣局訪孟佑之科長，代達徐庶幾兄所送活性炭樣品，請交化驗，據孟君云，最近需採購千磅，但報價在上月二十七日，為期已過，後日即須開標矣，且所送樣本太少，希望能增加且用瓶裝，余乃歸而備函相告。上午，華生漁輪行張子文兄來訪，交美鈔及股票各若干，託為通融款項，余乃往訪吳先培兄，據云日內頭寸頗緊，但銀行方面似可設法，余乃往告張君，並同歸吳兄處詳談，吳兄允為爭取時間先向其他方面代為設法，余即回事務所，最後如何解決，則不知其詳矣。

9月6日　星期二　晴

業務

繼續查核台利行帳目，今日所查為應付帳款一科目，此科目為購料及船員應付款之發生應付時登記用，大致在貸方記帳時通常皆有單據，轉記借方時即不復再有，又於核對其總帳與分戶帳餘額時，發覺因有一戶餘額本在借方，誤入貸方，於是不符，但其相差應為此餘額之一倍，現在總帳餘額則貸方與補助帳相符，而借方餘額則無處表現，仍有錯誤，須待續查。連日來為第四建築信用合作社查核所製呆滯客戶四十年度以來之本息表，因利息有誤，遲遲未予證明，今日據該社之請，不再一一改算，只就大概情形分析，其最後之本利和總數決不致超出政府核定之掛牌利率，即根據此意予以籠統證明。

集會

上午，到國大黨團幹事會出席英語研究班籌備會，討論分班教師經費、時間等問題，發言者甚多，余發言之主張應以會話為主，而延請外籍教師以期發音正確並使余等學者多有說話機會，時間主在日間。

9月7日　星期三　晴

家事

上午，因德芳所患右腿肌肉痛已一月，雖經注射並服食維他命B漸見收效，然有無其他病症，不敢斷定，乃決定即赴中心診所診察，余晨起先往掛號，其習慣為內科限制人數，病家多先往將掛號證交櫃臺上前後為

序,以待九時半開始掛號,始正式收費發給號牌,余辦理手續將掛號證送入後即歸南門市場買菜,回寓稍事料理,至十時到診所為德芳診察,初診先經一沈醫師作問答病歷之工作,然後至內科室候丁農醫師看診,據云恐為肌肉神經痛,先配藥服用,後日再看神經外科,余因為時尚早,乃另掛神經外科者,由王醫師診斷,尋得最痛之所在,認為可能為關節有發炎處影響肌肉神經痛,先服藥後,後日再由情形判斷如何繼續治療,同時須隨時局部加溫,回寓後即用拔火罐方式加溫,晚間即繼續見好。朱綺芬女士來訪,值余等外出,據對紹南云,紹因入女師附小事無何困難,省立小學均收滿五歲半之兒童,望向區公所辦理分發申請,如不肯時,即請教育局去一通知,云云,余恐區公所決計不肯,乃於下午先赴教育局與國民教育課謝股長面談,渠認為教育廳對於五歲半兒童無通令準許收容以前,市府不能根據數年前之通案接受家長申請予以分發,余詢以學校當局表示有空額可以接受,市府可否分發,渠謂缺額須待容納華僑子女,於是不得要領而返,余對朱女士所告各節自始即甚納悶,渠對此事極幫忙,當不致為脫卸之圖,意者其所託之女師附小訓導主任故予以難題解決歟?今年暑假子女入學事多有枝節,紹中考取之第一女中新店分部因又加辦夜間部而允許申請移轉,經再三考慮,赴新店不過交通需時較長,夜間部則或影響身心健康,故未申請,但聞申請者不少,則郊外分部之學生多由增班案內落榜學生遞補,程度或又降低矣,又紹彭為爭取明年省立幼稚園之可以直升省立小學,今年已一再託人設法進省立

女師附小幼稚園，不料該園至今尚未招生，而其肄業之
忠心幼稚園已開學多日，不能欠費過久，因亦繳費不作
他想矣。

業務

　　繼續查核台利行四十三年度資產負債帳目，今日所
查主要為短期借款一科目，此科目為對外借債而來之紀
錄，雖筆數、金額均大，然憑證全無，利率亦未註明於
摘要，無法詳查，只將總帳相互核對而已。

9月8日　星期四　晴

家事

　　上午，李公藩太太來談，謂晤及朱綺芬女士，亦談
及三省立小學可以收容五歲半以上兒童事，謂只須區公
所分發即可，區公所不肯時，可詢市政府主管股，余對
此項辦法之可靠性本尚懷疑，但似乎亦有希望，故為
促其成功，決定先由市政府教育局著手，乃於上午先往
訪彭令占兄，渠為市議員，約定下午到中山堂議場同訪
教育局長吳石山，屆時吳局長表示絕無此事，渠決不敢
有例外通融，以免糾紛無窮，余詢以所備申請書可否批
交主管課研究，渠仍云無變通之餘地，但無辦法之辦法
可以先到外縣就讀，俟轉學時即不受年齡之限制矣，此
法余亦早知者，因之無結果，乃又往詢朱綺芬女士於女
師，渠亦甚為訝異，認為三省小既可收容學生，自應通
知市府區公所，現不通知，自然脫節，乃又往與女師附
小校長白子祥、輔導部主任李作民洽詢，歸謂白謂可收
五歲半兒童限於教職員子女，李謂不限，但亦不堅持，

又謂可否改年齡，告以早已試辦未通，結果李君允明日再商白校長，作為其戚屬，以視可否通融，全日結果如此，數月來情形等於毫無進展，完全在踢皮球狀態中度過，尤其昨、今兩日之市政府接洽，完全辭費，且無必要，原甚具體者反更渺茫矣。

9月9日　星期五　晴

家事

上午，到第一女子中學看有關新生入學手續之布告，以便紹中能下午到校攜帶之物件周詳妥貼，當將要點一一記下。上午，到女子師範訪朱綺芬女士，據云今晨已與附小輔導部主任李作民再度商談，決定改用兩法兼進，使紹因得以入學，第一法由李君負責向外縣學校辦一證明憑以再來女師附小轉學，第二法為託教育廳四科魯（羅）科長通知附小白校長予以特准，此法將由程傑慷君在廳內進行，二法中任何一法生效均可達到目的，但前法須有二星期之時間云。

師友

上午，訪葉洪煦君於中央銀行，因昨晚逢化文兄曾來託為其女到該行考打字員事向其有關人員有所關說，葉君當往詢主管人，因往參加公務員運動會而未能晤。下午，到信義路訪蕭繼宗兄，詢其有無定期赴台中東海大學任教，據云在月底與月初云。王舍甫君來訪，余詢以關於德芳病症之問題，據云尚可注射另一種藥物，可以止痛，余託其將名字開下。

集會

晚，舉行小組會議，討論一項題目，無人發言，決歸組長作結論了事。

9月10日　星期六　晴

業務

繼續查核台利行之四十三年帳目，今日工作為就已經查出之漁撈成本一科目內各子目帳目，算其應由新泰行分擔半數之費用而未轉帳照約分擔者，此種情形係完全依據合約文字與費用性質加以判斷者，其中有在摘要欄註明為照半數列帳或未註明而單據分明為只有半數列帳者，則均認為不生問題，至於照單據全列或本係單據只開半數，或雖全數而有理由歸台利行全部負擔者，因無隻字可供證明，只能認為須歸台利、新泰兩家分擔，故此等情形俟將來對方提出反證，即仍應認為不必分擔之根據，現在查帳只是初步結果。

集會

下午，出席光復大陸設計研究委員會財政組金融小組會議，到者不過寥寥十人，不足全體之半，討論對象為羅敦偉所擬改革外匯方案，只由主席翁之鏞與羅君說明即已將全部時間耗盡，討論尚須待下次云。

師友

下午，訪王慕堂兄於交通銀行，據云其所辦之附匪份子登記各種書表已經送呈保安司令部，並與主管人詳談，其書表中完全無附匪之事實，但須填送附匪登記表，認為莫測高深，但渠認為將來發言批評須審慎云。

9 月 11 日　星期日　晴

業務

繼續為台利行查帳，今日已將其四十三年漁撈成本與管理費用兩科目內之認為應依約分配於新泰行共同負擔者一一臚列成表，然後相加，共得總數應轉由新泰行負擔者為十二萬元之譜，此中自然包括若干帳內未登明而實際為不必分配或已按數分配，本身只記半數之項目，須待與其會計人員會同審查決定去取，然後始能得到切實之數字，此項核對工作且難免爭議之發生，蓋依照合約規定，內容甚為含混，若干費用固可分可不分也。

家事

紹因連日不甚健旺，面容蒼白，時時腹痛，日間又好躺臥，上午率往蔡文彬醫師處診斷，認為腹內痛疼情形仍以蛔蟲之可能性為最大，須先驗糞便，始能處方，今日只取來調和腸胃之藥水與藥粉各一包。

師友

上午，王景民馬麗珊夫婦來訪，探視德芳之病，並贈藥針一種五針，以溴劑為主，惜已保存過期。晚，蘇景泉兄來訪，渠在台灣大學已調至僑生輔導部分辦公，最近為接納僑生來台升學，工作甚忙，又談及革命實踐研究院募捐修建大禮堂事，每人捐冊一本，未著手者正多云。

9月12日　星期一　晴

家事

　　次女紹中考入第一女子中學新店分部，今日在分部所在舉行始業式，因係第一日入學，恐其不諳所在，乃送之前往，由螢橋火車站乘火車，至七張下車，然後步行七、八分鐘，即到此地，建築方始落成，計一長排教室六間，現在只有初中兩班、高中一班，連同辦公室只用四間，尚有空餘兩間，或作他用，其他環境幽雅，空氣清新，更無車馬與人聲之喧，設非距離稍遠，可謂最適當之校址也，余在校陪同至級任到教室報告為止，即行離去，至馬路後仍前行，約五分鐘至檳榔坑車站，再十分至新店車站，今日試行之結果，知仍唯七張最相宜之下車站也。由新店買菜回台北，經寧波西街打聽此地有名之針灸醫師鄭銘隆，皆不知之，路人有知者告余云在西寧南路，後於傍晚往尋，始獲所在，照其習慣，今日即為德芳掛明日病號，其時間係採預約之方式，以便利病家，昔所未見也。

業務

　　將基隆台利行與其合作經營之新泰行兩家去年上期、下期、今年上期之資產負債表與損益表以台利行為準——將各科目餘額之多少加以比較，作成三張比較表，藉知各項資產負債何項多何項較少，各項損益科目之差額及純益純損不同之來源，於是不甚了解者乃照營業收入言，兩家同時捕魚，每次平分記帳，故營業數字完全相同，而漁撈成本則大不相同，照合同規定，以台利行為經營主體，台利所付之漁撈費用自行負擔者遠較

新泰行者為多，其每月轉付新泰行之數字較之表上列數
不及遠甚，究竟原因何在，無從測知，因新泰行只有表
報送來供參考，並無帳冊可看也。

9月13日　星期二　晴

家事

上午，偕德芳到回安理療院鄭銘隆醫師處就診，時
間係昨日約定，至時果即開始診察，凡歷時半小時，始
而用金針（白色極細）在腿灣處刺二針，其針外有套
管，初用時套管上輕敲之，然後去管即直刺而入，第三
次則刺入坐骨處，其地漸痛，直刺入脊椎之根部，覺奇
痛，又通以電，更奇痛，據德芳云，正與右腿至足踝之
神經一脈相通，其針之能中要害如此，針刺完竟，乃用
電療按摩全腿與坐骨部分，直至完畢，此鄭醫師聞為留
學東瀛回台懸壺者，風濕等症之得以治療者極多，皆有
旗匾之屬相贈，其本人固目盲也。

師友

下午，趙榮瑞君來訪，借錢，余允借三百元，下旬
須還，旋即自來取去。

9月14日　星期三　晴有陣雨

師友

菸酒公賣局標購活性炭已於今日登新生、聯合兩
報，徐庶幾兄所接洽之售品本已寄來一部分，因該局需
要增加分量始便化驗，故曾函請增加，今日報載之登記
日期為十六日下午五時前，但未說明是否須送樣品，乃

以電話詢孟佑之科長，據告登記時須送樣品，遂急剪報載之廣告函台中徐兄，請洽售主速即補送樣品及最近一期之營業稅稅單與營業登記證，至下午下班時，余正等待公共汽車回寓，忽遇徐兄，謂中午甫到，當即面將活性炭樣品一瓶交余，並將函台中速將兩種證件送來，以備後日登記之用云。

家事

今日偕德芳到鄭銘隆醫師處為第二次之治療，今日只用針一次於脊椎骨處，其餘全用電磨，據云已比前大有進步，據德芳亦云病情減輕甚多，不知是否今後仍能循同等速度加愈否。下午，訪廖國庥兄於立法院主計處，託為紹南換立在台灣大學之保證書，因此項保證書須有薦任以上官員之保證，且須用印信也，廖兄云陳開泗兄之女公子亦考入台大商學系，其保證書式不同，經往探詢，始知新生入學多此另一保證云。

9月15日　星期四　晴

師友

上午，訪石鍾琇兄不遇，下午再往，談張彬學費事，余將崔唯吾氏之意見轉達，由在此之師友共同負擔，渠表同意，並二人聯名函台中李先良兄請酌量一次資助或數次分年資助。晚，徐庶幾兄來訪，談參加菸酒公賣局活性炭投標事，務於明日將送樣與登記手續辦妥，徐兄又談及近來所閱大陸新出版中國藥物學，對於本草有新見解，此地中醫有採用者，亦皆讚嘆，聞其處方皆只五、六味藥云。

業務

　　上午，在電力公司訪薛秋泉兄，詢其該公司股票上市手續是否依法辦理，渠不知之，又訪財務處長李耀西兄，適渠正欲託余為之辦理證明手續，蓋昨日財政廳召集該公司及台糖與水泥、紙業、農林、工礦及第一、華南、彰化三商業銀行代表商決各單位申請手續，月底前即須辦出，依規定此次證明必須由會計師為之，李兄乃有意託余辦理也，因即商量如何進行方式，余即告以上月曾與其總經理黃則煇面談，已荷承允，現黃君請假，為使其代理人即主管之徐協理不致兩歧，應有一方式使其亦知此事，庶不致誤，其方式為請黃君左右之林秘書代為聯繫，由林君持余致黃君信，或送黃君批，或交主管協理辦理，俱無不可，余即歸而寫信致黃君，下午持往，先訪石鍾琇兄談他事，連及此事，石兄本任該公司總務處處長者，乃由彼引余訪林秘書，余示以信，渠謂黃君不看公事，願引余與主管協理徐君接洽，乃往，渠先將函交徐君閱，徐君即謂渠不接頭請見李處長耀西解決，林君告謂李兄往他處開會，最好明日再持信來，余云信請林君逕交，余明日來當面謂林君介紹即可也，辭出後余又晤石、薛兩兄，告以經過，咸認為此事徐君方面不致再受其他請託之目的已達，當不致再有枝節，同時林君將信交李兄，渠當可以交辦為理由而不避嫌也。

集會

　　上午，十一時半到會計師公會主持常務理事會，皆為照例之事，余值月已於今日屆滿，今日起移交於陳秉炎理事，本屆理事會定於十五日召開，依規定七日

前呈報。

家事

　　上午偕德芳在鄭銘隆針科繼續治神經痛，今日未接針，只電療，並貼膏藥。上午，朱綺芬女士來訪不遇，留交女師附小李主任索來之屏東師範附屬小學空白轉學證明書一紙，囑填妥後到女師附小辦理註冊手續，該證書為油印，末端有成績欄，級任蓋章等格，因為第一學期無此等事實可填，任其空白，僅將首面照填，謂因家庭遷移必須轉學，號數為第四號，日期為九月十二日，此日各小學應均已讀書，而距今日已三天，依理亦可到達台北也，下午持證明書率紹因到女師附小訪李作民主任，由彼先持證明書到校長室請批，持回後即陪同到教務部李女士處編班，余因希望與紹寧同一時間上課，以便招呼，表示請排上午班，但因上午各班人滿為患，只好改為下午班，因即編入一年級和組，級任為范健南小姐，乃紹南在一女中之同學，李主任又引導余至總務部繳費，又至教室見范小姐，請代買簿本，然後送余至校門，十分客氣而親切，余一再表示感謝，辭出後即又至對門省立台北女師訪朱綺芬女士，對此事幫忙表示感謝云。

9月16日　星期五　晴

師友

　　上午，到電力公司訪李耀西兄，將昨日在該公司接洽情形相告，當允即與林秘書聯繫辦理。徐庶幾兄三度來訪，第一次取活性炭樣品並會晤自找之化學原料商，

準備代為投標者,第二次為告此項標樣須分成五小瓶重裝,第三次為告今晚即回台中,下半月有何貨品可以承辦託余便中再問孟佑之兄,蓋彼今日到公賣局似未遇見孟兄也,活性炭開標在下月四日,送樣是否合格,須再探詢。

家事

下午,一時廿分送紹因至女師附小上學,並抄錄功課表,詢范小姐已有進度。

9 月 17 日　星期六　晴

師友

上午,到中和鄉訪宋志先兄,據告刻正準備在安樂村建屋,水泥已申請,木材則託振昌木行由羅東買來,已經運出,又談及林產管理局之律師業務極多,每年必有若干件,且標的甚大,至於會計師業務必亦連帶的有之,所不能把握者為何時何事,非內部有人溝通,無由知其信息,有呂崇周秘書乃在台中宋兄等介紹入該局任職,對內情甚熟悉,渠本人兼造林組組長,對於其他組之毛病亦多知其詳,宋兄將於明晨偕余往訪,切取聯繫,宋兄又談不久以前與劉振東先生研究,希望能向嚴家淦主席進言調呂君為林場或山林所長,正在設法進行,而呂君對劉氏之律師業務已在供給素材,以便據以進行爭取矣云。上午到財政廳訪張水淇秘書,探詢三商業銀行是否決定辦理股票上市申請手續,又訪吳風清兄,據以電話詢主管部分,謂尚未決定,今日之張水淇君乃抗戰勝利余接收濟偽魯興銀行之董事長,當時趙協

理立鵬以盛氣凌人之勢君臨之，余到濟後覺如此無謂，
其勢始稍殺，張君云在此曾數度來訪，均不遇，無論有
無其事，足見渠夙昔固甚德余之遇也，今日回首已十年
前事矣。大陸變色，國破家亡，殊不勝今昔之感也已。

9月18日　星期日　晴

師友

上午，宋志先兄來訪，談風濕療治問題，渠本人係
服食維他命 B 而愈者，但未必能人人如此，日昨徐庶
幾兄談及台中有山東醫師某配藥丸，名風濕特效丸，最
多四丸即愈，此藥本為用某種朽木，最初只用刀刻木一
塊交病家煮水服用，後因顧慮為人獲知秘密，乃改為配
成丸藥，其實只是一事，惟宋兄所知乃台灣人，非山東
人，乃傳聞有失實之處，舊法有用樟木治風濕者，在大
陸甚流行，又數日前張磊來曾為德芳用蓖麻油溶解樟腦
搓拗，今其丸藥所用是否即為樟木所製，則無由知之
矣，談竟依昨約到信義路三段訪呂崇周秘書，因事先
未約，故未能相遇，乃分頭而返，並約定明日中午再
行前往。

家事

下午，率紹彭到公園游覽，荷池旁因在薄暮，子午
蓮怒放時過已入睡鄉矣，為買美國出版兒童畫刊一冊，
每頁均為各種小動物，印成之時為黑色輪廓，用筆塗以
清水即變紅、綠、藍、黃等色，有成面者，則為虛線
點形，於是整片刷以清水，全部變成彩色，此種書尚
初見也。

9月19日　星期一　晴
師友

　　上午，宋志先兄如昨約來訪，即同到信義路三段訪呂崇周秘書，宋兄提出希望聯繫會計師業務之意，呂君謂彼遇內部發生需要核帳之案件，自當隨時注意溝通消息，但有一事甚重要者，最好能先由林產管理局皮局長聘余為會計顧問，不必支給待遇，有此名義而後，有實際案件時自然可以由洽商而委辦，否則當局者可以委託會計師亦可以不委託，即委託亦無法強其有固定對象也，此言甚是，但今日各機關所以不聘法律會計顧問，係因格於省令之故，設不要待遇，或可較易也。上午，到財政部國庫署訪劉大柏兄，請其向華南銀行探詢對於股票上市交易是否決定辦理申請手續，劉兄允明日到行時詢問，但不能出面介紹，原因為彼之出任常務董事，不過代表政府，對於該行業務事項，避免請託云，余對此殊出意外，余窺其所以有此，或由余一再相託，有所厭煩，或即確有困難，亦未可知也。

業務

　　下午，同鄉林和亭君偕其友人歐亞照相機材行方振宇前來接洽業務，據稱係商諸同鄉范孟周君，范君主張來與余磋商，緣方君經營照相材料甫兩月，因託人到港購買材料被騙，以致無法繼續經營，現負債四萬五千元左右，資產只有現在使用之房屋可頂二萬元，其中半為未滿期之押租與行租，半為裝修所增加之價值，余詢以有無帳簿，據云營此業者除一、二家直接請得外匯進口器材者外，皆無帳簿，尤其進貨不能追究來源，余告

以如果無帳簿記載可憑，在會計師即無法可作根據，如果能將開業兩月來自己營業概況寫成節略，余亦可勉強作為根據以為處理，但必須債權人對彼有充分之同情或友誼，無借題發揮或依附特殊勢力之輩，始可代理，林君及彼均表示無此等事，且亦無買賣金鈔等事，於是決定由彼將節略寫成後交余，然後訂定委託契約，將其財產之約據交余保管，為其通函債權人召集會議商量處理辦法，至於公費，由彼先交基本費，數目不需太多，其餘照百分比算，完全照公會所訂標準辦理，余對於此案初因其有無內幕無從得知，且無帳簿以作根據，本不欲承辦，後因有近同鄉介紹，力言其無欺騙情事，始允接受。下午，基隆台利行派人將上月調回之本年度帳簿送回，以便繼續查核，但分類帳仍有一冊未帶來，已囑其便中補送云。

9月20日　星期二　晴

業務

賡續月初之台利行查帳工作，今日開始查核四十四年度之漁撈成本科目內容，此項損益科目本已查核一次，著眼於其帳上是否依照契約以半數平分轉新泰行帳，該項工作完畢後即遇該行將四十四年度帳簿調回結帳，其後傳票雖有送來，而無帳不能勾稽，直至昨日始將帳送到，於是立即開始工作，損益科目再度查核之重點在核對其支出之為數較大者（以千元為準）有無單據，單據與帳上是否相符，並根據上項查核情形，凡有不分擔新泰之費用，逐筆由單據上檢查其是否完全為應

由本身負擔，就今日工作情形言，查帳即頗有成果，就
上述兩項目標之前者而言，已發覺有單據進位溢支之事
實，由於傳票上記載有三子目，附屬有五單據，其中單
據之一為九十五元，而傳票中之一子目包括此單據，乃
按九百五十元計算，雖可能為錯誤，然過富掩飾性，又
大類舞弊也，就後者而言，已發覺有費用之所屬在單據
上明明註清為兩家漁輪共同支出者，而帳上完全自行負
擔，不令新泰行負擔其半，此若非有意馬虎，即為身兼
兩方職務之會計員薄此而厚彼也。

9 月 21 日　星期三　晴

業務

　　繼續查核台利行四十四年度之帳，今日已將漁撈費
用之益增號部分大體查完，仍為注意其單據是否與帳簿
相符，以及八月份是否按約平均分配（七月份以前者已
核過），查帳中委託人李百忠君來訪，堅詢有無發現錯
誤弊端及應歸合作之新泰行負擔之費用而未照轉帳者，
余告以皆有之，但尚不能確切算出共為若干，且八月份
之帳完全未核，一至七月份只核過一部分，亦尚不敢預
言其中有無情弊也，余就台利、新泰兩行之損益表情形
向李君提出詢問，何以兩行漁撈收入完全相同，而新泰
航之漁撈成本反較台利行為多，此現象與若干漁撈費用
之歸台利一家多負現象完全矛盾，因新泰帳不在此，無
法可由分析而知，李君亦不能解釋，渠繼表示此項查帳
任務希望早日完成，如有向新泰算回之款願由余提成，
余謂成數若何最好請其與張子文經理商定，余無意見，

渠乃訪張君，未遇，來電話云，將去基隆再訪，但渠此
項意思必須貫徹，是否言定皆可云。

師友

　　下午，高明一君來訪，託為其同事白培英君備函致
財政廳陳廳長漢平，促成其調充台北市稅捐稽徵處資料
室主任，余躊躇不生效力，但情不可卻，終於照辦。

9月22日　星期四　晴

師友

　　下午余照例於一點二十分送紹因到女師附小上課，
在南門站令自行下車，余則前行，其時始見楊孝先氏亦
在公共汽車上，面容蒼白，自云頭暈，欲有事至火車
站，余本應至衡陽路下車，乃變更為送楊氏至車站，到
達時先至餐廳食汽水，並閒談，始漸恢復，因余陪其至
車站，乃云上次來台北時，在吳先培兄家醉酒，醉後睡
三小時無人過問，至下午三時，吳兄以車同行，至重慶
南路自上寫字間，令車伕送楊氏至中西旅館，一覺睡至
十二時始醒，而吳兄毫未存問，足見其視楊氏為無足輕
重，余謂或不過粗心而已，談竟，楊氏由車站之存物處
將手提包取出，乃今晨由宜蘭來臨時寄存者，與余同至
事務所，託余著人代填三一聯誼社與團管區司令部發來
之調查表，然後陪同至教育會覓定房間休息，預備今日
住此一天，改變當日即返之計畫，表件明日辦發云。

集會

　　下午出席會計師公會，討論事項重要者為如何召集
各專題研究會，及新所得稅對於會計師代理完稅之罰則

條文等問題，余報告代表公會參加勞工保險基金會已滿一年，應如何照例輪流，決定仍照例輪流，但未談人選。

9 月 23 日　星期五　晴有陣雨

師友

上午，楊孝先氏來訪，將昨日託余交紹南填寫之調查表過目後，仍交余候照片印成後封發，據談今日中午即乘車回宜蘭頭城，建屋事交其外孫之友人代為進行。

業務

續查台利行帳目，仍為漁撈成本中各子目，四十四年內為台利新泰船一對與益增一二號船一對，其中最應注意者為前者之費用尤其修理由兩家分別出帳，後者則由一家出帳然後平分，因未見新泰行之帳，故雙方實際負擔究竟為何，無由得知。鄭旭東兄代表黃海水產公司董事長徐觀群來訪，因該公司遷台後迄未辦理公司登記，下月十六日舉行股東會，將即速辦理登記，此事決定託余辦理，公費希望不多，在數日內將由其職員王新山君將資料送余，以供參閱，余允接受，但對於資產負債表等則技術上認為大有問題。

家事

紹彭昨夜患腸炎，午夜後赴藥房買金黴素，數家始有一應者，晨又到蔡文彬醫師處就診，配氯黴素於水藥內，服後輒吐，終日煩躁不安。

體質

右足三日來足癬潰爛出水，今日始最覺痛疼，即不

觸之亦然，晚早睡以免空之腫脹，藥物初用擦膚淨，略有效，今日改用一種紅色之搽癬藥。

9月24日　星期六　雨

業務

上午，按前日之電話約定，到電力公司接洽審核該公司申請股票上市案內之財務表類，首與通電話之會計處徐副處長（廣東人）晤面，繼即與該處龔處長談如何進行，余以為今日即可著手，其王副處長云，待表件印好始可開始，待再通知，余以為最好下週一即能著手，因九月底以前為送出之期限也，繼由龔處長詢余手續如何，余謂本有空白委託書，但亦可由該公司致余聘約一件，又詢余此項審計之性質為資產負債表審計歟？余云然，遂詢余公費若干，余本躊躇以此項公費本可按查帳或證明或二者兼收俱無不可，按查帳較高，按證明太少，兼收則在當事人最易誤解為巧立名目，今龔君既自承為某性質之審計，余即將公定之公費標準稽核一項所訂範圍明文交閱，為二千元至九千元，龔君云將就此規定簽請其總經理決定，意謂余為總經理所延聘，自當由渠酌定也，談竟余與辭，往訪財務處李耀西兄告以經過，並由李兄介紹識其副處長鄧君，乃昔時廣東省銀行人員，談時均感親切，據李兄云此事大體上已由會計處主辦。

9月25日　星期日　晴

業務

今日終日為台利行趕查四十四年度帳目,所查為漁撈成本一部分,已完畢,管理費用全部子目及資產類各科目,注意之要點為支付之憑證及憑證數額與傳票金額有無歧異,大致均尚相符,尚未發覺有特別不妥處。

聽講

師範大學潘重規教授之國學講座於上週恢復,接講禮記,余事後始知之,今日前往賡續聽講,發覺上學期余亦漏去數次未聽,今日所講為坊記,內容在闡發儒家為治之道,潘氏在講述時夾有小學,頗能引人入勝。

9月26日　星期一　晴

業務

繼續查核台利行四十四年度帳目,負債科目已完畢,亦即全部均已完畢,經統計兩年間之營業收支,因帳目記載不清而疑須或確定將部分費移歸新泰行之費用共達十二萬元左右,此數包括兩方劃分情形不明者在內,故可能再減,因定於後日約集該行人員商洽查詢此等帳目之情形,已通知。

家事

晨,率紹寧到蔡文彬醫師處診病,斷為肝炎,須不食油葷,休息兩天,並注射葡萄糖及他藥。連日家人多病,現健康如常者只紹南、紹中、紹因耳。

9月27日　星期二　晴

業務

　　下午，到台灣電力公司開始核對本年六月卅日之資產負債表與損益表，以備該公司呈送股票上市交易案內之申請書類，此事極為簡單，故下午已經核對竣事，今日之工作雖只短短數小時，然余已窺見該公司辦事能率確有問題，第一，余今日到事務所前，即有電話來謂證明案內資料已齊備，請余到公司審核，下午余詢會計處龔、徐二正副處長，據謂並未通知，乃財務處打過電話，其時上午余與財務處李耀西兄通電話時詢以是否來過電話，亦云無之，且謂資料由會計處備之，顯見互不相謀，第二，余詢會計處龔處長應於何時開始核對，渠又推至財務處，但又謂決算表該處亦有之，乃謂不妨先在該處開始，於是乃通知主管員呂君將帳表取出，及余開始核對，第一科目即不相符，詢之始發覺索取來總分類帳為總公司者，而兩種決算表則十八分支單位亦綜合在內也，於是又向司綜括製表人索綜括表，據云並無總括總帳，只根據總括表而製，但其中又有少數科目有對內對外之別，又須從其附屬對照表內以求證是否相符，第三，訪李耀西兄不在，詢鄧副處長究竟各種文件在何處彙總，彼又謂在會計處，仍驢頭不對馬嘴焉。

9月28日　星期三　晴晚雨

瑣記

　　今日為孔子誕辰，各處休假，余亦無所事事，本約定基隆台利行會計人員前來核對帳目，臨時接電話改

期，故預定工作亦未進行，日間有董君來詢景美基地是否轉讓，余因同時買進之李洪嶽、吳崇泉二兄主暫緩，故回絕，下午與吳崇泉兄到市上買合送林有壬會計師之公子喜幛，因店內無合適材料，故由禮品店一併代辦。

體質

右足潰爛，斷續不愈，已經一週有餘，仍用紅色藥膏，左腳亦被蔓延。

家事

下午，同紹南買香皂一打將在教師節贈其曾為其女補課而接餽贈之教授周鐵。

9 月 29 日　星期四　晴

業務

上午，到電力公司繼續核對其申請股票上市交易之文件，計有申請書、公司章程、去年營業報告書、今年營業計劃，本年六月卅日資產負債表損益計算書等，均已由該公司備妥且備文即送，余即一一加簽「證明人會計師某某」並蓋公章，竣事。下午，昨約之台利行李百忠與其會計員王潔生來會同研究余已查過之該行損益類帳目，尤其漁撈成本一科目在余認為台利行帳上疑應分配於新泰行之數，何以未經分配，大體上王君均認為凡分配者乃付款憑證全數先由台利記帳者，凡不分配者則為各半取得發票分別記帳者，然余未見新泰帳，對於後說無由證明，李君決定請新泰行將帳亦送來核對，以明真相，如此始可求得較真實之結果。

交際

上午到極樂殯儀館弔于振海之喪，據云係心臟病，因送醫不及，而無救云。晚，到中山堂參加林有壬公子之結婚禮，到時已行禮過，入席矣，禮堂布置甚好。

師友

下午訪孟佑之兄，詢活性炭投標事。下午，楊天毅兄來訪，談清理振中債務事。

集會

晚，出席研究院小組會議，由方自美考察回台之朱賢同學報告美國一般對台灣問題之觀感，最值得注意者為政治風氣與表現不為人所重云。

9月30日　星期五　晴

瑣記

今日為中秋節，余未到事務所辦公，上午到市場買菜，因德芳病腿，而余則病足，飲食簡單，且不能沾酒，故比常年為簡單，今年亦未收任何禮品，只趙榮瑞君於下午來訪，贈水果一籃，所以禮品無贈，因近三數月所進行之業務皆有報酬，其有屬於掛欠性質者，以不能送禮取巧抵銷，遂亦樂得不問不聞也。諸兒女今日均照常上學，仍然必須早起，但夏令時間今日中止，明晨時鐘即撥遲一小時。

體質

右足仍不愈，改用日製ムレン水虫治療劑藥膏塗搽，亦未收大效，只未蔓延。

10 月 1 日　星期六　晴
瑣記

　　下午，孫福海君談，今日為事務所租金支付之期，半年六千元，四人均分每人一千五百元，而吳麟律師上次所生之墊付問題，再度發生，吳律師參加事務所之時本為李洪嶽律師與余及吳崇泉已經租定之後，其時李律師為二分之一，吳律師參加時係接承其二分之一中之半，按月向李律師付租，其原意為永久如此，故每半年均有墊付問題，現在吳律師之表面理由並非為堅持原議，而係為近來因建屋及業務不振，缺乏現款，李律師囑孫君與余及吳崇泉兄商談，意在三人分擔，先扣回余等所墊，余當即婉卻，謂如有錢，全墊亦可，無奈近來開支浩繁，即余自身應負擔之四分之一亦尚須數日始能籌付，現在殊為心餘力絀，余之實情如此，況在情緒上亦不願再墊，蓋第一次與吳兄各墊三分之一為二人排解糾紛，結果李款最先扣回，余款最後扣回，人情上殊不愉快也。景美之建築基地近來除已繳付耕者有其田案內原轉移佃農之地價折現金約一百八十元外，現又須繳納錢糧及水利費，前者又包括隨賦帶購部分之實物，雖有價款應發，但據云係由佃農抵完戶稅，前兩項按二百坪算又須五十餘元云。

10 月 2 日　星期日　晴
業務

　　下午，台利行李百忠君來訪，交新泰行去年之帳冊，此係於前日與該行談話時決定用以核對其平分費用

之實際狀態者，李君又堅決詢問關於破產之種種法令規定，余略為解釋，並告以內容繁複，如該行債權人確有作此種要求者，再從詳研究不遲云，又云其漁船台利一號將與海昌行合作，繼續經營，債權人方面前已開會，協議不付利息，俟將來有漁獲時再逐漸還本，或不致有大風波云。

師友

下午，廖毅宏兄夫婦來訪，閒談，李公藩太太來訪，轉朱綺芬女士之意見，對前次幫忙紹因入學之李作民主任不必請客，略作餽贈即可云。下午徐庶幾兄來訪，今日由台中方來，準備後日公賣局之活性炭投標工作。

10月3日　星期一　晴

業務

今日開始以基隆台利行與其合作之新泰行帳簿互相核對，科目為漁撈成本，核對之要點為：（一）先查台利行帳上本科目各子目之逐筆支出，審核其傳票所附之單據為何若，此項單據或為台利行抬頭，而註明為該行之台利輪所用者，或有少數寫明為新泰行之新泰輪或兩輪所用者，而多數則為只有台利行之抬頭，雖亦有兩輪合用之可能，但亦不能定謂其帳有誤，只好將就事實，（二）就上列三種情形再與新泰行帳比較，第一種只能比較其同時期兩家之大數有無懸殊，以證其是否合理，第三種情形亦然，只有第二種因須轉歸新泰行負擔其全數或一部分，須同時審核新泰行帳上有無在同日付給同

樣同數之費用，足以反證該款雖寫明為二輪合用，其實已以另一半由新泰付帳，無重新劃分之理，至於寫明為新泰輪用者，則除非能證明為發票有筆誤，當然移轉也，今日已查完本科目數個子目，因發票不問數目大小——均須對過，較為費時也。

集會

晚，主持會計師公會約宴各研究會召集人之會，因值月常務理事陳秉炎請假，由余作主人，報告約集各召集人開會之原因，一為如何從速召集各研究會成立，並使會員踴躍參加，二為如何擬定問題開始著手研究，繼即討論，得以下數結論：（一）所得稅新草案內有關會計師代理申報之懲罰條文請立法院刪改，由財政研究會提出書面，（二）民刑訴訟法會計師充代理人如何加進一節，請公會運用立法院民刑商法中堅人物，（三）商業會計法修正問題，請該研究會召集人從速開始研究，以便提供意見，此數項將分別通知實行。

10 月 4 日　星期二　雨

業務

為台利行繼續與新泰行比較四十三年度之費用，並重新核算應歸新泰行分擔之費用，其中修理費部分兩船並不平分，故由單據內查出有寫明為兩輪字樣而在新泰帳上未見同日同數者，即斷為並非分而後支，乃係台利記帳後漏轉，此等費用與寫明為新泰行者均須轉由新泰負擔，其餘各子目則原則上均平分，然四十三年上期有平分者有不平分者，結算時均照事實負擔，下期決算則

又並非全照台利帳支付數以半數轉新泰，乃係先核閱雙方所記之帳，求得一平均數，以雙方之差數轉入對方之帳，使兩方餘額相同，余對此法在查證立場上不應予以承認，因新泰之帳支付情形如何非余所能問所應問，且何筆為半數何筆為全數以及有無不實之記載均非所知，余只能就台利帳上所記，除去明白記載為半數或同日同數新泰帳上亦記明可以據而斷定為半數者外，作為全部應歸雙方負擔者，以其半數歸之新泰，至於新泰帳上固亦難免有類似之支付，以同樣理由向台利行提出者，則對方之事，余不問也，在此種帳簿處理凌亂情形下，只有此一法可尋循矣，余今日從帳上記載之偶有按筆劃歸新泰負擔之款項，經檢閱單據斷為完全與新泰無關應由台利負擔者，可以知以前之對於雙方費用劃分，乃一會計員以兩重身分以意為之，初無任何不變之原則，故審核過程中乃發生如許不方便之情形，即使最後得一新泰要求之數，亦不能完全正確，使雙方各無爭執，此則在事實上只能有待於雙方之討價還價矣。

10月5日　星期三　雨

業務

將台利行四十三年之漁撈成本與業務費用與新泰行者對照完畢，就其中未平分之部分而又不能確定為台利一輪專用，或同時另有同額新泰行同樣付帳者，作為應向新泰行算收半數之帳項一一加以細密之檢查核算，然後彙計總數得三萬二千元左右，至於新泰行將來亦同樣可以將其所支付之非新泰一輪所專用，同時台利亦未同

時同額付帳者，一一根據其傳票記載而向台利行算收半數，此則在責任上非余之事，在技術上既未見新泰之傳票，亦無從處理也；以上為四十三年內之帳，至四十四年帳則因台利行取回一部分，新泰行則根本未交來，故無由著手。電力公司託余為其證明申請股票上市交易一案，上月底已經辦好，昨日始接正式委託之公函，余於今日復函，請其照付公費（照該公司數）。

10 月 6 日　星期四　有陣雨

師友

下午，楊天毅兄來訪，商談關於其數年前辦理振中印刷工廠所負債務之清理問題，意欲早告了結，以便繼續設法做事，緣其工廠所用機器乃中央黨部之所有權，當初由民言報同人自青島遷來者，其後因借自由青年之款十四萬元，無力償還而倒閉，此時尚有其他負債約三十萬元，中央黨部曾因訴訟勝訴而將工廠內楊兄所添置之設備一併接去，陷其他債權人於完全落空之境地，其他債權人曾備文向中央財務委員會請求補救，公文為秘書胡希汾兄以存查了事，債權人中有已表示不願再談者，有表示尚須取得若干補償始告死心者，後者約有十萬元之譜，楊兄曾託徐嘉禾、廖毅宏兄與前財委會秘書虞克裕兄研究，虞兄允在不引起進一步糾紛之條件下與胡兄商量，由中央出款若干對債權人酌量補償，以了懸案，其數曾擬定為二萬元，可分二成，又談及前曾託劉振東氏與財委會主任委員徐柏園說明託其幫忙，余意最好看胡兄是否能負責或肯負責，然後決定是否出此一

著，因胡兄如能負責，即不必多此一舉，或且弄巧成拙
也，惟楊兄談及胡兄對此案態度極為不佳，尚未許遽然
樂觀云。

10月7日　星期五　雨

業務

今日整理一月來為台利行查帳之底稿紙，標出應記
入查帳報告之事項，以備整理記載之用，因此次查帳之
重點在於確知各項費用與合作漁撈之新泰行是否公允依
約分擔，故有若干底稿記載存疑之事項，迨後與新泰
行核對後即告勾消，從而底稿上所記之事項，能加入報
告書者並不甚多矣，且資產負債各科目可注意之事項亦
比較稀少，恐將來製表時只有以損益項目為骨幹矣。余
與吳崇泉、李洪嶽、吳麟合租之合作大樓事務所今年四
月起為第二年，依約每半年繳租一次，約期一年，故本
月初只為繳租，不必續約，本事務所之代表人為李君與
余，其初吳崇泉兄由余約來，吳麟兄由李君約來，現在
吳麟君初發生照去年約定按月納租之問題，已由李君與
吳兄承認代墊，但後又提出退租，謂業務不振，不堪再
行賠貼開支，決定停止執行職務，此語提出，在本月已
經開始以後，李君派孫福海君往與接洽，初衷不變，於
是吳崇泉兄又復舊事重提，認為余二人只須照去年開初
之例，將二人本身租金交出，其他問題當由李君解決
矣，現在最成問題者為電話，該電話本為吳麟兄所裝，
在共用期間由余等三人負擔話費，現渠云將撤移他處，
勢必發生重裝問題，此事彼等屬望於余云。

10 月 8 日　星期六　晴有陣雨
師友

　　晚，蘇景泉兄來訪，持交台大學生刊物一冊，海風月刊，有蘇兄作曾文正公象贊一篇，自認為得意之作，惜余於韻律為外行，難作月旦，蘇兄見余足疾未愈，認為此疾不能行走，靜心休息為第一著，余之所以久久不愈，諒係每日走路所致，因在染患之初，每日須早起買菜，赴事務所辦公，前者步行往返，後者搭乘公共汽車，須兩端步行，有時且每日兩次，均足以使患處受磨擦而抵消用藥之效力也，此係根據其以前患足疾之經驗而道，頗有道理。徐庶幾兄來電話，謂此次來接洽業務尚稱順利，活性炭公賣局開標延期，須再等待，現渠注意接洽者為設法使公賣局使用此間利台廠之純鹼以代替外貨，為使孟佑之科長不感為難，須上層與其局長陳寶麟說通，下層與使用之工廠說通，此工作已布置妥貼云。

10 月 9 日　星期日　晴有細雨
體質

　　右足之癬疾半月來雖悉心自行敷藥治療，然此起彼落，始終不斷，而腳掌本有厚皮，癬生其中，藥力有時亦難於達到，今晨用水泡洗多時，已患而愈之處均出現新肌肉，但有數處作癢，余恐復發，同時另有新起之水泡在皮下作痛，感覺如此週而復始，不勝其苦，而今明兩日可以家居不動，乃決定就醫診療，乃於上午到南昌外科，經先洗淨後，先搽以 Uena-Pasta 藥膏於破皮出

水處，然後遍搽紅色藥膏大量，包紮使不磨擦，左足則
因只有足心生膿微腫，乃擠膿後用黃藥布堵塞，亦加
包紮，同時注射靜脈針藥20cc，詢其成分謂為維他命B6
及鈣與另一種治濕氣藥品，注射時有發熱之感覺，但
移時即消，注射於右臂，不甚痛，此為余生平初次注
射血管。

集會

　　晚，出席小組會議，並同時舉行黨員自清會議之第
一次，此第一次只為由組長講解自清之方法與程序及目
的，並分發應填各表備各人分別填明於下次開會時審
查，此表發出後均感覺極大之困難，即該表共有兩種，
其第二種為大陸關係之填報，所謂大陸關係如指由大陸
撤出時而言，則早成明日黃花，往往多出一種無用的易
滋誤解的資料，如指目前而言，則除極少數例外或自能
與大陸親屬有所往來或在通信息者而外，其餘無人可以
提供資料也，此外更有第三種表，為在小組內舉發匪諜
者，此則更為少之而又少者，幸並非每組或每人必須填
報者。

10月10日　星期一　晴有細雨

體質

　　上午，到南昌外科診所複診足癬，比昨日已有進
步，換搽之藥與昨日全同，並繼續注射20cc之針藥於
靜脈，因注射較快，立有熱量之感覺，但移時即逝，今
日行路已不甚痛，但為防止其摩擦致礙及肌肉之新生，
故仍慢行且跛，現在比治療前最有特異之處為不復起有

新患處，前日本有一處即將新起，兩日來已收遏止之效矣。

瑣記

今日為國慶紀念，政府上午舉行閱兵，交通困難，未見其盛，下午率紹中、紹寧、紹因、紹彭到街市游玩，先至新公園，其中有歌仔戲表演，退出後到余之事務所由窗口俯瞰，時正舉行美國與中國贈與軍品典禮，以軍刀機與兵艦模型及大砲各一為象徵，逐一舉行由美國旗徽易為中國旗徽之儀式，一時軍樂悠揚，莊嚴盛大，觀眾鼓掌歡迎，歷一時始竟，即率諸兒女歸，晚並在巷口遠觀總統府前所放之焰火，惜甚為單調，夜深露冷，未能久坐，返聽收音機移時就寢。

師友

下午，王樹清君來訪，王君昔在濟南青島空軍服務，自大陸撤退後即不再晤見，聞在台灣而不知何處，據云在空軍總部政治部為專員，眷屬全來，四子一女，在高中、初中各一，在小學三，其本人對空軍生活頗感厭倦云。

10 月 11 日 星期二 晴有細雨

業務

今日開始草擬台利行查帳報告之四十三年度部分，此項報告本以損益方面費用負擔問題為骨幹，故留待最後述及，今日寫完其中資產負債部分與損益類其他部分。

體質

晚，續到南昌外科診療足疾，換藥洗淨，並注射針藥20cc，右足情形已甚良好，幾乎完全無出水現象，僅足掌之新生肌肉甚為嫩弱，尚有甫告痊愈部分行路略有痛疼而已，較頑強者為左足，左足腰部只起一個，然至今數日不封口，雖塞以黃藥布，而今日竟又有出水現象，據醫云此情形恐纏綿也。

10月12日　星期三　晴

業務

今日將台利行查帳報告書四十三年度部分草成，等候該行將調回之四十四年度帳簿取來，並連同新泰行四十四年度帳簿一併交來核對後，再續擬四十四年度部分，為催交此部帳簿及催付第二次公費，已數函該行，今日又續去一函。

師友

下午，訪鄭旭東兄，接洽黃海公司辦理登記事，不遇，留字請通電話。晚，廖毅宏、徐庶幾兩兄先後來，閒談正在進行之代利源行銷售純鹼於菸酒公賣局事，第一步驟為先打通局長與廠長，使該局製瓶廠秉承其局長之所交樣品作一研究並到利源參觀，進行試用，如認為可以代替日貨，從此即可將銷路打開，據云利源每月現產純鹼四百噸，一般市場皆用粉狀，故該公司所製為粉狀，製瓶廠須用粒狀，該公司可以改製，聞公賣局用量每月一百噸，利源之價為二千五百元，而日貨官價外匯尚須三千四百元，利源所用原料為台南運來之鹽，與東

部運來之滑石,因每月前者有七百噸,後者有四百噸,故亦為運輸公司所樂於承受,徐兄已代為接洽承運,比利源以前之運輸公司代價為低云,又談及推廣法律會計業務事,廖兄將探詢有一較大之訴訟案件以唐榮鐵工廠為對造者,徐兄將先為余介紹利源之會計顧問。上午逢化文兄來訪,謂枋寮地上應攤繳之修路與電燈電桿費用即需支用,每坪四元,計八百元,余因近來經濟拮据,表示困難,且謂地積經重量後余已只有一百七十餘坪,短少之數依議決案應照市價找進,進出之間大有商量餘地,惟時間早遲難符耳。

瑣記

　　上午,事務所李洪嶽律師之助理員孫福海君來代達李意,謂吳麟律師退出事務所後之房租是否應由余與吳崇泉及渠三人負擔,余聞言大為不懌,乃回溯去年共同租屋之經過,當時李君謂約同崔致淇會計師會約同吳崇泉會計師四人合用,及後崔君不來,李君代墊房租,後有劉伯含君之介由吳律師接其位置,現在吳君退出,又恢復最初之狀態,與余及吳崇泉兄何涉,且昨日吳兄交其應負擔之房租時,李君已有此種表示,吳君對之表示驚訝,且極不快,今日不必再提此話,徒引起彼此之隔閡,況縱使余現有力量或願意接受李君之意見,亦無法強吳兄從同也,繼詢其何以吳律師月底時未言退租,而月初堅決欲退,其中有何隱情,孫君云,吳律師本無退出之意,只欲保持其最初參加時之約定按月付租,月底時李律師已與吳崇泉兄商定二人分墊其部分,本已無何問題,因李君堅詢其還款之期,吳律師認為挑剔過甚,

有違初約，忿而求去，且不易挽回云，余告以吳律師之
來去皆與李律師間之局部關係，與全體無涉，其是否及
應否請他人來參加，余無意見云，孫君又談其自應約為
李君幫忙後，其原約定事項有介紹案件提成百分之卅之
一項，故平時待遇甚低，但介紹案件後從不提成，即前
次余為李君介紹電力公司案件事，彼只按一件案件付余
介紹提成，其實當時即有九件，此種處理亦嫌過甚，言
下表示渠今日銜命而來，與其本人之見地實有距離也。

10月13日　星期四　晴

師友

　　上午，到經濟部訪張景文兄閒談，所涉為經濟部會
計處有聯繫之行政院會計工作視導團解散之經過，其間
有許多內幕情形。下午，徐庶幾兄來訪，據談日來正進
行之利源公司向菸酒公賣局售純鹼一案，對於其中層
人事尚未及運用，竟忽接該局對於利源去文之答復，如
此迅速，出於意外，然所答者則驢頭不對馬嘴，例如所
云國家標準之純度須百分之九十九，其實絕無其事，只
須百分之九十以上即可，又如云須參加投標，而目前並
無第二家製造或販賣純鹼者，可見此項公文乃主管方面
脫節之結果，且由文號推定為第二科，第五科之孟佑
之科長想亦不知也。上午，到景美訪吳麟律師於其新
居，未遇。

業務

　　上午，到經濟部訪葛之覃司長，談黃海水產公司辦
理變更登記事，原則上希望手續愈簡愈好，且不必經過

省建設廳，因此公司中間周折太多，如由省方經過，竟無法說明其內容也，葛兄云即關照主管科注意。晚，鄭旭東亦來談此案，準備十六日開會，先修改章程，但能不改者即不改之，現所預定者只為資本額與公司之所在地二者，而以前者為較費斟酌，故須審慎也。

10 月 14 日　星期五　晴

業務

上午，為黃海水產公司辦理變更登記事，到經濟部訪查奉璋幫辦與劉鐵庵科長及經辦人員張允文君，昨日葛之覃君曾有條來指示此事，渠對於此公司登記事之不能以常理處理，亦已深知，余即告以該公司需要登記之新事項為公司所在地與資本額，資本額之確定有何根據請示知，劉君云照此公司情形，無法以常情論，只須按資產減負債即可，其船舶按市價減折舊，或依其他標準，均無不可，余詢以可否在台之股份即為資本總額，據云不可，因未經司法程序，大陸之股東仍未便取消其權利也，今日交換意見甚為融洽，約定再談，但劉君表示現距開股東會只有兩天，為時略嫌迫促云。

師友

到公路局訪劉哲民兄，託為介紹探詢公路翻胎廠受理業務事宜。到公賣局訪孟佑之科長，不遇。逢化文兄來再度通知收枋寮地電桿費八百元，余告以無款，且地積不足，鄰地有餘，若按市價找算，余且應有款找回，目前已經建屋者與尚未營建者，負擔相同無疑義，但輕急之間，不能不有人情上之考量云。訪蕭新民代表、路

國華代表託證明子女教育費申請。楊天毅兄來訪。

10月15日　星期六　晴
業務

　　上午，持劉哲民兄之函到中崙訪公路局汽車修理廠長熊詩涵君，探詢對外辦理翻胎業務之手續，據云該廠刻尚在籌畫獨立對外之一切事項，例如工廠登記、財務調度等項，俟此等手續辦理完竣後即可獨立對外營業，其手續與一般商界相似，但在目前尚須按公務機關手續辦理，其程序為先由委託人備函至公路局洽商，函內敘明需要翻製車胎之號碼，每月條數，交提手續等，公路局轉文到該廠後即可據以直接接洽辦理，至於付款手續為俟翻成交貨後，由廠核算向收，事先不加規定，余詢其最大之胎約數幾何，據云五百元左右，此外各種視規格而定，談竟熊君並引導余參觀其設備，由周主任說明工作程序，據云目前車胎翻後重用可達十次、八次之多，翻製工料不過新胎十分之一，為國家節省外匯不少，熊君和易近人，解說事務不厭其詳，為一篤實君子，不可多得。晚，徐庶幾兄來詢此事，余告以經過，據云與工礦公司對外營業條件相較，似乎有其優異之點，第一為價格，工礦為最大者六百元，第二為價款且不須先付，但工礦之條件有其特點即為對於承攬之工作有具體之報酬，由百分之五至百分之十不等云。

集會

　　上午出席會計師公會常務理事會，無何要案，因余上次理事會未出席，今日始知其上次理事會後曾為所得

稅代理申報之罰則問題，向正在討論新所得稅法之立法
院請願，經答復委員囑送書面，今日已經擬就，又上次
討論繼余為勞工保險監理委員會會計師委員之人選，按
輪次應為程烈，程讓之下面徐光前，公會已擬公文一
件候余之辭職文發出後即行送出云，此外決定下週六
開會。

交際

　　下午在衡陽路買司麥脫二八〇〇號襯衫兩件及單人
愛鳳條子被單一條，於六時到女師附小訪輔導部李作民
主任相贈，並詳談其所任職務之情形，今日之餽贈為答
謝其幫忙紹因女得以入學之盛意，李君極為遜謝，強而
始受。

瑣記

　　因昨、今兩日到中崙訪公路局修理廠，昨日未獲而
返，今日幾又重蹈覆轍，知記憶不可靠之償事也，余憶
該廠在路南，且在中崙以東，其實皆相反，昨日乘公共
汽車東行，直至中崙過後始向南側注意，及過中崙尚
未獲見，只得下車，詢悉在西，乃又候車折回，其時已
十一時四十分，拜訪生人，似有未當，故又不復注意其
所在，逕自返寓，今日查電話簿，簿內凡機關例不註地
址，無法可想只好仍貿然登車，約莫至飛機場站，余始
以為不應再行，下車問行人果然不爽，始未再誤。

10 月 16 日　星期日　晴

參觀

　　上午應邀到信義路四段行政院國民住宅興建委員會

之示範住宅參加開幕典禮，由行政院長俞鴻鈞揭幕，美
國安全分署代署長剪綵，計有示範房屋二十八所，其中
有獨院者，有雙戶者，有四戶者，造價由一萬二千元至
五萬數千元不等，大體上係適合小家庭之居住，故建坪
二十坪即為最大者，因工料比較講究，故價格略貴，另
有一展覽室為住宅建築圖樣與材料等，包括水泥鉛品衛
生設備等項，因參觀需時較長，僅走馬看花而已，一般
觀感為地皮按每坪二百元，似太貴云。

師友

　　上午到信義路四段空軍信義新村訪王樹清君，渠任
職空軍總部政治部，曾經來訪，今日參觀國民住宅適在
其側，據云此部分房屋價格太高之原因不全由於工料較
精，而因公家辦事，浪費無法避免，遂致成本高昂云。
晚，鄭旭東兄來訪，談及今日黃海水產公司舉行股東大
會，修改章程並選舉董監事，章程對資本額一點定為
三十三萬元，已在台股份十一億法幣可以折合為總數如
此，但此意與經濟部主管科意見須照老資本額折合亦即
須連未來台之股份一併計算，兩有出入，因余接洽後未
與鄭兄謀面，致有此失。

10月17日　星期一　晴

業務

　　上午，到基隆台利行索公費及帳簿，先到中正五路
廿二號該行，重門深鎖，闃無人煙，且外無店招，有若
根本無此店之存在者然，詢之隔壁鋸木廠一小姐，承告
平時不甚有人在此，乃告余以李百忠家之所在，於是

乘公共汽車回至市內，又改乘人力車至東信二路李寓，始行相晤，據云接余數次來信，因款不充裕，連日且須與債權人開會，討論籌款與他人合作出海捕魚之配備事宜，故一再拖延未復，余告以因有支付之款，不能再拖，如無現款，請開給支票，期限略多幾天無妨，渠始而謂因各往來銀行均因退票停止往來，余謂即存餘支票亦無不可，渠無法應對，乃尋出舊支票一張，將數字改為一千五百元交余，日期為廿五日，謂期前必備款贖回，最後又談及查帳問題，渠之最大興趣為向新泰行算回可若干，且表示必以二成酬余，余告以四十三年三數萬元，四十四年須待該行與新泰行帳交來云。

師友

下午，王景民君來訪，將謀肥料公司羅東廠醫師，託余備函轉託張景文兄轉託，當即照辦。下午，到中央黨部第四組訪張中寧兄，渠前日曾來訪，謂現在青年服務團授地方財政，託余蒐集資料，余略舉財政書數種。

10月18日　星期二　晴有細雨

業務

下午，作台利行查帳報告書之補充工作，即將報告書內之認為應轉歸新泰行負擔之費用，由帳上逐筆抄出細數，以便與報告書內每子目之總數相符，由於此項工作連帶的對於報告書內數目有所核對，發覺前次計算之時，略有脫漏，可見做事無論如何審慎，決不能擔保全無誤失，此項脫漏一為應加入而未加入者，二為應減除而為減除者，各為三、四十元，雖不影響大數，然仍

為不應有之瑕疵，近兩年來視力逐漸減退，記憶力亦漸弱，往年無此等事也。

瑣記

自余與德芳病足後，多少事不能手到眼到，假手兒童與傭工，即不能無失，今日發覺籠內所豢之小鸚鵡身死，飼料有青菜與水而無米，想見為餓死者，因無專責飼養，換食時顧此失彼，此鳥本為一對中所餘之單隻，其儔早於兩月前誤陷懸魚骨之繩上等於自縊而死，此兩次橫死，均使人不免心痛，與前次未關鳥籠逸去兩隻使人徒增悵惘惋惜之情者大異也。

閱讀

連日讀畢 L. V. Chandler: *A Preface to Economics* 全書共二百八十餘頁，分為十四章，其章目為：1. The Scope of Economics, 2. Production and Exchange: their meaning & structure, 3. Technology & Economics, 4. Business firms, 5. Some implications of the industrial revolution, 6. Income & capital, 7. Consumption, investment, & saving, 8. The social control of Economic process, 9. Laissez-faire & competition, 10. Competitive control of rationing, price & production, 11. Income distribution by competition, 12. Competition today, 13. Laissez-fair today, 14. Further exploration in economics，此書最大優點為能深入淺出，對於初學能盡引導入門之責，余最滿意其六、七兩章，第六章對於資本與所得兩者之依存關係，說明極詳，第七章則解釋凱因斯之理論，投資必等於儲蓄，以最經濟之篇幅（20 頁）闡述明白，真非易易，最後一章說明其書之任務在作一嚮導，而欲

研究經濟學者，必須進窺以下各門之學問：經濟史與經濟思想史，經濟地理與經濟地質，商業組織與管理，貨幣銀行理財與物價，政府租稅經費與公債，勞工與經濟安全，國際貿易與財務，消費與市場，經濟發展與社會約制等項。

10 月 19 日　星期三　晴

業務

今日將台利行查帳報告內四十三年度管理費用中之認為應轉歸新泰行負擔者，分別將其計算來源或細數查出列明，以便該行據以向新泰行算回。

上午，到社會處訪牟乃紘兄，面交余請辭勞工保險基金監理委員會委員之文件，牟兄當批慰留，交第四科辦底稿將擬復並通知會計師公會。上午到公路局訪劉哲民兄，請介紹與機料處晤面請其核轉台中運輸公司請由該局修理廠代為翻製車胎，劉兄之意先不必面洽，只須備文先與廠方看過再送局內，局內必交廠核簽，故俟正式送文時再行接洽機料處即可云。

師友

晚，逄化文兄來訪，談關於枋寮建築地內因已有三數家房屋落成正待向電力公司繳款接電，此款依據議決須由各地負責人分擔，按坪計算，彼等急於星火，而未繳者有余與王立哉、劉馥齋等，余因款緊，且因地之實際面積少卻二十餘坪，其價較之電裝費倍蓰，應予抵算，王立哉來函因其地皮被李琴堂不告而挖泥使用，且地積已經不足，又按二百坪攤費亦不公允，故表示暫時

不繳，乃再商對策，逄兄本已數度前來催款，余初意如
彼，渠並不以為然，今見王信，始知確有問題，又回憶
地積多出十五坪之李琴堂、童秀明兩家又謂其地不足，
分明是為賴帳地步，今彼等急於接電，又催款如此之
急，顯然只知有己，不知有人，其態度始行明朗，因商
討對策，決定先開小組會議。

集會

晚，開小組黨員自清會議，余將事先填好之自清表
面交，自清表內主要為經歷、學歷、家庭、社會關係
等，均照實填寫，另有大陸關係表，須填在大陸之親友
現狀，因余已六年未與在大陸之親友通消息，一事不
知，亦在表內註明。

10月20日　星期四　晴

業務

上午，代台中運輸公司擬一致公路局之文稿，請代
為翻製卡車車胎，因此項公文到局後可能發交承辦之汽
車修理廠核簽，故擬就後即先送修理廠請熊廠長詩涵一
閱，渠閱後認為可行，但其中所列之規格有最大者兩
種，非製新模不能承辦，則只能以後看數量再說，又談
及價格，渠謂可以在復文時告一輪廓云。

家事

下午，率紹寧到漢中街台北保健館為之檢查身體，
項目包括身長、體重及各項檢查如眼、舌、喉、胸、腹
等，並注射結核反應苗，供三天後決定透視或接種卡介
苗，醫云其營養須補充維他命 B、C 等，並須檢查糞便

蟲卵。

10 月 21 日　星期五　晴
師友

　　下午，徐庶幾兄來訪，余將所擬並打成之代中連運輸公司向公路局接洽翻製車胎之公文交其持往該公司辦事處用印，以便送往公路局。晚，逄化文兄來訪，據云已與童秀明、李鴻超等談及關於枋寮共用地上之電料問題，彼等認為余無款可付，彼等不妨墊付，但須備函聲明，余謂備函亦非不可，余即不能婉稱無款請墊，授人以要索地步，余當聲明不付之原因為計算尚無標準，請先解釋，如照買地時二百坪計算，則最後丈量只一百七十餘坪，其差額何以補足，如照一百七十餘坪計算，余多付而應找回之地價如何找回，此等問題均有牽連，且無先後之別，理應早日解決也，據逄兄云，地積超過二百坪之童秀明、李琴堂等已經表示彼等之地不足二百坪，顯然有意抵賴，將來歸趨縱目前不付電料費八百元左右，將來應收回在二千元以上已屬無著，設再照付此款，則損失更大矣，故照目前之人情而論，無論有款無款均不能再付，又目前已建屋之李鴻超與余等均屬路東地積減為不足二百坪者，其立場就裝電言與童等一致，就找算地價言，又與彼等相反，其對面之董、黃兩家共用二百坪，設如童秀明不認水溝內溢地應量在面積以內，則此兩家一近水溝，一則不近，又將發生界線與兩方面積究竟各為若干之問題，凡此種種皆由於分割丈量之前後分歧而來，每次丈量均使有人有利有人有

害，人人均站在一己得失之觀點下，癥結無法破除，將
來懸案必逐漸累積，愈久而愈不能解決，析原禍始，板
橋地政事務所不能辭其責也。

10月22日　星期六　晴

業務

　　台灣電力公司委託余為其簽章證明之股票得為證券
行交易之申請一案，因財政廳於原有表件之外須另加一
份，故余今晨將表加簽蓋一份，由劉君來洽妥取回。徐
庶幾兄來將用印完畢之台中中連貨運公司向公路局洽請
代翻車胎之文件商洽另加署名方式，初主用徐名，余以
為不妥，仍用該公司董事長蔡淑卿名義，但通訊處認為
台北方面以余處為妥，目的在便於對外聯絡，以免有脫
節之虞云。

集會

　　上午，出席會計師公會常務理事會，聞向立法院請
願對於會計師代理申報所得稅如有不實之懲戒問題，在
院會討論新所得稅法時未予採納，並聞持反對意見最烈
者正為立委兼會計師之吳越潮、劉友琛、陳桂清等，公
會決定召開理事會商討對策云。

師友

　　下午訪王立哉氏，商談枋寮共有地皮之攤款與分割
問題明日開會應持之態度。

10 月 23 日　星期日　晴
集會

　　下午，到逢化文兄加參加枋寮地小組會，此會有五人，結果只有余與李鴻超及逢兄參加，但對於當前種種問題俱已參加意見，一為電桿問題，電力公司估價為八千元，每坪地須攤四元，現悉安樂村亦需申請按裝，如此則費用可省，不需如許數目，如確有其事，稍延無妨，二為地積分割問題，先將最後一次地政事務所結果分函各戶，如認為有效，即當分別找算地價，以多補少，如有懷疑，亦應提出具體複丈方案，三為開會討論日期，決定下星期召集全體會議討論，余今日對於電桿費之不能按期繳納，說明除一時週轉不靈外，在實質上亦有難以即行繳納之理由，因複丈結果余地最小，只餘一百七十八坪，出電桿費雖出於公議，責無旁貸，而找算地價亦為議決案之一，何以量後如許時日尚不解決，余認為此等問題之解決均不能再延，以地價與電桿費相抵算，余不但不須繳款，且大有找進之款數也，余所以如此冗長說明，因李君仍有所謂代墊之說也云。

師友

　　晚，廖毅宏兄來訪，閒談其協助徐庶幾兄接洽為利源售純鹼於公賣局事之進行情形，廖兄對徐兄信用有疑問，認為須注意，且舉以前之交往為證云。

10 月 24 日　星期一　晴有細雨
師友

　　上午，到復興航業公司訪董載泰兄，探詢該公司歷

次調整資本額之經過情形，並借閱其所出報告書一冊。
上午，到公路局訪劉哲民兄，託轉汽車修理廠之公文係
交劉兄代為處理，當同到樓上訪機料處負責人，不遇。
下午，廖毅宏兄來訪，談會同徐庶幾兄進行之利源化工
廠售純鹼於公賣局事，已與該局二科主管化驗之技正孫
君接觸，表示極好，談頃徐兄亦來，乃會商決定剋日再
行與孫君接洽，因利源二次公文已送該局，為配合時
間，宜速與商洽以便為有利之簽註也。

10月25日　星期二　雨
娛樂

下午，率紹寧、紹因、紹彭到明星戲院看電影，為
新華公司新片「蝴蝶夫人」，主演李麗華、黃河、鍾
情、羅維等，外景全部在日本拍攝，李麗華飾演一中日
混血之女藝人，與一中國往日本游覽之中國青年相愛，
將破裂而又復圓，由喜劇始，以悲喜劇終，其中穿插東
寶戲團之彩色歌舞一段，充滿日本情調，又全片觀之，
顯然並不成功，一因故事牽強，其情節之發展初無必然
性，更因李麗華飾日女，不倫不類，至於配樂不中不
西，只覺刺耳，則其餘事也。

10月26日　星期三　陰
集會

上午，出席會計師公會理事會，討論對於所得稅法
修正草案中所定會計師辦稅罰則之請願問題，此項罰則
條文為財政部所加，前次公會曾向立法院各有關委員會

之聯席審查會議提出請願意見，經會內三執行會計師業務委員吳越潮、劉友琛、陳桂清反對而完全失敗，現在只希望在二讀時由大會予以修正，但其程序須有一人之提議與二十人之附議，或有四十人提案請予修正，此事比較吃力，決定先行分頭向十三名會計師立法委員說明，再蒐集該院名單加以分析，以便逐一進行聯繫，但由大勢觀之，恐甚吃力，因三個身為會計師者在會內唱反調，其勢力以一當十而有餘也，揆其致此之由，有謂係假撇清者，有謂係自居特殊身分而對全體同業加以誣蔑或報復洩忿者，從後之說則為春間包辦公營事業估價引起公憤而起，亦有可能，故今日推定出發活動說服工作之人選時，有推余者，余即堅決拒絕，因公憤一案不乏以為余為其首者也。晚，舉行小組會議及第二屆自清工作第二次會議，余之自清表本已填繳，因大陸關係兩表缺略，今日又行補填，各將六年前情形填入一、二人，其實凡不能確知其健在者照填表說明不予填出，其奈辦事人曲解而膠柱鼓瑟何。

10 月 27 日　星期四　晴
師友

上午，徐庶幾兄來訪，據談關於代利源化工廠向菸酒公賣局申請試用其出品之純鹼一案正積極進行之中，今午約該局第二科股長孫君小酌，談如何化驗，因孫君為技正，主管化驗業務也，至於利源之第二次公文已送局尚未至二科，正追查中。

體質

本月上旬所患之足疾，上週即已痊愈，但因逆醫囑，已不敢似前之每日洗腳，所幸治癒後趾間之作癢出水現象亦隨之消逝，而腳掌與趾縫均生出健康一如兒童之新肌肉，毫無作癢，但左腳未經此次疾患，今日又覺趾間將作癢焉。

10月28日　星期五　晴

集會

下午，出席會計師公會理事會議，主要議案為關於所得稅法新草案中有關會計師懲戒條文之請願修改問題如何進行商討辦法，決定由在座理監事分別認定聯繫立法委員之對象，自二人至十人不等，余擔任八人，又為活動經費之籌集，由各在座人認捐，立得四千五百元，在出錢者面有得色，余則認為此事大有問題，一為何以彼等肯如此慷慨，一反其平時對公益事冷漠之態度，二為此事如果光明正大，不能有不對等之立場，否則不願或不能出錢者，其奔走之意義將大為走樣，潔身自好者將趨避之不暇矣，余當時反感甚深，會後與當事任主席之毛松年會計師提及，彼亦同感，並於晚飯聚餐時提出討論，一部分人認為只可墊款，還不還均可，而不能作為捐款，但開支應否統籌則討論無結果，幾至不歡，今日聚餐乃王庸所發起，由毛松年約集，到者除汪流航、虞舜、陳秉炎及余與毛之五常務理事外，理事中有王及程烈、徐光前，會員中有王培基與陸榮光，一為參贊法理，一為廣擴聯繫，但只解決一問題，即定於下星期四

宴請全體任會計師之立法委員。散席後毛、陳二君均與
余提及此案活動嫌太過火，余亦同感，且咸以為彼等之
工本不惜，正足以反證新稅法條文對彼等之作風將發生
管束作用也云。今日理事會第二案為本日接省政府復余
函副本，對於請辭勞工保險監理委員會委員表示慰留，
余當說明接函最初納悶，後憶及一月前曾晤社會處主管
人傅君告以將辭職，詢余因何，乃以實告，但並不重
視，仍希望余在會內可賴以溝通，余謂不妨另聘余為專
家委員，而會計師公會者則准辭，當時談話無結果，以
後再未見面云，乃付討論，決定答復省府副本謂余仍堅
辭，且避免任期一年之說法，余對此未表示意見。
師友

　　上午，宋志先兄來訪，閒談，關於林產局律師業務
事，呂秘書曾與劉振東氏聯繫，但意在互助，並無分
潤公費之意，劉氏近訪呂君，似有誤會，託余便中解
釋云。

10 月 29 日　星期六　晴
集會

　　上午，出席光復大陸設計研究委員會財政組委員
會，討論夏間本組送出之租稅改進方案，經綜合研究小
組與台中研究區所提同名稱方案並同審查後，獲致意見
發還修正，應如何辦理，發言意見有主先討論後推人起
草，有主先推人起草然後討論送出者，結果照前者辦
理，此案會場內一般情緒認為所交意見多所錯誤，且本
會既非權力機關亦非執行機關，僅只貢獻意見，絕無十

分從同之理由與必要，故發言者有十分激動之情形，為
此會成立以來所僅見也。

師友

中午，留陳長興兄在寓午飯，並與德芳談關於風濕
病徵之一般狀況。晚，廖毅宏兄夫婦來訪，廖兄談利源
化工廠向菸酒公賣局申請使用所產純鹼事，已近成功階
段，將聘化驗有關之孫技正為顧問，亦將聘廖兄與余
為顧問，徐庶幾兄欲為其名譽董事長，報酬方面為每月
銷一百噸，按物資局經手佣金之成例百分之三，即有
七千五百元，上項數目可以此為參考云。

10 月 30 日　星期日　晴

家事

下午，率紹因、紹彭到師範大學參觀全省運動會，
此地只有舉重一項，又到華宮看電影，Son of Sinbad，
因小孩不耐，未終場即返，今日為紹因滿六歲之生日，
在悠閒中度過。

師友

上午，張中寧兄來訪，閒談兒女長成，開支日重，
渠現在每月需五、六千元新台幣云。晚，高明一君率其
同事白君來訪，乃為道謝上次託余函陳財政廳長漢平為
白君由分處股長調升稽徵總處資料室主任說項一事而
來，閒談所得稅會計師問題甚久。

交際

下午，聞余井塘今日為六十生辰，乃往簽名祝嘏，
至時家只副官一人應門。

10 月 31 日　星期一　晴

交際

　　上午，到政大校友會為蔣總統六九誕辰簽名祝壽，又到國民大會秘書處、中央黨部、光復大陸設計研究委員會等處簽名，交通工具為搭劉燕夫代表之車。下午四時到台北賓館參加革命實踐研究院游園祝壽會，先簽名，後交摸彩贈品並抽彩，余贈陸宣公集一部，塑膠用具一對則由余抽來，繼舉行院慶儀式，呈獻介壽堂模型，餘興為港來影劇明星表演，但因秩序欠佳，驚鴻一瞥而去。晚飯在台北賓館舉行研究院聯戰班第一期聚餐，到近百人，菜餚簡單而適度。

11月1日　星期二　晴

師友

　　上午，宋志先兄來訪，談及在渠建築中之新屋後有基地一百六十餘坪，預備出讓，因德芳有意購買，曾託物色，故來通知，決定明日往看，此地為公地放領內之放領地，余查核有關法令，依規定承領人不能轉讓，無論是否提前將地價繳清，並無區別，如轉讓時須政府核准，手續是否繁瑣則不得而知矣，須再查詢。

瑣記

　　以前與吳崇泉、李洪嶽、吳麟合買之景美地皮，當時尚有陳詠絃、劉綽然兩代表亦在內，後吳麟轉讓他人，陳亦脫手，此地為耕者有其田案之放領地，共有所有權狀一張，每半年須繳地價，完田賦，納水租，現則依照獎勵提前繳清地價辦法申請提前一次繳清，以便過戶，又有此地共同使用之道路為鄰地自動無條件使用，無人負責向建主交涉如何分擔費用，種種問題，不一而足，今日與李、吳兩兄及助辦此事之孫福海君商量如何取得一致步驟，並互相諒解一切問題，決定託孫君通知劉代表與其他現用人請定期會集商酌，至其中提前繳付地價一事，余等三人自是有利，但聞其他人等因已在地上建築，顯然違反新頒布之條例，故並無申請之興趣，余等則已將公文送出，所有權狀係用影本以免有失云。

11月2日　星期三　晴

師友

　　上午，到中和鄉訪宋志先兄，看其鄰接之建築基

地，該地甚方正，地位亦佳，只有出路甚狹，只能由兩
端之便道出進，中間有一理想之通路，而為他人所有，
因扼內面之咽喉，恐不肯以合理價格出讓，此問題如能
解決，照地價每坪八十元言，尚甚合宜。

業務

　　下午，李百忠君來送台利行第二次查帳公費
一千五百元，並取回其以前開給之同數支票，余立即將
該款付第十信用合作社房租，李君又云其業務恐不能繼
續，債權人煎迫過甚，恐只有清理還債之一途，此事應
如何依照破產法之精神保留最後防線，尚須隨時與余諮
商，余並允於必要時為其介紹律師保持權益。

11月3日　星期四　晴

業務

　　下午，為台利行草擬查帳報告書之四十四年部分，
此部分因等候該行將有關之新泰行帳簿交來核對，遷延
已久，昨日知該新泰行帳無法交來，只好就前所查之資
料加以整理列入，並註明與四十三年部分所採原則因事
實關係而發生不同之理由。

交際

　　晚參加會計師公會約宴立法委員會計師之宴會於鐵
路飯店，到主人公會理事十六人，客人立法委員九人
（應有十四人），前段由毛松年理事主持，後段由余主
持，席間各立法委員幾已逐一發言，大體對各同人希望
新稅法中之懲戒條文能作合理合情之修改一節，表示願
意支持，但亦有表示因其本身為兩重身分，發言反無力

量，應由其他立法委員發動彼等附和者，但大體意見又均認為並不十分簡單，難以一廂情願也。

集會

晚，出席小組自清會議，自清表已收齊，並互換展觀，認為審查完畢，余前所送之表又經審查者囑加補充，親屬自祖父填起，且填大陸永久通訊處云。

師友

晚，徐庶幾、逢化文兩兄先後來訪，徐兄託詢運輸公司增加車輛之手續以便申請。

11月4日　星期五　晴

交際

上午，到極樂殯儀館弔祭高秉然君，高君乃革命實踐研究院之山東同學，現任立法院教育委員會主任秘書，因肝病逝世，只五十歲，余祭時業已發引火葬矣。

師友

上午，到力貿號訪李君閒談對外貿易之現情。下午，吳先培兄來訪，研究貿易商海外取得之佣金，經政府限期登記准予進口物資應如何補登帳簿及如何應付所得稅問題，余意只能作為收入年度之收入，因事實上無法追記數年之帳也，如稽徵處有所留難，不妨由進出口公會作為專案向其交涉，不得作為漏稅。

集會

下午，出席光復大陸設計研究委員會財政組會議，討論複議之租稅改進方案。

11月5日　星期六　晴
業務

　　台利行之查帳工作今日始告完全結束，下午將報告書打印完成，李百忠君來當面取去，據云報告書內四十三年度應向新泰行算還之費用三萬餘元與四十四年度一萬餘元，兩共近五萬元，即設法向該行洽收，詢余採何方式，余認為先行通知以觀反應，最後恐須雙方持帳會算，始有結果云，李君又談及本月八日其債權人向法院聲請調解，對於應注意事項希望請律師指示，余乃介紹李洪嶽律師予以解釋，調解庭法院推事完全尊重雙方之協議，並不干涉，故欲有所主張或希望時，儘可堅持，但如將來調解不成立而興訟時，則須依法官之判決為終局，此項判決並不十分重視當事人之希望，而將出於依法條予以處斷云。

11月6日　星期日　晴
集會

　　上午，到逄化文兄家出席枋寮建華新村建材會議，本日到會人數不多，除逄兄與余外，即李鴻超、童秀明、尹志伊、劉馥齋等數人而已，討論問題有二，一為地積、地界如何作最後之確定，地政事務所最後一次測丈雖有圖來，但童君認其不足為憑，須根據縣政府之解釋，此事即由余等備文請示，並當面交涉，結果決定如此辦理，二為裝設電路問題，決定先行投詢附近情形，如候人申請後有桿可用時，即等候解決，以省一部分之費用，如此則已收部分即可足用，如不能與人同線，即

仍須照原計畫辦理，欠繳之款即由同人中先行代墊，此
案討論時幾乎以余與王立哉二人之不繳攤費為對象，其
間劉馥齋兄發言，認為地積問題亦須連帶解決，即如余
之情形，地積已變最小，設與裝電費比較非但不必納
款，且有錢可以收回也，余補充解釋，余本不在乎何一
問題先作解決，只因週轉不靈，故頗願二事能同時解
決，王立哉部分則推童與余往洽，倘接受此項決議，自
亦可以照案辦理，如不接受始另作計議云。

師友

下午，與童秀明君同訪王立哉氏，關於上午會議各
情，王氏未提異議，照預料解決，事後王氏語余，渠只
表示從眾，服從決議，初未表示對其墊款應予謝意也。
晚，逢化文兄來探詢此行經過，余扼要告之。晚，徐
嘉禾兄來探德芳病，與其夫人同來，此等人多有口舌是
非，且喜涉及他人之隱私，有時又喜自儕於正人君子之
群，余今日與談內地人在台至少尚有五至十年之居留
（總統近訓示），能回大陸，須咬牙為兒孫留餘地，不
能亦應在台多留榜樣，事後思之，實多費唇舌也。

家事

下午，率紹彭到基隆路探詢姑母與表妹病狀，知正
在建築新居於中和鄉。

11月7日　星期一　晴有陣雨

師友

上午，依事前去函約定到中和鄉宋志先兄新建住宅
地點相訪，洽談關於購買其北鄰地皮事，此地最大之問

題本為無出路可與大道相通，但今晨志先兄告謂已獲得理想之解決，此即由志先兄東鄰刻間閒置之地通行，此地彼本欲建築，現已經地主與其商量互惠，即將後面之地售彼六十坪，上項閒置地自留四尺，售出八尺，此八尺適可作為後面北鄰之出路，如兩方均作為通路即可合用共有一丈二尺，更為理想，今晨適與東鄰李君相逢，彼亦贊成此意，決定三數日內一同成約，此地與宋、李二地原為一個地號，去年出售宋、李兩段為公地頂出，現在所談者則為耕者有其田案內之放領地，李六十坪，余約一百坪，惟據志先兄云，彼頂進之一段原云九十七坪，目測不甚足數，將於測丈時由地主補足其本人之數，由余在洽購中之地內挖出，故余地面積尚不能作最後之確定云，談竟余即回寓，中午帶二百元訪宋兄託代交地主作為定金，並便中由宋兄處至其鄰近察看姑丈正在興工建築之房屋情形。

閱讀

連日讀釋星雲著「釋迦牟尼佛傳」，全書以釋氏之身世與演變為經，以佛法之發展為緯，寫為三十七章四百面，計二十餘萬言，且有插圖十餘，益為生色，在中文書中，佛教前之所無也，關於敘述佛陀之生活部分，易於了解，關於闡發佛理之部分，則多難了解，須參看佛經始可有相當之領悟也，茲將所述重要佛理部分記綱目如下，以備異日晉求理解：諸法無常，諸法無我，涅槃寂靜稱「三法印」。正見、正思惟、正語、正業、正命、正精進、正念、正定，稱「八聖道」即四聖諦中之道諦。苦、滅、樂、道，稱「四聖諦」，眼、

耳、鼻、舌、身、意稱六根。十二因緣為過去二因——
無明、行；現在五果——識、名色、六入、觸、受；現
在三因——愛、取、有；未來二果——生、老死。十大
比丘弟子為：舍利弗，智慧第一；目犍連，神通第一；
富樓那，說法第一；須菩提，解空第一；迦旃延，論議
第一；大迦葉，頭陀第一；阿那律，天眼第一；優波
離，持戒第一；阿難陀，多聞第一；羅睺羅，密行第
一；此十人在傳內占特別一章，述其行誼，各有異乎常
人之處，最後兩章述佛陀涅槃前後之遺言與一切比丘
比丘尼之痛哭失聲與日月無光，可謂書中結尾之最高
潮也。

集會

晚，五時半出席會計師公會理事會，討論應送立法
院之修正新所得稅法有關會計師代完所得稅之懲戒規
定，又會內將呈社會處稿一件交余核閱，文內稱余堅辭
勞保基金會委員，望予以照准，並附繼任之徐光前履
歷，余未表示意見。

11月8日　星期二　晴

師友

上午，宋志先兄來訪，談中和鄉地皮價款定金已
付，約定俟本月十一日測丈成約付款，由施取代書作為
寫約人，代書費由買方負擔，又閒談關於建築房屋種種
技術問題。下午，徐庶幾兄來訪，談公賣局標買活性炭
事尚未化驗完成，決標無期，至於代利源介紹該局使用
純鹼事，亦尚在化驗之中，難立即告成，以前託余與公

路局修車廠接洽代中連公司修車胎事，余已接該局正式復文，對於價格一點未有明告，此事影響實施，將再往詢其大致範圍，以免盈虧難底預定云。

11月9日　星期三　雨

集會

晚，出席小組會議，將黨證交組長準備連同數週來處理之黨員自清表一併送之區黨部轉送上級核閱。今日會中無何討論事項，乃閒談最近宣判之胡光麃與尹仲容一案，希望在法院任檢察官之吳治組長能將內幕情形有所報告，蓋因外界傳言紛紛，立法院又有行政干涉司法之質詢也，但吳君所談亦甚簡。

師友

下午，到廈門街訪鄭旭東兄，談黃海公司託辦公司登記事，希望轉知早將文件備妥交來，但據鄭兄云，股東會後迄未舉行董事會，故事實上尚有所待云。

11月10日　星期四　雨

師友

下午，崔唯吾先生來訪，談關於張彬、張磊姊弟之入學費用資助事，立法院方面友人洽妥者有張曉古、牟尚齋兩兄，戰慶輝方面因顧慮其困難，未與接洽，外埠則尹致中方面亦尚未洽妥，此款關於張、牟兩兄處希望余向其洽收，余所經手者有石鍾琇與李先良，惟均尚未交，容待催交云。下午梁愉甫兄來訪，為吳先培兄託彼致意，因刻有一輩友人洽妥接辦一毛紡織廠，定明日

往看，希望余往幫忙在會計方面予以適切之注意，旋吳
兄亦來電話，謂時間不及面談，盼能明日前往協助云，
余詢梁兄以內容，梁亦不詳細。下午，訪鄭旭東兄，不
遇，由其夫人介紹一處代為將若干金飾變價，備作為建
屋購地之資。

寫作

昨今兩日寫成「美國之遺產稅與贈與稅」一文，約
五千字，取材方面大都為 Joseph P. Crockett: *The Federal System
of the United States, A Survey of Law and Administration* 此書篇幅不多
而極為扼要，其範圍以內地稅法典為主，並以下部專談
徵收行政，此等體裁之作尚不甚多，其所論者有所得
稅、遺產稅、社會安全稅、飲料稅、煙稅、印花稅、貨
物稅、罰則等等。

11月11日　星期五　雨

師友

上午，依昨約到嘉陵公司訪吳先培兄，為其協助一
新機構之接收事宜，至則始知其概情，新機構乃文華造
紙廠，係合夥組織，由經理沈志明代表讓盤於吳兄及
游彌堅等之代表人喬修梁，承受全部資產負債，作價
二百一十元，資產負債數目則依合約所附之表為限，但
簽約後尚未見其附表，據云亦未詳知其資產負債，其原
因為內部人事不和，設將資產負債情形抄出，難免不起
誤會，昨日簽約，依約即須接收，今日分兩部分出動，
一部分到重慶南路該廠辦公處，一部分到樹林廠址，到
辦公室者有梁愉甫兄及另一張君與陳君，余亦會同前

往，比至，由沈經理延入樓上，沈君先與其副理等至另處洽商，返即宣布其事於全體同人十數人，並介紹來接收之人員，移時即同至另室會議，余見其事或不簡單，即先行辭出，下午以電話詢之吳兄，知當時該廠經副理發生歧見，幾至動武，並未移交即行退出，聞明日沈君依約登報讓盤，其對方或同時登報否認，至於廠址方面則接收情形甚為圓滿，預料其中人事糾紛將因生產部分之已經移交而自然因時間而解決，況與經理衝突之副理無非因係股東所位置，沈君讓盤乃股東所託乎。

置產

上午，依事先約定到中和鄉潭墘與承領耕地之地戶訂約議價買受，余到時已晚，正由宋志先兄丈量其現在建屋之地，據云該地乃全部四分之一，係屬政府出租之公地，但亦包括於此同一地號計一分三釐三毛之內（計三百九十坪），但分割之時似略有不足，於是乃由所餘之地內量取六坪，然後以其餘測量面積出讓，承受人尚有李易華君，彼先已買得其四十坪建屋，現向後延長，以屋旁四尺之直線向後歸彼買受，四尺以外尚有八尺，本亦李君所買，則讓回地戶，改作另一半地之出路，即由余承受，如此可以雙方均有通路，此線定後即分別計量四周長度，然後入室內計算，結果余共得一百四十坪，其中十坪為此項通路，較預料之數超出四十坪，當按八十元付給價款，計算成約，由施取代書為證明，余與李君共兩約，每約一百五十元，雙方與地主各負擔一百元，直至下午二時始行辦竣，至於權利書狀為放領地土地所有權狀一張，計地積二三三甲，另有蓋好地戶

印鑑之空白申請書備明春申請提前繳納地價之用，二者
均推余保管，余為表示手續清楚，於晚間草擬簡單之合
約一種，由余與李易華君各執一份，約定此項書狀及附
件由余保管，將來繳納地價完納捐稅，均由雙方按面積
攤認，如有將土地轉讓他人時，應通知另方云。

11月12日　星期六　雨

師友

晨，到福海旅社訪徐庶幾兄，取來其受託推銷之風
濕藥丸六丸，供德芳服用，彼已數度提及此事，但一再
表示自己帶來，而始終不果，今日乃趕早往取。上午，
丁暄曾君來訪，託余家下女代介紹傭工，其夫人已生產
半月，家事無法照料，急於星火云。

交際

下午，應邀參加中國地政學會舉辦之地政成果展覽
與雞尾酒會，昨日為我國首屆地政節，曾有紀念大會與
同樂會，今日招待民意代表，並開始展覽，招待人員由
地政與土地銀行兩方職員擔任，並極力尋機向參觀者作
扼要說明。

11月13日　星期四　晴

游覽

下午率紹中、紹因、紹彭到園藝試驗所看蘭菊展覽
會，蘭花只有洋蘭與石斛蘭二者較多，本國蘭花則只有
觀音素心蘭與蕙蘭各一枚，前者已著花而後者則未，然
在水之窪已經清香四溢，比之洋蘭與蝴蝶蘭之徒有其表

者，不可同日而語矣，洋蘭中有美齡蘭一盆，未見有何特異之點，嘉義愛蘭會展出有盆景甚多，其本多用九重葛，有一盆提名曰「隻手擎天老益壯」，係用榕樹之小枝幹屈曲而成人形，一手擎天，一手重地，維妙維肖，聞榕樹有二百年之生命，未知確否，至於菊花則有一普遍之特點即花朵均極肥大，缺點則幾乎千篇一律，全無風神，深覺減色不少，觀竟至鄰地看玫瑰畦，順便置得一株而攜歸栽盆。

師友

晚，王慕堂兄來訪，據云將買房一所，卜者謂其夫人明年有相見之望云。

11 月 14 日　星期一　晴

業務

上午，到林產管理局分別晤臧金泉組長與林慶華君，詢林業員工互助協會財產過戶事之情形，據云財政廳日產室本存心收回作為日產處理，後因農林廳與法制室不予同意，該廳又主張約集社會處、人事處等會商決定，但又遲遲不予召集，協會方面已一再催促矣，余告以此事何時解決尚未可知，月來物價波動甚劇，余之未收公費部分在拖延中無形虧耗太甚，請考慮早予支付，好在未竟之事余將負責到底，萬一財政廳勝利，余仍照約代辦約定事項，設該廳不肯，則責不在我，公費仍應照算，二人對余之見地允予以同情考慮。到公路局修車廠與熊詩涵廠長談翻車胎價格及廢橡膠標賣手續等事。下午，到中和鄉公路局訪曾大方兄，介紹牌照科吳君洽

詢卡車牌照如何申請加發事，知甚為不易云。

集會

　　下午出席光復大陸會財政組委員會繼續討論租稅收集方案所得、營業等稅。

11 月 15 日　星期二　晴

集會

　　上午，出席會計師公會常務理事會，通過新會員入會案二件及其他例行事項。

師友

　　下午，到空軍總部訪王樹清專員，託在其醫務室買德芳所用維他命之針藥與片藥等。下午，徐庶幾兄來訪，談及所進行商洽菸酒公賣局買利源廠純鹼事，恐有人從中搗鬼，致廠中對樣品化驗遲遲不報告結果，余又告其路局卡車牌照增加事，依照交通處規定根本甚少可能，除非以舊牌照換新牌照，即使買進新牌照之車設其新車進口時限於自用者，亦不能過戶，又關於車胎翻造事，適接公路局修車廠熊廠長通知，謂各項約定價格可供參考，經抄列報告，其價較工礦公司更高，恐難以承辦。晚，李公藩夫婦來訪，余對於商情多有隔閡，經以證券及紗布兩業情形相詢，承解釋各事項甚詳，其中指出此地證券之經營特點為證券商自負盈虧，客戶則以二成保證金無限期的買賣期貨等，候行市斬斷，其差額利息則為證券商之收入，客戶有純投機者，有套利者，套利者為手上有現貨而賣出期貨，或買入期貨，然後看行市而收進或交出期貨，其冒險性比較為小也。

11 月 16 日　星期三　晴下午細雨

參觀

　　上午到台灣大學醫院參觀，此為該校十週年紀念校慶慶祝節目之一，展出於該院前樓各走廊，以圖表居多，無法一一細看，只擇其較為有興趣或以為新穎者稍過目，已費時多多矣，其中病理科為對於癌症之研究工作最為注意，有幻燈片若干，顯示癌細胞之種種實情，為局外人難知其異點耳，又有電影四段，一為台大醫院介紹，二為肺癌切除手術，三為食道開胸切除，四為生與育，其中手術實況部分為余所不及經見，另以開放之手術室情形相為印證，視野為之一增，生與育則記錄嬰兒由出生至保養之各種常識，多為余所已知，然對大眾則極有用也；下午到該校本部參加校友與家長之招待茶會，並便道參觀各系之展覽，因門類太多，無法全部寓目，僅看農學院之花卉暖室與果實品種插花，文學院考古人類學系之歷史資料展覽，與化學系之展覽，心理系之各項測驗器械展覽，後者因參觀者太多，無法擇一試驗，此外尚有圖書館之教員著作與學生論文展覽，不及往觀。

娛樂

　　晚，到明星戲院看電影，有片二部，一為李麗華之「少奶奶的秘密」，乃一三角戀愛故事，以無結局為結局，殊不愜意，二為章遏雲之王寶釧，乃再觀，為聽唱工也。

11 月 17 日　星期四　雨

瑣記

　　月來物價大漲，比上月幾普加三分之一，為保障購買力只好就必須消費各物品預事購存，如衣著及奶粉食用品之類，為此今日所費時間為最多，上午到空軍總部福利社購物，因公共汽車每五十分鐘始有一次，而詢問賣票及車掌彼又告以不正確之時間，余兩度等候，幾費去一小時半之時間，只在管理處人員之不知為乘客珍惜時間，雖一舉手之勞亦不為耳，所幸回程時起站之售票處在窗外抄貼一份，對於過客供給不少便利，但亦非過來人不知有此也，下午到翔泰買衣料送王一臨兄為其長女之結婚送禮，挑選時亦煞費周章，經過一小時餘之時間始行辦妥，此等瑣事最費時間也。

娛樂

　　晚，偕紹寧到第一女子中學大禮堂看教育部中華實驗劇團演出三幕話劇「一字千金」，全劇宗旨在闡明文盲之誤事費時且造成金錢損失，但故事發展情節卻無其必然性，因而降低宣傳效果不淺，至於演技則王昌熾、熊瑛為最佳，其餘角色大致亦能各如其分，燈光布景則無可疵議，觀眾秩序亦佳。

11 月 18 日　星期五　雨

師友

　　晚，逢化文兄來訪，將所擬致台北縣政府之申請書稿交閱，並加修改，備明日打字，此稿敘述逢兄與余及王立哉、童秀明、李鴻超等十四人買地於潭墘段潭墘小

段，建築疏散房屋，地號為二六九之二、二九○之一、二九○之二、二九八之一、二九八之二等五號，先後鑑界、分割、勘測、複勘數次之多，結果不一，甚謂鄰地侵占亦忽有忽無，地積忽足忽不足，以致無法確定地權，請派員複查重加測丈，以免糾紛等由，此事係前次開會推定逢兄與余起稿，渠並先與王立哉氏研究，略加初步修正云。

11 月 19 日　星期六　雨
集會
　　上午，到女師附小出席一年級和組家長會，由級任范建南報告希望家長對學生應注意事項，另告紹因個人應改進事項，一為上課不可說話，二為說話訓練應加強，三為不可忘帶用物，四為注意力應力求集中。下午出席黨團小組會議，趙雪峯主席，余紀錄，報告有關建屋、年會、待遇等問題，討論事項有建議中央妥籌安置失業同志，經通過，關於物價波動有動議者，因反映已多，故未決議。
參觀
　　下午，到生產力中心參觀台灣區機器工業同業公會各項產品展覽會，出色者為唐榮出品及裕隆馬達，另有輕工業展品如中本毛織等亦佳。

11 月 20 日　星期日　雨
瑣記
　　上午，照前數日之約會，到景美訪劉代表綽然及杜

代表、毛委員等，至則劉、毛均不在，而同時前往之李
洪嶽律師先到數十分鐘已與杜代表晤見，本擬商談之共
有土地各有關問題，將通知毛、劉、杜三人到余等事務
所商談，此等問題包括共同道路為鄰地使用如何商訂條
件，此項放領地之提前申請繳清地價問題，以後繳納租
稅與地價問題等，孫福海君云，地上道路現一團爛泥，
彼等住此者對修路正積極進行云。

交際

　　晚，到空軍新生社參加王一臨兄長女之婚禮，事先
送衣料兩件以為賀。

11 月 21 日　星期一　晴

瑣記

　　兩三年來視力有減退之象，由於看視物件有漸漸向
遠之情形，按常識判斷為花眼之特徵，今日到延平北路
適有一眼鏡店福記，先談鏡片與鏡架價格合宜後，即在
櫃台上驗光，其所備標準度數玻璃自五十度、七十度至
一百度均試過，感覺只有五十度者為比較清晰，因即定
製，據云兩目不須分試，花眼驗光最為簡單易行云。

交際

　　晚，春茂貿易行約宴由其經理劉君與同人孫丹秋及
趙君等招待，其他客人有日商正井博、大源張鶴年、南
昌行曹經理、台灣製罐廠姜經理、太平保險公司梁紹
和、第一商業銀行西門分行經理李仙子等，余鄰座為曹
經理，此人雖為一貿易商，但對於當前經濟情勢頗有不
同凡俗之看法，渠認為此次物價波動有一原因為一般所

不察者，為立法院適於各項刺激物價之其他原因發生作
用時通過華僑回國投資條例，此項條例對於以物資輸入
資本之規定將使金鈔因造成用途，外流增多而價格高
昂，結果由進口貨而土貨，無不連帶的因而提價云。

11 月 22 日　星期二　晴

交際

　　中午，比鄰王一臨同學約宴於天然台菜館，今日為
其長女出嫁第三日回門之日，以新婿為首席，新婦亦偕
來，陪客多為其中央日報之同事與同鄉同學，共一席，
新人終席無一言。

師友

　　下午，到經濟部訪會計長張景文兄，託為前山東省
銀行同事馬麗珊之夫王景民君介紹至台灣肥料公司擔任
專任醫師，當承照辦，此事王君本已早來相託，余荏苒
未予進行，今日見中央日報分類廣告欄有該公司羅東分
二廠之徵聘廣告，乃亟往為介紹，並將信寄馬君，殆回
寓知渠曾來為此事相託焉。上午，丁暄曾君來訪，謂其
戚誼將為介紹至土地銀行工作，須代其寫信送往簽名，
自無把握，乃託余代寫，余囑其自行擬稿，俟擬就余
即略加潤色，即行可用。逢化文兄來訪，約明日到台
北縣府。

11 月 23 日　星期三　晴

師友

　　上午，應昨日之約於九時半乘汽車到板橋與逢化文

兄等聚齊以便到縣政府交涉潭墘地皮地積地界前後測丈
不符事，余至時逢兄已先在，但應來之李鴻超與童秀明
二人則尚未，如此等候至十一時，經中和鄉之台北來
車最後一班終未見到，乃廢然而返，據逢兄云此項時間
乃童君所定，而竟不守信約，至為可怪，下午同往三張
犁訪王立哉氏談此事蹊蹺，咸以為可能有二，一為彼等
確為臨時有事，有誤行程，二為彼等有意不來，拖延問
題之解決，蓋縣府對於其地政事務所之措施未必推翻，
則最後一次測丈之可能為最大，照此次結果童等位於地
之西部者均面積略大於東部各段，勢須將溢出之地價找
補東部各戶，照前次決議為按市價找算，則為數將遠較
目前須繳之電費為高，彼等固樂得拖延為得計也，果係
前者則另外定期前往，如係後者則存心不良，余以為逢
兄應表示辭謝此項聯絡人之任務，則手上掌握之現款亦
應拖延使用及移交，庶可加以對抗，並發動余等小組以
外之同時購地同人如尹莘農、楊凱齡等，對於彼等已經
繳納之電費表示如不能同時將地積問題解決，便不能動
用，使彼等所打如意算盤不能不為之粉碎，王氏對此建
議認為可行，逢兄則首先提出扣留款項之辦法，故尤其
贊成云。

11 月 24 日　星期四　晴

師友

　　上午，逢化文兄來訪，談枋寮工地因童秀明、李鴻
超二人之未應約到縣政府，今日亦無所解釋，顯見存心
如此，果然一味拖延，則分割得地少者必須有適當對

策，決定由渠召集全體大會，事先並分頭說明內容，由
逢兄往與尹莘農聯絡，余往與楊凱齡聯絡，並寫信與劉
馥齋聯絡，談就渠並往與王立哉氏交換意見，下午往訪
楊凱齡君，請其對此一問題了解並出席會議時有所主
張，彼允照辦，惟彼忙於建屋，余未能詳加說明。

參觀

　　下午，到農業試驗所參觀其十周年展覽，計有總辦
公廳、總展覽室、農化系、植物病理系、園藝組、農藝
系、應用動物系、畜產系等部分，最易引起外人興趣者
為病理與園藝兩部分，前者由主持人說明特別強調其
甘薯縮芽蟲病之研究，此尚為一發端，數年後當有成
果，後者則展出種種果蔬花木，琳瑯滿目，說明人對於
塗布生長素於蕃茄之成效倍加推薦，此外各部分則枯燥
乏味者居多，例如標本模型數以千計，縱有興趣，亦無
此時間細加觀察也，再如農藝系展出之水稻育種及麻類
生長，各種作物改良等等，並附有原子能之影響水稻生
長，則不復了解矣。

集會

　　晚，舉行小組會議，無討論事項，只將各人黨證經
送由上級加蓋自清訖章後發還。

11 月 25 日　星期五　晴

瑣記

　　前院竹籬笆因巷內三輪車夫之車輛往來碰撞，數月
來又有損壞，乃買竹板一坪，今日上午即從事修補，計
補植十餘根，另添修板條兩三處，大致又已平妥，此籬

笆已近三年，初用雜木柱，一年又蝕斷，而竹板及橫板條均無恙，於是知非杉木柱無可用者，乃加植杉柱，籬外加橫竹板與籬內之木板條共同賴鐵絲拴捆，迄今兩年屹然不動，只近地面之木板條與舊竹板近地一端有爛斷者，隨時修補，得以加長壽命不少也。

師友

　　晚，逢化文兄來訪，謂關於枋寮地皮事李鴻超與童秀明迄無對於其爽約理由有所解釋，經與王立哉、劉馥齋兩人商量，認為不必再召集全體會議，即根據此種困難情形，逢兄先表示辭謝總持此項事務之責，而辭謝之承認有賴於大會之討論，在大會未開前自然一切應在凍結狀態，則彼等已繳修理按裝道路與電燈之費亦當在凍結之列，以此法相對抗，庶可不致中彼等拖延之計云。

11月26日　星期六　晴

參觀

　　下午，到中山堂參觀王植波（砥中）勞軍書法義展，出品凡九百餘幅，最多者為行書之對聯條幅，乃一純粹之現代人字，尤其類似近年上海流行之馬公愚、鄧糞翁等之書法，帖意重於碑意，神采悅目之處多，挺拔自立之處少，此種情形在近年已屬難得矣，王君出品中有大本臨寫，一為聖教序，二為懷素自敘，均出以摺本，氣魄亦自不凡，漢碑則有史晨、張遷臨本各一，實無大區別，足見漢碑工力尚屬不足，其出師頌臨本似最精彩，然吳子深跋語甚謂筆筆用漢人法，則失之標榜，此由其隸書可以知也，篆書則臨石鼓一件，亦有小篆自

作書一件，則尤見遜色，大體言之，小字楷書最見筆力，臨顏魯公尤其神似，能數十字無一敗筆，作者用功之勤，實有足多，此外則鋼筆字帖，只獨出心裁，未足取法也。

體質

　　年來兩目視力漸見減退，余昔年最喜閱影印之縮小字體，如印刷清晰之法規字典，尤其抗戰勝利後在濟南訂閱上海申報縮印航空版，小字清晰，最獲我心，然此等印刷物近年已漸感不易領受，即如余之日記字跡，三年前細小如蠅爪，雖紙張較佳，然用筆未換，亦視力使然，而燈下看書易倦，且十分吃力，強光無補，皆為昏花之徵，上週到延平北路一眼鏡店配鏡，按其模型只須五十度，云為最低度，並謂兩目不須分別驗光，迨配好取回，兩目分別視之，即有區別，左目較重，首日往換，左目以八十七度為最宜，但無鏡片，乃勉用七十五度，今日取回，左目仍覺不甚適合，未知其是否已經更換，蓋度數相差不多，僅憑肉眼不能識別，遂疑其陽允而陰違也，又為德芳配一付，兩目皆用五十度者。

11 月 27 日　星期日　晴

師友（補記昨日）

　　王景民君來訪，談關於謀為台灣肥料公司第一廠羅東分廠專任醫師事，據悉該廠登報以來已有九人應徵，王君刻服務之太平山林場有一同事曾在該處擔任醫師，故知其詳，大約將由九人中開會取決其一，張景文兄所出之介紹信已由其夫人馬麗珊寄至羅東，渠將俟星期

一回羅東往晤該廠廠長云。高注東兄來訪，係由屏東來者，半年來與李雄、曹挺光、金平歐、蕭天石等人合編三民主義辭典，均已將初稿互換審查標註意見，現在為共同審查，作最後之決定，希望年底以前能有結束，高兄談及風濕症之療法，據云余井塘氏曾右腿患之，痛疼至於站立五分鐘後即告不支，後有人傳法為用兩足之十趾做彎曲上下之運動，數月而愈，故介紹於德芳仿行云。（以下今日）下午，率紹因、紹寧、紹彭出遊，途遇廖毅宏、徐庶幾兩兄正欲來訪，乃在道旁略談，據云利源託接洽酌售純鹼於菸酒公賣局事，已漸見明朗，所送化驗樣品已有報告，認為尚屬合格，局方已允先行試購一百噸試用，俟試用有結果時再作進一步之安排，徐兄謂此事實現後利源即照聘余為會計顧問，而廖兄為業務顧問，試購之後將在製瓶廠方面繼續作功夫，始不致再有變化而功虧一簣云。下午率紹寧等三兒女到中和鄉訪宋志先夫婦閒談，並看姑丈新建之屋，該屋已經在頂上加覆牛毛紙，明日即可上瓦，此屋最大之點為屋架堅固異常，樑上均加有鐵箍，為一般房屋所無，水泥用一比三，料亦實在，據計算平均每坪造價為新台幣二千元，但目前建築材料大漲，照此價又已不敷矣，該地比鄰為陳秉炎會計師，彼至門外送客，與余相逢，乃至其寓所相訪，渠之建築基地七十三坪，建築為十五坪，比例相稱，屋之四周皆為花木，甚為壯觀，最多者為木瓜，結實纍纍，當摘下一隻供余飽啖，並另以一隻交紹彭帶回，陳君談會計師業務，不抱信心，認為大體言之非辦稅無業務，辦稅決不能以合理方式為之，在矛盾中

求生存，設非另有固定收入而賴此為生，實不易也。辭
出後回宋志先兄家，遇李先良兄，甫由台中來此，正辦
理簽證手續赴美考察，李兄來台後政府無絲毫酬庸，作
寓公六年，今始靜極思動，未見者已兩年，雙鬢大白，
抗戰中彼固出生入死於膠東敵區，曾幾何時，為人淡忘
至此，然反躬自省，又何獨不然。逢兄云已正式函五人
小組辭謝關於枋寮買地之總管任務，其中之一曾送余家
而未相遇云。在姑丈建屋工地內遇建築師趙君，託為籌
劃將來建屋事，據云現正忙於監工，將於不久代為計
劃，並云須先將地皮看好後再行畫圖，比較切實，趙君
為隋錦堂妹婿之同學。

11 月 28 日　星期一　晴

業務

　　余所承辦之台灣省林業員工互助協會清理財產業
務，自去年九月簽約，至今已一年有餘，中間因財政廳
公產室從中阻撓，延不解決，業已半年有餘，余初擬等
候其先決問題之解決，及後見愈久而愈渺茫，近來物價
昂騰，該會未付之公費九千五百元之購買力已大打折
扣，遂商洽該會負責人能否提前支出，彼等均表示予以
同情之考慮，今日欲辦一正式公函，將此事提出，然表
面理由又不能如上所云云，乃另覓合約上之根據，余由
條文中得之，即約內所定之各項工作大半均已完成，所
餘只有出售財產與分配權益於台籍組合員，及向法院辦
理財產減少之法人登記手續，除法人登記手續為最簡單
之附帶工作外，其兩項中之分配組合員權益須先出售財

產，而出售財產則應先由該會決定方案，交余照案辦
理，然該會迄未定出方案，故函內第一事即為催其提出
方案，此即表示延誤之責任全在該會，而方案不但目前
不能提出，即將來何時提出亦成問題也，於是進一步提
出本案公費尾數請照數支付，而未了工作將來得該會通
知均可隨時辦理不誤，此項意見即謂依約須待全部工作
完成後始可支領之公費，現因於該會之原因而不能如期
完成甚至完成無期，自不能不提出補救之辦法，然因公
文上第一不能表示完全無合約根據，致核辦人發生困
難，又不能表示係屬變更合約，使該會小題大作，再生
枝節，又不適於明文指摘其違約，致經辦人發生不快，
故全篇只能出以輕描淡寫之文筆，隱約中似乎合於契約
之規定，又似乎其曲全在於彼方，而又不顯現有難堪
之處，下午據此原則將稿擬就，將俟明日再行推敲後
即行繕發，通篇不過二百餘字，然剪裁之間，取舍大
有分寸也。

瑣記

　　余酷好碑帖，然舊存已蕩然無存，大陸消息久斷，
縱尚完好，亦等於無也，在台只能就書肆有時略為鑑
賞，如昨日在王砥中展覽會見他人附陳之商務珂羅版張
猛龍碑，連日在中華書局見日本新印珂羅版數種，包括
孟法師碑、華山碑、張黑女誌、王聖教、孫過庭書譜
等，均定價甚昂，余無一無之，而不在手邊，亦只好過
屠門而大嚼矣，近又在大陸書店見新刊之書道全集第七
卷，為隋唐一段，刊有龍華寺碑、龍藏寺碑、皇甫誕
碑、化度寺碑、九成宮、廟堂碑等，印製甚精，尤其對

於化度寺碑之各種拓本有比較說明,且逐一有斷片影本,乃此項全集新本之不同於舊本處,實可見彼邦之無事不求進步也,反觀吾國,台灣所印碑帖,除最近發行之書譜乃據故宮藏本用較好珂羅版印製外,其餘皆屬粗製濫造,能用橡皮版者已屬上乘,至於隨手揣摩,貽誤學子,則不唯表現文化之荒落,且暴露教育之無能矣。

11 月 29 日　星期二　雨
集會

　　晚,出席革命實踐研究院台北市財經第十九研究組第五次研究會於台灣合會儲蓄公司南門分公司,由張導民主席,陳信麟讀訓,張平君擔任專題報告,題目為「當前財政處理原則的檢討」,並於報告後共同討論,原報告大意謂現在政府財政處理原則為量入為出,此項原則乃以私人理財之原則適用於公經濟,且財源並未枯竭,採此原則似非適宜,至於當前需要的財政原則應以建設台灣與完成隨時反攻大陸之準備為第一重要條件,此則必須量出為入,至如何採行量出為入的財政處理原則,在政府現在所採行之理財辦法為開源節流,但當務之急不在開新源節新流,而在清源與清流,直言之即求來源之涓滴歸公,並求用途之無中飽與浮支,則預料必能有驚人之增收與減支現象,又所以強調此點之原因為在財政上消滅毒菌之腐蝕作用,根絕貪污云云,在提出討論之時,首先由在財政部任職之杜春英發言,認為當前財政只為接近收支平衡,而逐年有赤字存在,此實非量入為出,然亦並未照用途按排收入,故亦非量出為

入，又根絕貪污乃實行財政監督與改進行政風氣之事，其範圍應超出財政，故不若作為另一論題，庶免混淆，次由在中央日報為總經理之徐澤予發言，認為當前自由中國之一切作為，須在事實上有助於反攻而無利於共匪為大前提，財政措施亦然，不能只觀察其現象，並須洞視其後果，此語又泛而又空，似與本題有關而無關，繼由在美援運用委員會任職之盛禮約發言，認為在顢頇作風下之政府如求清源、清流，則第一難清，第二即使能清，且恐後果更糟，繼列舉我國官員對美籍人員之遷就敷衍，財政人員之不能統籌全局，例如相對基金款項竟有兩億餘久存中央信託局而不轉入國庫銀行，財務調度，通貨弛張，全無中樞神經可言，以此作風，其將奈何，至此發言完畢，由於各發言者各有重點，竟無集中結論可循，主席乃提出兩項解決方法，一為下次繼續討論，二為今日即告結束，將意見整理送出，余發言認為照第一法較妥，但須作一大綱，下次必可較易處理，因今日發言者意見雖俱極寶貴，但在綜合技術上則困難太大，杜君所言涉及全部財政政策，與原案之著眼技術者不同，徐君所言為經濟政策與財政政策之賓主問題，盛君則觸及當前美援問題，此乃無財政之名而握財源之實者，重要性且過於形式上之財政，以上各問題均極重要，然不予以耙梳，無法與原案相融合也，眾亦同意余之見解，但因大綱無人可擬，故只決定下次繼續討論，個人帶書面意見前來，以備整理，今日會議歷兩小時，情形相當緊湊，然只交換意見難有結論也。

娛樂

下午到第一劇場看電影，片為日本大映公司之「地獄門」，此片宣傳已久，各報一致予以佳評，且曾在法國、美國得數項金像獎，實地觀之果然名不虛傳，故事寫十二世紀時日本幕府時代平氏勝源氏而握政權，中間一度為源氏乘虛入京奪權，宮女袈裟喬裝皇妹出奔，由武士盛遠護送，因生愛憐，但旋在兵亂中失去之，及亂平後論功行賞，盛遠願娶袈裟為妻，平氏允之，後知為侍衛渡邊之妻，然盛遠情不能已，仍苦苦追求，揚言如不達目的，則將殺渡邊，亦殺其姨，且殺袈裟本人，袈裟見非有大智大勇無法打破此局，乃陽為應允，並謀盛遠半夜到家殺渡邊，並告以住宅所在，不料回家後將渡邊安排別室，其本人則臥夫室，盛遠莽撞誤殺，及知已悔之無及矣，事後盛遠頓生慧心，授刃於渡邊請其殺己，並碎屍萬段，渡邊則謂君一死可解脫，余將何堪，竟怒之，盛遠自云，如此結果，渠生亦在地獄，死亦在地獄，於是執劍削髮，入山修行，後成名僧焉，此故事或為實事，但極其動人，演來亦均恰如其份，如京町子所飾之袈裟，長谷川一夫所飾之盛遠，均在表情上不弱於西片，配音則日樂、西樂參互使用，且極感和諧，對話用日語，但附印全部英文字幕，乃在便利外國觀眾，最出色者為其所用之伊斯曼彩色，絢爛如生，柔和而不觸目，尤其在盛遠夜入渡邊室之一段，萬籟俱寂，惟有微風吹動花影，秋蟲哀鳴，以如此靜穆之境界烘托全劇最高潮之到來，斯時觀眾無不摒息入神，與劇中人打成一片，導演之最大成就，於此表現無遺，嘆觀止矣。

11月30日　星期三　陰

集會

　　下午，出席光復大陸設計研究委員會財政組委員會，就租稅改進方案修正草案逐項討論，以作定稿，緣本委員會之租稅小組半年來草成租稅改進方案一種，提經全組委員會通過後，送至半年舉行一次由各組召集人組織之綜合小組後，附有極詳盡之整理意見發還重行檢討，由於綜合整理意見多屬昧於事實或隔靴搔癢之見解，故討論時多有冷嘲或熱諷，尤其原起草之杜春英委員，每次發言皆不能鄭重將事，今日提出之修正草案乃根據一月來討論之結果整理而成，其中凡有說明文字，對於綜合整理意見之誤謬處皆以反駁之語調出之，有時且甚為鋒利，其立場或不得不如此，但易於引起不快，故今日審查此項草案時，多將此等不夠含蓄之文字加以刪削或修改，此外多照原文通過，綜觀綜合小組之整理意見，其值得注意之處確屬不多，余意則只有一點，即菸酒公賣收入在綜合整理意見中提出專賣或開放之比較問題，較有價值，據分析現在之所謂專賣利益年近十億元，如開放公營或民營，則只貨物稅及菸葉應補之貨物稅收入即近似之，若將所得稅應行增加之數計入，將兩相差別無幾，然則在建制方面言之，儘可在二者間不受收入影響之原則下，從容比較選擇，今日所提草案主張維持現在專賣制度，理由為收入相略何必更張，如謂現在之菸酒製造管制有浪費處，則改為公營未必無同樣問題，如開放私營則價格競爭，從價徵稅不能把握固定稅收水準，故主張不動，自然立論有充分理由，然此亦言

財政者主張保守之常談，所謂利不十不變法，所謂舊稅即良稅，皆此意也，會議於五時散，到者只十餘人。

娛樂

晚，率紹因到圖書館參加唱片欣賞會，今日節目為紀念莫札爾特誕生二百周年，所選之曲為莫氏所作四首，第一首為交響協奏曲，係以小、中、大三提琴合奏，而以管樂伴奏，第二首為 D 大調鋼琴協奏曲，以鋼琴為主樂器，另以交響樂團作間斷之伴奏，有時相互錯綜，有時互為呼應，第三首為 C 大調鋼琴協奏曲，情調與第二首相似，第四首為管弦樂合奏 G 小調第四十交響樂，音色優美，以上除第四首為 Boston Symphony Orchestra 演奏，由 Charles Munch 指揮外，餘三首皆為 New York Philharmonic Symphony Orchestra 演奏，Dimitri Mitropoulos 指揮者，第一、二兩首各費時十五分鐘，第三首費時獨長，為四十分鐘，第四首費時二十分鐘，全部一小時半結束。

師友

下午到交通銀行訪王慕堂兄，閒談，據云下月將參加總務人員訓練班受訓。

12月1日　星期四　晴有陣細雨

師友

　　晚，武英亭兄來訪，係接余上月二十八日去信探詢關於治療鼻塞之經驗，詢其何時在龜山以便趨訪，武兄因今日到此為法商學院上課，故順便來面談一切，據云風濕不易治療，因其由來非只一日，其友人有張啟黃君者，昔為大別山游擊司令，息縣人，在此非正式為人治療，並配有丸藥及火罐灸法，云有奇效，至於鼻塞最好之治法為以特殊方法之呼吸以濟之，但須在山林空氣清新之處，住市內不可行，但亦有簡單之法即閉氣使發生衝擊作用，初試之時為時不長，逐漸進步，能達到三分鐘一息之時，必奏奇效，此外又將其健身法所謂乾浴者傳授頭部一段，凡十餘動作，包括鼻部之按擦在內，謂行之既久，亦必有效云，談竟乃相率往訪高注東兄於杭州南路其子明一處，但二人均不在，留字而別。晚，逢化文兄來訪，謂上星期日曾發信至枋寮地皮五人小組中之另四人，表示不復對於該地有關事務負責，該信共二件，一致余與王立哉，一致童秀明李鴻超，第二份寄出後迄無反應，計時該信不致未到，然則彼等作何對策，殊值注意，均認為或暫時不作表示，蓋彼等所急者為按裝電燈，其所費比之余等地積減少應找回之地價為少，彼等既存心拖延，不向外找地價，此時自然亦不急於按裝電燈，以避重就輕也。

12月2日　星期五　陰

師友

上午，高注東兄來訪，因昨晚余與武英亭往訪曾留字謂星期六再來，彼星期六因會同審查三民主義辭典事須工作至晚，無暇可以相晤，故又去信請其於星期日上午來訪云，繼談其與金平歐、李雄、蕭天石、曹挺光等合編三民主義辭典，所遭遇之困難最大者為相互不能有共同之了解，而詳略之間又不能商得一致之標準，於是進行甚為遲緩，預料一個月未必完成云。繼又談及風濕病之療法問題等，高兄謂按摩手術有時奇驗，渠本人曾為人治療救急，近來不常應命，轉為生疏矣。徐庶幾兄來訪為所進行代利源洽請菸酒公賣局試用出品純鹼一案，已經決定為一百噸，俟此事告成，即聘余為會計顧問，廖毅宏為業務顧問云。午飯留高、徐二兄便飯。下午到三張犁訪王立哉氏，談枋寮地皮問題，王氏謂曾去函逢化文與童秀明表示不能不先解決面積問題，而按裝電燈童本欲為王墊款，亦請不必，但亦無反響，王氏主張逢化文兄不妨再度去信，因渠本只函李鴻超一人並轉，不妨再對童秀明亦去一份也云。

業務

下午有陳丙丁父子來訪，謂李崙高律師介紹其來委託余鑑定帳目，余原則允與承辦，但彼提公費問題，余謂須看案情繁簡，容即訪李律師酌定之云。

12月3日　星期六　晴

師友

　　晚，蔡文彬醫師來訪，係因其遷址以前之房東本為匪諜，而被保安司令部派員將房屋占有，在遷移之時尚欠房租一月，現在房東已接保安司令通知房屋歸還，據以前來支索一月之房租，詢問能否支付而無枝節，據亦詢問保安司令部人員認為已經結案無其他問題，房東可以收取房租，余亦認為無何理由拒付，但為慎重起見，不妨在收據上囑其說明如有糾葛此款仍應退還，蔡君又談風濕症之特徵，認為不易速發，且易再發，一切療法皆不外使局部保暖，故電療、按摩均有益處，但因時間短暫，比之用熱水袋效力不會更大也云，又認為注射維他命B1為最合宜，B12可以不必同時使用云。下午訪逢化文兄不遇，留字，告以關於枋寮建地有關問題與王立哉氏接洽三點：（1）渠除已函逢兄表示意見外，並已另函童秀明劉耀西夫婦，表示應先解決地積、地界等問題，並請不必代墊裝置電燈費用，因童君曾當面請求代墊王氏之數也，（2）如果逢兄辭謝任務之通知只發李鴻超與童秀明二人中之一人，不妨再發其中之另一人一份，候其反應，（3）王氏本應向尹莘農說明此案原委，請其確定應持之態度，但尹君頭腦不健全，恐說明太多，神經不正常，反而僨事云。下午訪李崙高律師，不遇，留字定於下星期一上午再來。訪林產局林慶華君不遇。

12 月 4 日　星期日　晴

游覽

　　上午率紹彭到木柵指南宮游覽，先乘公路局汽車至木柵，然後有指南汽車公司之汽車上山，山雖不高，然據云按山路上山亦有數千石級，現在比較省力矣，余乃初次到此，見山間自然風景大佳，尤其初冬景色，如大陸秋初相若，游人相繼休沐，香火亦盛，但所供何佛，則未之知，因命名曰宮，而居其中者又似和尚，其殿又不似佛象也，容查台灣游覽指南，再為指證，此宮俗又稱名仙公廟，何所含義，亦未能知，其地在山腰，左右兩側各有上下之路徑，中間花木扶疏，又有石塘，中間子午蓮盛開，全為白色，令人神爽，在山盤桓半小時餘，仍乘原車回市。

師友

　　下午，廖毅宏兄夫婦來訪，談徐庶幾兄所會同進行之利源售公賣局純鹼事已經告成，渠本人將應該公司之聘為顧問，余又與談菸酒公賣局在日據時期有公賣組合，其性質有類於林業之組合，未知已否清理，請其探詢，如尚未清理，應加速其事，並促請委託會計師為之。晚，金鏡人君來訪，此人任職於師範大學，因待遇太低，有意進行貿易商之會計工作，詢余以會計人員訓練情形，余將所知相告，此人為在安徽省銀行時之同事，喜逢迎取巧，為一澈底的勢利之徒，逃出大陸後來台曾來索余證件辦理銓敘，事竟後一兩年未見，蓋其平時非在需要有所利用時絕不念及有淵源之師友長官也。

12月5日　星期一　晴

業務

上午，到李崙高律師處接洽渠所介紹之陳丙丁查帳案，據云此案糾纏已久，現在為高等法院奉最高法院發還更審，該當事人之帳目已有三個會計師查過，但忽略第五本帳，高院囑陳再延會計師三人由該院指定一人另查，當提出王培基、嚴以霖與余，庭指王培基，索公費四千五百元，陳認為無力負擔，於是李律師囑來託余，今日決定由李律師代為具狀請指定余一人辦理，公費為三千元，俟接法院通知後即訂約著手辦理云。

師友

上午，到國民住宅興建委員會訪石鍾琇與王保身兩兄，探詢該會所計畫在北投購地建屋並供給基地與核定貸款建屋者一事進行情形如何，據云地尚在洽購之中，且須將來點綴風景區，建築必須考究，地價因開山面較貴，渠介紹余另一地點為六張犁，該會已將地買好，且已開闢道路，分成段落，每段自一百坪至數十坪，價為自七十元另五角至七十六元五角，優點為立即購買立即可以據以申請建築執照，缺點為水電未備，余下午遇張敬塘兄，據云渠曾向該會買得此地一段，即因水電問題而未能建築，又該地較為低窪，似乎排水問題較大，交通則甚為方便，十五路公車前行一站即達云。

集會

下午，出席同鄉會召集之武訓先生一百十八年誕辰紀念，由秦德純氏主席，由教育部次長吳俊昇演說，認為武訓先生乃捐資興學運動之首創者，而其方式之奇特

與艱難又非繼起者輩所可同日而語云，以下尚有演說者，余因事早退。下午出席稅務旬刊社召集之所得稅法五十二條問題座談會，由鄭邦琨主席，出席者二十人左右，半為會計師，半為財政機關之現職人員，發言者以會計師為多，幾乎每人有意見，惟是否扼要有間耳，聞今日之會召開動機為立法院討論新所得稅法本條時因技術性太大，保留約請技術人員考慮，今日討論之重心在於此項條文是為補救企業界之虛盈實稅，抑為據以辦理資產重估價之根據，其實此問題甚簡單，然在未經詳細思考以前最易混同，余初接該社通知及所附參考資料，亦覺二事似乎不應分開，及從會計處理上加以探討，始恍然於不應相互混為一事也，於是乃繕寫書面意見，以備發言時間不夠無法口頭說明時之補救，此時發言者極多，首先由張穎與顧凌雲就其在稅務旬刊所發表之論文加以說明，然後由王庸、吳崇泉、章宗鈺、張安侯、邱朗光等先後發言，有主張資產估價與補救虛盈實稅為一事之兩面者，有主張此二事應使在法律上一元化者，皆侈陳原理原則，少有針對此一條文之立法技術而立論者，最後鄭兄延余發言，余首先聲明另有書面，乃再加口頭解釋，至所寫書面如下：（一）所得稅法第五十二條之規定事實上乃著眼於虛盈實稅問題之補救，其運用應限於當年度資產有漲價之事實，將所漲部分分別在折舊科目之借方與準備科目之貸方記帳，藉以降低原有帳面之課稅盈餘，故本條條文連同草案第二款（即財政部不公布物價指數時納稅人亦得以申請）均可照列。（二）至於因此項處理而必然連帶發生之問題，如：上

項準備科目在實際上為一種對銷科目，勢必使資產科目
亦為相對照之增漲，始免本末對照之嫌，又如：資產因
重估而增漲，勢必連帶的對以往年度所提折舊準備亦發
生重估問題，再如：在折舊增提與資產重估時相因而生
之準備科目，應如何劃分記入對銷科目或資本公積科目
等，皆為純粹之會計技術問題，應在商業會計法及其附
件「商業會計制度之一致規定」內為對照之規定，以免
扞格。（三）第五十二條所用名稱「資產漲價補償準
備」最易望文生義認為是資產重估之意，最好改稱「資
產漲價折舊準備」較為切合原意，又所得稅法本節全節
稱為「資產估價」，本非不適，然易於混淆，似可改為
其他名稱，以免語病云。余說明以上各點時，特別強調
所得稅法只著眼於損益之覈實與課稅之合理，會計問題
非所必問，此點頗引起在座者之注意云。

12月6日　星期二　晴

業務

　　下午，訪林業員工互助協會清理小組人員臧金泉、
林慶華二君，僅遇林君一人，據談該會之清理問題已經
由財政廳召集有關單位取得協議，候簽呈省府核示後即
可行文辦理，其辦法為各共濟組合之財產屬於台籍組合
員者，應予清理發還，承辦其事者應為各機關之職工福
利金委員會，所餘之日籍組合員部分，即由此會承繼，
所以必須如此者，謂因此項產業應屬公有，設如林產管
理局之辦法成立財團法人清理並保管，即成為私有，於
法不合云，其實只是咬文嚼字，講張為幻而已，惟既已

如此決定，則林業員工互助協會之已經清理至半途者將
如何善後，即大費周章，尤其若干財產已經過戶，豈非
又須再度辦理登記，如此徒費字墨與時光，真不知所為
何事也，余今日過訪本為面交請支付第三次公費之公
文，至此余仍然交於林君，請其作一研究，余所持理由
為照約只有二事未辦，此二事須待該會先定原則，惟因
為時已久，請將公費先行支付，凡有未了之工作，將隨
時了結不誤，在擬稿之時，本不知上述一段之曲折，但
既已如此，余以為此函仍應照送，因林業員工互助協會
即將結束，其清理工作應歸另一機構接辦，則所餘二事
非歸新機構辦理不可，則為期寫遠，公費問題仍不能不
早有妥善之解決也，經約定後日再詳談。

12 月 7 日　星期三　晴
集會

　　下午，在逄化文兄家舉行潭墘地皮建村會議五人小
組會，到者除余與逄兄外，為童秀明與李鴻超二人，討
論地皮分割與電桿裝設問題，童、李二人已經建築，故
主張一面向縣政府再度交涉清界，一面即在本月十日
之限期內將電桿裝費繳付，余認為現在小組以外同人之
已繳費而有意見，或在地界一量再量何時始為定局一事
不能先取得全體一致之諒解，他事根本不能進行，應即
先行召集全體會議，無人可以缺席，決定此次測量為最
後之測量，無論何人有多有少，均不得再有異言，一面
再將繳電桿費問題提出，得全體同意後始可將各人所繳
之款（本為開井與修路及裝電等三項用途，現全用於裝

電）向電力公司繳納，此意見不為二人所贊成，認為上
次大會後一切皆未進行，不必先行再開，容俟進行有相
當眉目後再行召開，如此不能獲致結論，乃決定明日先
往縣政府交涉清界問題，然後再定次一步驟云。關於此
項地皮建屋向住宅興建會貸款事，因中和鄉已行都市計
畫，原則上應憑建築執照申請，今日童、李二君在彼等
申請之時，曾將此地之十四所有人開一總單送之興建委
會貸款組，故依理目前無再行加附此項證件之必要，但
須加附土地台帳謄本，逢兄云亦曾逐一請得分交，但余
未見。

12月8日　星期四　晴
瑣記

上午，同逢化文、童秀明、李鴻超等人在板橋車站
集齊到縣政府交涉潭墘地皮之分割測丈迄未定局問題，
先訪主任秘書徐德綸，認為亟須解決，乃一同往晤地政
科長程君，並面遞公文，經決定由科派高級人員會同
地政事務所原測量人員定期前往重量，談畢並決定今晚
舉行五人小組會議一次。在板橋地政事務所申請潭墘地
皮之台帳謄本，現在所用為土地登記簿，故係申請土地
登記簿謄本，此項謄本係為辦理貸款手續之用，經查此
地逢兄本已根據十份分割情形申請謄本十四件，但渠本
人及余之件均遍尋無著，乃重新申請，此項土地之現在
狀態為已分割而未過戶，故登記簿上只按分割之面積記
載，戶名仍為原地主，至於抄出謄本後何以能用余等之
戶名則余至今仍屬納悶不置也，在申請之時同時為潭墘

一七九號地亦申請一份，該地係放領地，據云省令只能
申請登記簿謄本而不能聲請台帳謄本，省令只云不能申
請後者，所謂能申請前者者，則因省令未提及，為應付
現實而所開之方便之門也。

業務

　　高等法院派人來查詢陳丙丁上訴案之案號，囑開送
民事科，余甚納悶，下午往詢李崟高律師，始知渠前日
代陳丙丁狀請委託余為其複查帳目一案時，將抬頭誤為
民庭，其實乃屬刑庭，李君允即向其更正。下午，到鐵
路公會訪理事長簡永發君，持去年陳忠孚處長所寫介紹
字，商談關於鐵道共濟組合之清理事宜，據云財產狀態
已調查明白，目前尚無清理之必要，俟根據前數日商量
之辦法成立職工福利委員會後，或即須核算組合員之權
益，屆時必委託余幫忙處理其事云，此事余去年係由修
城副局長介紹於陳處長再轉介紹於簡理事長，雖一度往
訪不遇，後因聞悉財政廳對各組合清理事有阻撓之舉，
乃延未前往探詢云。

交際

　　晚，約林產管理局臧金泉等數人小酌，請其協助早
日解決林業互助協會清理案。

12 月 9 日　星期五　陰

瑣記

　　上午到中和鄉姑丈之建地與隋錦堂妹婿談建築設計
事，並詢問趙建築師之所在地，經研討結論，認為正
式申請建築執照恐無可能與必要，向趙君只須談建築

技術云。

聽講

　　開始參加國民大會黨團之英語研究班聽講，教授朱楚方，由國際音標教起，發音注重說明發出之部位，說明至為清楚，朱氏說明英語發音基本上與中文有異，即在其不能只由喉頭發出，須練習由胸內發出，西人因自幼上教堂唱詩，故一般聲帶均較我國為有深度，吾人如說話能肖西人，亦須鍛鍊始可，此語甚有理，但做來甚不易也。

12月10日　星期六　晴

瑣記

　　上午，到住宅興建委員會貸款組進一步查詢貸款建屋應具各種證件之實際情形，經辦人員查卷交余檢閱，知同在枋寮購地之李鴻超申請時係將中和鄉公所所發建築證明書買地十四人一同送至該會作為證件，凡童秀明與李琴堂等皆不另送而參照上卷辦理，經辦人員認為余亦可以照辦，惟須另照案加附土地台帳謄本耳，此事關係甚大，因目前中和鄉已實施都市計畫，此項建築證明已不再照發，而須申請建築執照，手續太繁也。

師友

　　上午訪王慕堂兄於交通銀行，告以與李君切磋英語事已經談好，改日余定期約敘，又為裝設電話事，將面訪國民大會洪蘭友秘書長，請為備函介紹，較有把握，自去年起余未往洪氏處走動，請代為約定時間並偕同前往，王兄當時即以電話接談，初不在家，然後知在中

央黨部，乃通話，經定期後日上午在其寓所晤談。晚，逢化文兄來訪，談前晚舉行枋寮地皮小組會議情形，已經於昨日先將電燈裝費先行繳納，但如何催促縣府從速鑑界則又無人注意及之，逢兄又談貸款建屋時渠將在第三期內為裝備木料，已與林管局呂秘書洽談申請配給辦法，但其中有製材加工三成問題，能最好有一免納辦法，配售原木最為便利云。

12月11日　星期日　晴
師友

　　下午，率紹寧、紹因、紹彭到中和鄉訪宋志先兄，探詢關於建屋申請水泥所須附送之表件，據云最重要者為建築圖樣，此項圖樣乃根據計算需要數量者，故此圖須專為此目的而繪製，至於實際建築可以伸縮，余為此問題又至該地營造房屋之工地訪隋錦堂表妹婿，據彼之看法，為請水泥需用一圖，為請木材亦需另備一圖，但實際建築之圖樣仍必須不折不扣的十分詳盡，渠由此次建屋已有經驗，所用圖樣為隋洪林所繪，渠甫由學校畢業，所繪多欠詳盡，施工後補救即已不及，渠主張託趙君代為繪圖，並訂施工說明，以作準據，本欲託趙君亦為余監工，因不能分身，恐須另行設法，關於此項施工之方法，宋兄意以代價委工程師辦理最佳，隋君意亦略有流弊，即彼如不能專精，亦恐受人之愚，較好之法為雇人監工，自己亦加適度之注意，主要材料自備，其餘由包工自行準備，此法雖好，然最重要者為工料數事先不易控制，難予預算。

瑣記

余買用麻油之店為南昌商行，數日前因花卉需施用肥料，詢以需用之油渣有無出售，據云須向同安街工廠洽辦，今日上午率紹寧前往，見其院內所置甚為豐富，歷係經若干時整批出售，余所需甚少，即由彼隨意取贈約兩三斤持歸。

12 月 12 日　星期一　晴

師友

上午，到公路局訪劉哲民兄不遇。上午到警務處為新任樂幹處長接事道賀。上午到交通銀行請王慕堂兄一同到新生南路訪國民大會洪蘭友秘書長，託為備函致電信總局交涉按裝電話事，洪氏謂渠去函太多，恐未必皆能生效，但仍照辦，余取出函稿一件，渠因須加潤色，當即留下，謂今明必照辦不誤。下午在聚豐泰晤吳麟律師，詢彼以前申請按裝電話之經過，據云周折至多，自台北電信局之局長營業課長起至管理局工務課長止，皆有關係，近聞成立一個審議機構，以交通部部長袁守謙為主委，恐今後將更為麻煩云。又談及渠與童代表世荃亦均為此次獲得建屋貸款，因二人無多資金，正籌劃二人合作營建，但未知能否核准，如不能核准，即須以其春間建成之房屋指名貸款，據云在民意代表貸款案開始後所建之屋均可作為貸款之對象，又各代表已經取得貸款者，有只取一期即行停頓者云。

聽講

下午，續聽朱楚方氏講授英語國際音標，截至今日

止已將全部單母音講完，朱氏所講者為十五音，較林語堂課本所用者多三個，經余加以核對，為輕音之 [ɪ]，與 [e] 音相似之 [ɛ]，及 [o]，此三音是否皆為美語所特有，則尚未能全部予以了解云。

12 月 13 日　星期二　晴

瑣記

上午，到中和鄉訪李琴堂君，探詢其新造房屋託三台營造廠之經過，以為參考，據云所採方式為委託設計與監工，以造價百分之五為酬金，前後經過極為良好云，談頃，童秀明代表由外入，謂台北縣政府派人前來量地，望會同辦理，乃一同往晤，來者為縣府地政科錢君與新莊地政事務所高、楊、廖三君，因臨時調用前來，事前不及通知，此時已十一時，乃開始工作，其順序為先測四週其他土地，以其角度測定圖上本地界線與實際地界，余見其所畫各線，知因前有糾紛，此次極為嚴格云，中午留其同到天然台吃飯，並就近通知逢化文兄前來參加，飯後續往工作，四週得界址後即行先釘木栓，大體與現用地相差不大，東鄰微有侵占，然亦不過尺許，一田埂而已，北端被侵略大，然不甚寬，南端則地界在現有道路之中，如此測量結果，預料將切合事實，然後又按現在之同人內部分割線逐一量其面積，分別記錄，據云下星期一、二可以算出結果，至完成時已下午六時矣。

師友

上午，到中和鄉訪施取代書，不遇，留字託代向鄉

公所索建築證明書，在林水柳地上建屋，下午又訪一次
亦不遇。晚訪劉馥齋兄於埤腹，余因晚間難尋門牌，向
小店詢問，適有劉兄之同事林君自動為余導路，甚為可
感，今日為通知明日到枋寮定地界。

12月14日　星期三　晴

瑣記

　　上午，到潭墘會同辦理合購土地之分割定界工作，
對外界址全照昨日測丈所植木栓，凡有曲折線地方即在
木栓處用石灰下灌約二尺深，東鄰因直線太長，中間若
無一表示，亦太簡單，乃於各人分界處亦另加灰栓與木
栓，一面對外為界址，一面對內為分割線，今日工作一
上午始完成其半，預定下午將另一半完成，明日上午將
於地內界線工作，而全部完成之云。

師友

　　下午，徐庶幾兄來談數事：一、公路局修車廠詢問
日內託售廢橡膠事，渠已轉詢中連貨運公司，明日可
前來參加登記；二、有遠東汽車游覽公司者，在台中
開業時計有大卡車、中卡車各三部，大車所用底盤為
一九四六，規定須一九五二年後者，不合需要，初只準
備作交通車，繼又准在台中市縣區營業，最近因赴屏
東，被罰停業四十五天，該公司現須請求二事，一為底
盤更換需三十餘萬元，力有未逮，經營年半無事故，可
見不成問題，能否免換，二為所定營業區域應不作為行
駛區域解釋，則在台中承攬之業務應不限於境內也云，
余允先行研究，以便決定能否交涉。下午，訪汪聖農兄

於電信管理局，託查洪蘭友氏代為來函申請電話事，請代為注意，勿使脫節，便中使文書方面能為有利之處理，據云刻間按裝殊為不易，該局明年有擴充二千部之計畫，或有機會云。

娛樂

晚，到第一女中參觀該校十周年校慶游藝會，有學生表演話劇「殊途同歸」、「山城火花」兩齣，京戲「三娘教子」一齣，中間插有師大校友之八人邊疆舞，甚滑稽可笑。

12 月 15 日　星期四　晴晚雨

瑣記

上午到潭垨繼續與同人用石灰埋窖地界，大部係昨日下午完成者，今日只餘二、三處，頃刻即畢，然後逐一認視，至此全部定界工作完成，只待縣府通知各小段之地積矣。

師友

逢化文兄因其友人有急用，臨時借墊三百元，約定下午來取，但至時未到，晚著紹南往送信詢問，知已另在國民大會秘書處借到，此當作罷矣。上午，訪三台營造廠高九峯君，託為設計並監造房屋，預定為二十五坪，磚造，價格照五萬元預算，臥室地板，其他磨石子，衛生設備只求實用，據高君云三、五日內即可設計完成，屆時立即定料，可不受物價影響，磚用較次者，只在砌時不受影響，地板用柳桉五夾板，乾而免有翹裂之弊，余囑其另畫雨淋板圖一種，備申請木材之用，必

要時另用一圖申請水泥，當包括圍牆與防空洞等項，至
上項造價當將圍牆防空洞與水電在外。

娛樂

　　晚，到三軍托兒所看大鵬劇團公演，有拾玉鐲與長
板坡漢津口等，尚佳，尤其服裝極新。戲票乃高明一君
所送，兩張，臨時約王一臨、蘇景泉、吳崇泉均未約
成，乃獨往。

12月16日　星期五　晴

瑣記

　　上午，如昨約到板橋會同逢化文兄至地政事務所取
潭墘之兩段地皮土地登記簿謄本，此項文件包括謄本之
本身與對申請人之通知，二者戶名不同，然作為申請貸
款之證件則均獲得承認，亦可謂完全形式化矣，由此
至中和鄉公所約同代書施取至蕭昌銅鄉長處接洽兩地之
建築證明，與申請建材證明事，其中一段為保留私有土
地，前已辦過建築證明，現所須者只為購配建材證明，
查明舊案即可辦理，但須去一便函作為根據，另一段為
放領地，據施代書云，凡中央民意代表之得到貸款者，
可以持證件填寫申請書向縣府地政科申請改領，並由原
承領佃農具文同意，此項手續辦妥後即可作為自有之合
法建地，蕭鄉長亦云，此項手續辦妥後彼即可發建築證
明云，余因知此項手續，即可在申請貸款時用上項私有
地之證明，如將來查核人認為地號不符時，即可趕辦此
項手續以為矯正之地步也。

師友

　　下午，徐庶幾兄來訪，在談遠東汽車游覽公司之申請解除業務範圍事，謂已與公路局方面接洽，當即起草公文一件，託余修正後備遞，余允照辦，即於修正後交打字，至五時徐兄前來用印後去。晚，逢化文兄來訪，談明日不能分身去中和鄉公所，託余一併代為將建材申配之證明領出，此項空白申請書乃余下午送往，經蓋章送來託帶辦。

12 月 17 日　星期六　晴

瑣記

　　上午，到中和鄉公所繼續辦理洽取建築材料證明手續，詢問之時，昨日接洽之職員余君不在，另一女職員不甚清楚，余首先請其將卷查出，費時甚久，查出後告以今日所持之逢化文與余二人之申請書乃完全仿照同一地皮上劉耀西之格式，請照彼所領者發給，彼乃往詢建設課長，謂自都市計劃公布後須憑建築執照買建築材料，此項證明不再發給，但申請貸款用之證明仍可照發，囑余將申請書文字更改，乃由申請買材料之文字修改為申請貸款，女職員認為滿意後，動筆時又查出另一證明方式之底稿，內容為證明某人建屋確有其事，但另加註明建築時須另請建築執照，如此一來，效力完全抵銷，據以申請貸款，恐已有問題，如據以買配材料，絕無可能，余見此事頗費周章，本欲上樓與蕭鄉長交涉，因昨日初識，恐不能達到任務反而僵持，遂辭返，到逢化文兄說明原委，渠與鄉長較熟，請彼再往一行，必要

時情商倒填年月亦可也。

業務

　　李崙高律師介紹之陳丙丁侵占案自公費講定後，法院已有開庭通知，余告李律師轉知前來訂約，迄未前來，今日與李君通電話，據云正在籌款，一次交付，不妨先到法院閱卷，余允照辦，並將李君之卷借來，備明日星期趁暇先閱。

12月18日　星期日　晴

業務

　　上午，在寓閱覽陳丙丁侵占案之文卷，此部分為李崙高律師所存者，因渠係半途參加此案之辯護，故文卷不全，尚須在法院續閱，今日所閱之要者為林有壬會計師之查帳報告與最高法院兩次之判決，高等法院之判決，所未閱及者為本案之帳簿，及高院據以判決之林季鳴會計師查帳報告，尤其關於案內帳簿本已交會計師查核者只有六本，現在有第七本出現，而問題之癥結即在於此焉，余由今日本案之大概經過得知此案大半屬於鑑定性質，至於帳目凌亂，會計制度不完善，若云查帳，實不夠條件也。

集會

　　晚，到龍匣里里長辦公處呂錦江家出席里動員月會與里民大會輔導執行聯席會議，余為輔導委員之唯一出席者，因另有會議半小時即辭去，據理幹事翟君語余，此項執行委員包括里鄰長、區公所本里戶籍員、里幹事、民防指導員、警勤區警員，共十餘人，今日只到半

數，至於輔導委員則包括里內之中央部會首長、立監委員、國大代表等共有六、七人云。晚，出席小組會議，改選朱懷林為小組長，因監選人未接通知，故到達甚遲，在等候期間，閒談關於即將舉行之黨籍總檢查，其評分改定之標準，並重填各項調查表等，選出後並另通過原組長吳治為幹事。

12 月 19 日　星期一　晴

業務

上午，到高等法院閱覽陳丙丁案之卷宗，此本為根據李崙高律師之口頭通知辦理者，但閱卷室謂無申請手續，須問過書記官，乃一同往問書記官張君，據云已通知余開庭時參加，則只須屆時到庭承受鑑定任務即可，至於如何鑑定則可當庭辦理處理手續，以後再行進行，至於本案卷宗則尚在承審推事之處，正在參閱，備明日之用也云。

家事

上午到武昌街新設人體波靜電治療部為德芳掛號續治風濕，下午二時按預定時間前往，此為免費試療，病人甚多，每半小時一換，每換十餘人，治療時據云全無感覺，其效力似在以後云。晚，隋錦堂表妹婿來訪，詢問關於計劃建屋之情形，余告以正在與中和鄉公所商量出給證明，但鄉公所認為須辦建築執照，待此問題解決始能進行設計，隋君謂如必須申請建築執照，亦有與該公所有關之建築師據云可以在一周內請到云，隋君又談其在四十四兵工廠請長假一案業已奉准，即可改業云。

師友

逢化文兄午來訪，不遇，余往，亦相左，晚渠又來，謂今日到中和鄉公所與蕭昌銅鄉長再度接洽請發潭墘地皮建築證明之副本事，彼有允意，但須將申請書之文字再加修改，經決定將原本抄至文內再行送往。（因該公所文卷有殘缺。）

12 月 20 日　星期二　雨

集會

上午，到國民大會黨團出席小組會議，因出席人數太少，改為談話會，組長趙雪峯報告有關本屆聯誼會年會及光復大陸設計研究委員會全體會議各有關事項，其中國大聯誼會部分仍照往例給公費一千元、雜費三百元，光復會部分行政院允增加車馬費每月二百元，但由何月起支尚未決定，又談及貸款建屋問題，有提議將還款時期延長者，但尚未得到貸款者不予同情，恐難實現，又聞代表中貸款有用移花接木辦法在甲地申請，用乙地建築，頗有糾紛，有中止付給第二、三期貸款者云，余未終會即早退。

業務

上午，到高等法院出庭為陳丙丁侵占案準備作鑑定工作，原定時間為十時三十分，但至十一時半始開庭，除略訊兩造外，即問上訴人對於委託會計師公費三千元有未同意，渠仍嫌太高，但亦不堅持，推事諭應速繳公費，早日鑑定，否則將撤銷原議，照原有資料判決，繼詢余是否接受委託及公費，余告以公費為三千元渠無異

議，余乃詢以是否將帳目交余領回，推事答容其將委託
手續辦妥後即行來法院洽辦，至此退庭，陳之對造為王
廷香，初尚有律師代理，現則自行應訟云。

瑣記

　　關於中和鄉公所四月間曾出給余等十四人在鄉內枋
寮所買之地證明建屋一事，日昨與逢化文兄研究如何填
寫申請書，俾便該公所依舊案發給證明不礙及其現在實
施都市計畫之法令，決定將在鄉公所查卷不到之原證明
書上所用證明文字抄出，較為有力，余乃於下午到國民
住宅興建會查卷抄出，並將證明號數錄下，歸後重將申
請書擬就，將上項證明原文完全引入，尾端係請其查明
前案發給證明副本兩件，理由為原件十數人共有一份不
便劃分，文後且未註明年月日，以便暗示補辦之意。

閱讀

　　略讀 Shepard B. Clough: *The American Way: The Economic
Basis of Our Civilization*，此書頁數不多，乃就經濟觀點以
分析美國發展之迅速具何動力者，大旨在認定美國經
濟有六大特點，計為 (1) bountiful endowment of natural
resources, (2) technology of industrial and agricultural
production, (3) saving and investment, (4) making up
and use of labor forces, (5) transportation and trade, (6)
ideology which provided increment to greater output，該
書中對於以上各項支配之分量則有詳略之不同，故在分
章之中，除上述各項重要段落而外，尚有以下各要點亦
有專章加以闡釋，(1) extensive agriculture, (2) money and
banking, (3) business organization, (4) business cycles and

the welfare state 全書雖無高深之理論，然從此一角度解釋經濟問題，亦自新穎可喜也。

12月21日　星期三　晴

師友

中午，到潮州街訪逄化文兄，面交日昨改成之致中和鄉公所申請書，請證明本年四月二十五日曾發證明余等在潭墘即將建築房屋，由逄兄下午攜往交涉，此項申請書共需二份，二人為四份，為準備鄉公所留底，故共備八份之多云。下午，徐庶幾兄來訪，談中連修理車胎事可通知先檢齊一部分送修理廠，橡膠廢品彼已不復需要，遠東之逾齡汽車底盤事，渠已與謝澄宇兄二人與公路局監理處接洽可以接受派員檢驗之申請，託余與譚嶽泉局長再作接洽，至於此案公費已洽定為二萬元，謝、徐與余各五千元，另五千元作為派員檢驗時之有關費用，並囑其先行致送五千元備用云。

業務

下午宋治平幹事來代達常務理事虞舜之意，因社會處一再通知謂公會去文謂余繼續辭勞工保險監理委員之職，但余致省府辭職之文早已慰留，非余再補辭文一件，此公文無法處理，而省府規定處理公文之限期已屆，無法久延，余即告以此事乃省府本身處裡公文之脫節，主管人員既感無所適從，何不簽請其上級請示，即不虞公文滯壓，至於余補送辭文，未嘗不可，但如何措辭，實大費斟酌，蓋余第一次為公忙，第二次勢必寫明為公會之意，前後兩歧亦不佳也。

12 月 22 日　星期四　晴

瑣記

上午，到中山堂辦理光復大陸設計研究委員會與國民大會年會之報到事宜，包括領取資料文件與款項。上午，因比鄰蔡寓房屋出頂，承受人黃君謂已向市府查明現公用之廁所屬於彼方，希望余在頂約上蓋章，余乃到市府查詢，據云日產房屋出租業務不屬市府，余乃至土地銀行公產代管部與其主管之周股長查詢，據云此等情形無法查考，只能由租約上之坪數加以推斷，凡一屋兩租之劃分皆從其習慣使用情形，如有糾葛亦只能調處協議，另一職員云市府地政事務所可能查出一部分情形，余乃前往申請閱覽地籍圖，只見地之四界，房屋因無號數，無法申請，足見黃之所謂查明亦自為之辭而已。下午到台北縣政府建設局查閱中和鄉都市計畫圖，由圖上量得中和■邊至公園邊為一三四公尺，又至中和鄉公所以圖與地段相核對，據計算所在，一七九號位置在公園範圍，二九〇號地則地內有馬路大小兩條，又訪代書施取，洽詢昨日逢化文兄已經洽妥出給之建築證明書，據云鄉長尚未返回，建設課長認為須加註如在道路用地上建築應自負其責，是即圖上所畫之情形，或已引起其注意云。

師友

下午，王慕堂兄來訪，出示電信總局長錢其琛復國大洪秘書長關於申請電話之信。

12月23日　星期五　晴

集會

上午，到中山堂出席光復大陸設計研究委員會第二次全體委員會議，首舉行開幕式，宣讀總統訓詞，並由陳誠主任委員致開幕詞，歷一小時而禮成，休息十分後接開第一次會議，由秘書長丘昌渭報告工作，以下尚有台中研究區台南研究區之工作報告，余因事未能終席而退。下午舉行第二次會議，首先討論編纂委員會所擬反攻時收復地區政務處理方案之說明，引起若干極尖銳之批評，繼則檢討一般會議情形，發言者十餘人，直至五時半始畢，由陳誠主委作結語散會，晚飯由主任委員及數個副主任委員聯名邀請在光復廳聚餐，到者約七、八百人，當全體之半數，因地址所限，分兩天舉行也，飯後仍由陳誠氏簡單致詞而散，今日之會上午到者甚為踴躍，下午則比較寥落，內容亦較為不易引起興趣。

師友

在會場遇現任公路局長之譚嶽泉兄，久未相晤，互道契闊，余即以台中遠東游覽汽車公司大型汽車請求免換底盤事與之相商，譚兄對此事記憶甚清，初認為困難較大，但余詢以全部拆裝事實是否容許，彼亦認為絕拆不得，於是乃接受考慮派員重行勘查之意見。到空軍總司令部訪王樹清兄，託到醫務室代買德芳用維他命B1注射針藥 Plebex，比市價可低數成，共買五瓶50cc。

12 月 24 日　星期六　晴

集會

　　上午，繼續出席光復大陸設計研究委員會第二次全體會議，由國防部參謀總長彭孟緝報告軍事設施，因準備資料能適合時間與聽眾之需要，故引起極大之興趣，舉行時間共達一小時半，而聽者了無倦容，休息後由中央黨部第六組主任張炎元報告大陸匪情，因取材太過瑣碎，反應平平。中午，山東青島籍代表在會賓樓聚餐，到者八十人左右由秦德純氏報告山東幹事會工作情形，裴鳴宇氏報告貸款建屋情形，趙雪峯報告在馬祖所見山東同鄉情形，最後決定每人捐款十元資助並慰問久病之文德郁代表，散會時已二時矣。下午續開會議，由外交部長葉公超報告近來之外交方針國際大勢，特別提出蘇聯在中東對外經援攻勢之值得注意一節，希望民主國家能有警惕。休息後繼續對一般會務交換意見，最後由主任委員陳誠作一總結，強調欲光復大陸首須自己不打自己，此或有所為而來，至六時大會完成。

娛樂

　　晚，到中山堂看國大聯誼會演戲，首為陳淑華、魏水紅越劇碧玉簪，次為明星林翠、歌星美倫之歌唱與張小燕之舞蹈，再次為代表同人馮、王二君合演武家坡，大軸為哈元章、程景祥等之戰宛城，馬踏青苗起，刺嬸止，歷二小時半，全部五小時半，午夜散。

12月25日　星期日　晴

集會

上午，出席國大代表全國聯誼會年會，上午節目為開幕式，由臨時主席吳忠信致開幕辭，請蔣總統演說，希望能為民表率，注意分際，且舉例立法院請行政院提高士兵待遇一點說明不可逾越範圍，半小時畢。上午接開第一次會，由俞行政院長鴻鈞報告政務，多為原則性之說明，一小時畢，頗鮮精彩。下午續開會議討論提案，余因此等提案向來無見諸可實施之可能，故略事瀏覽，未終會而退，此會只舉行一天，至晚即畢。

家事

下午率紹寧、紹因、紹彭到基隆路探視姑母，並帶送瑤祥弟由金門託人帶來之高粱酒二瓶，姑丈亦在家，乃閒談關於建築房屋之有關事項，晚飯後返。

娛樂

晚，率紹寧到警務處參加革命實踐研究院聯合作戰班第五期舉辦之晚會，由中華業餘管弦樂團、中華業餘合唱團聯合表演音樂合奏、女高音獨唱、混聲合唱及兩個小朋友所跳踢踏舞等節目，歷時二小時始散，大體尚佳。

12月26日　星期一　晴

聽講

下午，續聽朱楚方氏講授英語發音，至今日止全部之單元音複元音及三合元音均已全部講完，並有充分之練習，此次研習進度不高，實因學者皆有難以生速效之

感也。

師友

　　崔唯吾氏之公子中來談參加留學考試選課在會計統
計二門中任選一科，望余能在其中參加意見，渠認為會
計上最難者為調整分錄重新作表，而試題中往往有之，
一子有錯，易於全盤皆輸，余認為此點最重要，且不易
補習，渠將先與其法商學院助教作一度交換意見後再作
決定，余告以如決定選會計學時，余可以為其以全力幫
忙云。

譯作

　　由 *New Directions in Social Work* 一 文 集 中 選 譯 Arthur
J. Altmeyer: The People and Their Government 一 文， 凡
六千五百字，譯題曰「現代政府與社會工作」。

12 月 27 日　星期二　陰雨

閱讀

　　讀陳定山著春申舊聞續集，此亦為在中華日報連載
者，凡七十則，所記以上海伶界花界為主，其中所述春
申各類妓院與劇場之沿革極詳，而於梨園掌故又多外人
所不及知，作者之多聞深為難得也，最後有特載一篇則
為報上所無，題為「我的父親天虛我生」，乃為陳蝶仙
所作白話傳記，描寫其父之行誼，如何從事文藝，如何
發展實業，皆有迥異庸行之處，其最重要者之造紙事業
與製造牙粉，目的在振興國貨，抵禦日貨之侵略，可謂
為不可多得之有毅力有恆心者，此篇最長，記其父抗戰
中退至大後方不違素志，以至病後回申物故等事之親子

之情，用筆之佳，他文所無。

12月28日　星期三　晴

業務

　　下午，到基隆列席黃海水產公司董事會，余到時已經開始，聞係選出董事長常務理事及常駐監察人等，其時正討論資本額問題，緣股東會決議為照在台實到之股東約舊資本額為十一億，乃改為三十三萬元，後悉經濟部須照在大陸時之總額十■億元折算，乃改為十五萬元，由各董監事負責將股東會決議加以改正（股東會出席者仍為此十餘人），關於辦理變更登記事宜，董事長徐觀羣請余報告與經濟部接洽之經過，余當將實際情形加以說明，在法理上亦認為應照全部資本計算云。

12月29日　星期四　晴

交際

　　晚，應邀到中和鄉中興路謝澄宇兄家吃飯，發動者為謝兄與徐庶幾兄，事實上作東者為台中遠東汽車公司董事長蘇君，此外應邀者尚有李洪嶽律師、公路局蕭國祥處長、方工程師等，請客之宗旨為遠東之汽車行駛區域問題請求通融。

瑣記

　　比鄰蔡君出讓房屋於黃君，當時言明廁所公用，今日黃因按裝自來水使用余之水管須填申請書由余蓋章，德芳允下午二時再辦，渠即不耐拂袖而去，但另設水管須多費一千餘元，於是借題發揮，以此與廁所之理由向

蔡要求退回定金，否則房價須少付一千元，余方因此人似不易與，為免以後摩擦，與蔡君商量將廁所劃分，即就其外邊空地加建一小者歸余使用，由蔡明日與黃商洽後動工，其費用蔡本應負擔亦表示願負擔，但在人情上余亦可略加補助，以為息事寧人之計，故余表示願自行負擔，但起因於蔡之頂讓房屋，故應由彼代余裝修完成云。

12 月 30 日　星期五　晴

交際

晚，到中信局禮堂參加革命實踐研究院經濟組第一期聚餐，到十餘人，半數攜眷而來，飯後交換禮物，余贈日記一冊及「我怎樣與肺癆奮鬥」一冊，抽回丘漢平所贈之包種茶兩聽共一磅，今日送禮物者有少至三、五元肥皂一塊者，最高者為趙聚鈺所贈中國經濟月刊一年，趙自己發行，定價為一百二十元，彼自以為價最高，特別將價值報告，■■人風度，往往如此，余所贈物由何名忠抽去，飯後又演電影「南海風雲」而散。

瑣記

晨到鄰右杜君家與杜太太談昨與蔡君所談廁所增建辦法，移時杜君與黃君來訪，立即承諾，並自認昨日態度失檢之處，於是由蔡君雇工，並託黃代為督建，渠自移走，此問題遂告解決，黃又託杜君再商借用水管並謂願付五百元，因恐收來糾纏，故不允，但謂廚房用水仍然向例供應，新裝云云，待從長計議，以示婉卻。

12月31日　星期六　晴

瑣記

上午，到中和鄉訪宋志先兄探詢關於建屋有關事項，據云申配水泥只須有相當之證明即可，雖證明上寫明不作建築執照用亦無關係，但木材方面情形則不知之云。又約姑丈到永明建築師事務所詢問申請建築執照手續，建築師許君不在，由孫■■先行略談，據云公費不照房屋建價計算，而係照每坪二十五元計算，包括畫圖與申請，大約數日即可獲得結果，惟渠以前曾對姑丈云手續費照百分之一計算，經約定下星期一再行前來訪晤，以備確定究竟是否用正式手續申請云。

業務

上午訪李崙高律師，告以陳丙丁案查帳事，昨日陳曾來電話謂將來訪，但又不至，嗣即渺無音訊，請李律師轉達務必早日公費送來，以便著手，李君云，陳曾表示下月五、六日可能籌到款項，當催其早日送來云。

交際

與吳崇泉兄在計政學院同學之何君淹君因在工礦公司服務，該公司民營後即轉職於財政廳任專門委員，獨身一時無宿舍，暫時在余等之事務所晚間以行軍床住宿，今晚在樂露春請吳兄與余及孫福海君吃飯，以表答謝之意，飯後應吳兄約至國劇清茶社吃茶，無名票串唱，移時即返。

附錄

寫作目錄

美國之公司稅		《稅務》
一個腦力勞動者為體力勞動者服務的故事		中央第四組徵文取
貿易國家排拒商業循環的對策	一萬三千字	《工商月刊》
美國新稅法的折舊方法問題	九千字	《稅務》
美國之遺產稅與贈與稅	五千字	《稅務》
現代政府與社會工作	六千五百字	

發信表

日期	人名	地點	事由
1/6	李德民		與基隆高職校長不相識
1/11	朱興良		詢彰化行資產重估價進行情形
2/17	楊孝先	頭城	通候
4/10	吳衍訓		詢寄楊富衣服事
4/12	趙榮瑞		與孟佑之談調職事情形
4/15	鄭邦琨		送「美國之公司稅」一文
5/17	瑤祥弟		收到高粱酒並已轉姑母
5/19	曾大方		託代索汽車行設立申請書
5/23	于子久		謝協助為本縣大學生捐款
5/25	王舍甫		社會處牟乃紘兄處已請託
6/ ■	于國霖		準備參加漁業查帳
6/6	趙聚鈺		送「貿易國家排拒商業循環之對策」
6/6	鄭邦琨		送「談美國新稅法的折舊問題」
7/ ■	王舍甫		社會處審查其資格有難以通融處
7/ ■	朱興良		回彰化銀行對保信
7/4	周爐		林業組合事可託省議員質詢
7/4	區黨部		可參加辦補習教育
7/8	孫伯棠		索查帳公費
7/12	李文鍾		介紹李洪嶽律師
7/12	楊孝先		通候
7/12	陳運生		請介紹商業銀行審核貸款工作
7/13	孟佑之		代送活性炭
7/15	徐庶幾		詢活性炭出品廠家地址
8/10	徐庶幾		活性炭略不合格望轉洽
8/11	黃輝		請考慮姜寶琳復職
8/11	朱興良		請注意探詢彰化銀行股票申請上市事

日期	人名	地點	事由
8/12	陳長興		請探詢新師附小招生情形
8/12	周紹賢		請探詢新師附小招生情形
8/13	楊孝先		問國防部主管人事有友人否
8/20	楊孝先		隋君請長假可暫緩
8/20	徐庶幾		葉君回台中否
8/20	孫伯棠		催四建社所欠公費
9/5	徐庶幾		活性炭之分量請再增加
9/6	高注東		通候
9/13	楊憶祖		來訪兩次不遇致歉
9/13	張緒心		復勉文武兼修必有大進
9/14	徐庶幾		告活炭標期
9/16	李百忠		第三次通知速送 44 年帳
9/23	李先良		張彬學費傾助事
9/23	楊孝先		填表兩份已待付郵，照片附去
9/26	瑤祥弟		託軍友社帶茶葉一桶
9/29	徐庶幾		活性炭投標者 4 家
10/6	民主評論社		投「貿易國家排拒商業循環的政策」
10/6	曾啟新治喪處		弔「國失棟樑」
10/6	李百忠		催查帳公費
10/6	台灣電力公司		請付證明公費
10/7	王馨山		黃海公司登記請先備戶口謄本
10/8	李百忠		再催查帳公費
10/17	崔唯吾		接洽友人助張彬學費事
10/17	省政府		辭勞保會委員
10/21	孫伯棠		再催四建社公費
10/22	李百忠		催備款換回其支票
10/22	王馨山		黃海登記應準備董監事名單、股東名簿、章程、股東會議紀錄等
10/22	丁暄曾		請探問模造紙出口公司
10/27	崔唯吾		賀中弟訂婚
10/28	李百忠		支票因不來以現款換回經支付交換矣
10/29	李百忠		支票退回請備現款來換回
11/1	李百忠		催公費
11/4	宋志先		定七日往訪
11/18	李祥麟		台灣近情
11/22	瑤祥弟		來台北有期否
11/22	衍訓		望注意衛生
11/22	馬麗珊		附寄張景文兄信
11/22	李德民		通候
11/28	武文		問治鼻炎術
12/30	瑤祥弟		已代存便利及有獎存款

收支一覽表

月日	摘要	收入	支出
1/1	上月結存	2,730.00	
1/4	理髮		██
1/7	書刊、牙膏、酒		██
1/7	林場公費	2,000.00	
1/7	景美地中費		120.00
1/8	被胎六斤		96.00
1/8	顧澤滋母喪禮箋		5.00
1/8	租書、雜用、聚餐		24.00
1/9	黨費		4.00
1/11	打字用紙		4.00
1/12	租書、買肉		40.00
1/13	茶葉		6.00
1/14	紹中書、水果		17.00
1/15	勞保車馬費	200.00	
1/15	酒		30.00
1/18	郵票、租書		6.00
1/19	理髮，連紹彭		10.00
1/19	本月眷貼	100.00	
1/19	零食		2.50
1/20	稅務旬刊稿費	340.00	
1/20	家用		300.00
1/20	紹南用買日記、租書		22.50
1/21	上月份待遇	1,000.00	
1/21	勞軍、馮治安賻		35.00
1/21	製大衣		480.00
1/21	魚肝油、牙刷		20.00
1/21	葡萄乾		23.00
1/21	光復會交通費	100.00	
1/22	香煙、皮蛋、雞鴨蛋、毛筆、頭油		96.00
1/24	車錢		57.00
1/27	兩日來車錢、桔子		13.00
1/29	書刊		5.0
1/31	紹彭玩具		6.00
	共計	6,470.00	1,478.00
	本月結存		4,992.00

月日	摘要	收入	支出
2/1	上月結存	4,990.00	
2/1	■■		13.00
2/ ■	■■		100.00
2/ ■	■■		6.00
2/4	林尹公子喜儀		40.00
2/5	家用		50.00
2/7	家用		500.00
2/8	車票、奶粉三磅、聚餐、車票		120.00
2/8	理髮		8.00
2/8	遺教經		10.00
2/8	本月勞保夫馬費	200.00	
2/12	家用		200.00
2/12	電泡、碗		10.00
2/12	麵包		5.00
2/13	看電影		10.00
2/15	頭油		7.00
2/17	光復會交通費	100.00	
2/17	戶稅		63.00
2/17	家用（幼稚園之一部在內）		650.00
2/17	有獎儲券利息	60.00	
2/17	景美地修路		120.00
2/18	配麵五袋變價	300.00	
2/18	家用		300.00
2/23	本月眷貼	100.00	
2/23	書刊		2.00
2/26	理髮		5.00
	合計	5,752.00	2,219.00
	本月結存		3,533.00

月日	摘要	收入	支出
3/1	上月結存	3,533.00	
3/1	家用		800.00
3/1	本月待遇	1,000.00	
3/1	一江山捐		10.00
3/1	奶粉二磅半		60.00
3/1	修童車、洗衣、報刊		40.00
3/5	書刊、水果		7.00
3/6	車錢		3.00
3/7	茶資		10.00
3/9	二、三月黨費		6.00

月日	摘要	收入	支出
3/15	牙膏、牙刷、車錢		14.00
3/17	勞保夫馬費	200.00	
3/17	麻布、燈泡		30.00
3/17	理髮		5.00
3/17	光復會交通費	100.00	
3/17	家用		100.00
3/18	德芳襪、衛生用品、鑽石券		65.00
3/18	肥皂、蚊香		100.00
3/19	本月眷貼	100.00	
3/19	家用		100.00
3/22	林場公費	400.00	
3/22	家用		400.00
3/26	餅乾		10.00
3/26	林場公費	300.00	
3/26	家用		300.00
3/27	紹寧鞋		12.00
3/27	奶粉二磅		46.00
3/27	零食		4.00
3/27	茶葉		10.00
3/28	肥皂廿塊		14.00
3/29	車票		24.00
	合計	5,633.00	2,170.00
	本月結存		3,463.00

月日	摘要	收入	支出
4/1	上月結存	3,463.00	
4/1	林場公費	200.00	
4/1	家用（內上月寫字間 60）		200.00
4/2	本月待遇	1,000.00	
4/2	李德民借		300.00
4/2	本學期子女教育費	360.00	
4/2	兒童用品		30.00
4/2	油紙、觀影		20.00
4/2	國大同仁捐二份、家用		1,000.00
4/6	理髮		5.00
4/8	勞保車馬費	200.00	
4/8	奶粉五磅		115.00
4/8	藥皂、酒、景美植樹		30.00
4/8	車錢		5.00
4/9	書刊		5.00

月日	摘要	收入	支出
4/10	贈友香蕉		5.00
4/14	書刊、鞋油		4.00
4/17	車錢		5.00
4/17	汗衫一件		12.00
4/19	車票		24.00
4/19	光復會車馬費	100.00	
4/19	殷君采購儀		100.00
4/19	本月眷貼	100.00	
4/19	書刊		6.00
4/21	紹中用及書		7.50
4/22	汗衫、毛巾		29.00
4/22	聚餐		20.00
4/23	鷗鵒草、鞋油		15.00
4/26	紹中用		2.50
	合計	5,423.00	1,940.00
	本月結存		3,483.00

月日	摘要	收入	支出
5/1	上月結存	3,483.00	
5/1	家用		900.00
5/1	本月待遇	1,000.00	
5/1	國大三人賻金		30.00
5/3	聚餐、牙刷		20.00
5/3	肥皂、飯碗		10.00
5/9	勞保車馬費	200.00	
5/9	西書二本		100.00
5/9	售麵粉五袋	325.00	
5/9	家用		400.00
5/9	黨費、水果		10.00
5/14	稅務稿費	260.00	
5/14	家用		200.00
5/14	牙膏、財稅周刊		15.00
5/16	理髮、香蕉、書刊		10.00
5/18	光復會車馬費	100.00	
5/18	兩委員喪儀		20.00
5/18	染料		6.00
5/19	水果、紹南用		4.00
5/19	本月眷貼	100.00	
5/19	郵票		3.00

月日	摘要	收入	支出
5/21	聚餐		50.00
5/24	書刊		5.00
5/25	香港衫		60.00
5/25	車票		24.00
5/25	車錢、紹中用		8.00
	合計	5,468.00	1,875.00
	本月結存		3,593.00

月日	摘要	收入	支出
6/1	上月結存	3,593.00	
6/5	兒童用書、觀劇		15.00
6/6	本月待遇	1,000.00	
6/6	國大同人捐三份		30.00
6/6	本月眷貼	100.00	
6/6	家用		1,000.00
6/6	理髮		5.00
6/7	觀電影		4.00
6/10	車票、牙刷		28.00
6/11	酒		10.00
6/12	贈張緒心書		123.00
6/12	看電影及衣物		7.00
6/13	德芳汗衫		14.00
6/13	送志先兄		18.00
6/15	本月勞保公費	200.00	
6/15	送于仲崑		200.00
6/15	書刊、修燈泡、釘子等		10.00
6/15	公費收入	100.00	
6/15	茶葉		18.00
6/17	光復會車馬費	100.00	
6/17	捐二學生		50.00
6/20	汗衫		15.00
6/20	車錢		2.00
6/21	公費收入	200.00	
6/21	家用		300.00
6/21	車票		24.00
6/23	電影、食品		9.00
6/25	理髮		3.00
6/27	公費收入	200.00	
6/27	家用及喜儀		200.00

月日	摘要	收入	支出
6/30	奶粉二磅		54.00
6/30	紹中預約字典（一部分）		16.00
	合計	5,493.00	2,155.00
	本月結存		3,338.00

月日	摘要	收入	支出
7/1	上月結存	3,338.00	
7/2	本月待遇	1,000.00	
7/2	國大同人捐經費		20.00
7/2	家用		900.00
7/7	看電影		9.00
7/7	本月勞保夫馬費	200.00	
7/7	家用		100.00
7/10	看戲及家用		18.00
7/10	黨費		6.00
7/10	紹中鋼筆		45.00
7/10	林口往返		7.00
7/12	理髮		3.00
7/12	聚餐		15.00
7/12	車票		24.00
7/13	牙刷		3.00
7/20	光復會車馬費	100.00	
7/20	本月眷貼	100.00	
7/25	公費收入	200.00	
7/25	家用		200.00
7/31	理髮		5.00
7/31	洗衣		4.00
7/31	麵粉四包變價	290.00	
7/31	家用		290.00
	合計	5,228.00	1,652.00
	本月結存		3,576.00

月日	摘要	收入	支出
8/1	上月結存	3,576.00	
8/1	本月待遇	1,000.00	
8/1	家用		900.00
8/1	車票		24.00
8/19	光復會車馬費	100.00	

月日	摘要	收入	支出
8/19	扣林猶新、林蔚膊金		20.00
8/19	車票		24.00
8/19	紹南、紹寧車票		30.00
8/20	本月眷貼	100.00	
8/25	勞保夫馬費	200.00	
8/25	家用		500.00
8/31	台利公費	600.00	
8/31	皮鞋		185.00
8/31	月初麵	390.00	
8/31	家用		390.00
	合計	5,966.00	2,073.00
	本月結存		3,893.00

月日	摘要	收入	支出
9/1	上月結存	3,893.00	
9/3	紹彭學費		216.00
9/3	劉桂、溫應首喜儀		130.00
9/3	軍人節贈記事本		11.00
9/3	書刊		13.00
9/4	教務旬刊稿費	400.00	
9/4	家用		400.00
9/5	麵粉六袋變價	426.00	
9/5	家用		426.00
9/7	鞋油		4.50
9/10	本月待遇	1,000.00	
9/10	家用		1,000.00
9/10	本月眷貼	100.00	
9/10	修皮鞋、修鋼筆		60.00
9/10	陳子莫膊金、墨水、黨費		20.00
9/10	紹中書、鞋油		10.00
9/14	訂廣播文摘		10.00
9/15	理髮		3.00
9/16	台利公費	500.00	
9/16	家用		500.00
9/20	光復會夫馬費	100.00	
9/20	什用		3.50
9/20	台利公費	300.00	
9/20	家用		300.00
9/24	台利公費	200.00	

月日	摘要	收入	支出
9/24	家用		200.00
9/27	十月份待遇	1,000.00	
9/27	代表喪事捐		10.00
9/27	家用		900.00
9/28	林有壬子喜儀		40.00
9/29	于振海喪儀		50.00
	合計	7,919.00	4,307.00
	本月結存		3,612.00

月日	摘要	收入	支出
10/1	上月結存	3,612.00	
10/5	理髮		3.00
10/9	勞保車馬費	200.00	
10/9	診病、田賦水租		60.00
10/10	診病、衍訓用		40.00
10/10	家用		100.00
10/15	本月眷貼	100.00	
10/15	奶粉、肥皂、藥品		70.00
10/15	電力公司公費	1,000.00	
10/15	家用		800.00
10/15	贈友襯衣被單		200.00
10/24	家用		200.00
10/24	車票		24.00
10/27	光復會車馬費	100.00	
10/27	理髮		3.00
	合計	5,012.00	1,500.00
	本月結存		3,512.00

月日	摘要	收入	支出
11/1	上月結存	3,512.00	
11/1	燈泡、健素、奶粉		100.00
11/2	本月待遇	1,000.00	
11/2	肥皂、牙刷、洗衣		38.00
11/2	下期子女教育費	400.00	
11/2	煙、牙膏		20.00
11/3	合籌黨捐		50.00
11/3	高秉登喪儀		40.00
11/3	家用		1,000.00
11/7	車票		24.00

月日	摘要	收入	支出
11/9	黨費二個月		6.00
11/17	理髮		4.00
11/19	車票		24.00
11/21	勞保車馬費	200.00	
11/21	眼鏡		80.00
11/28	光復會車馬費	100.00	
11/28	被單		55.00
11/30	中央四組稿費	150.00	
11/30	藥七瓶		220.00
11/30	水果食品、車錢、去板橋		73.00
11/30	化妝品		213.00
11/30	香煙、壺、蛋、油、馬桶		158.00
11/30	衣料五次		570.00
11/30	王一臨嫁女		150.00
11/30	奶粉、車票		244.00
11/30	被胎、毛巾、被單		297.00
11/30	襪子、襯衣		135.00
11/30	家用、鍾挺芳借		820.00
11/30	眼鏡		70.00
	合計	5,362.00	4,391.00
	本月結存		971.00

月日	摘要	收入	支出
12/1	上月結存	971.00	
12/1	車票、肥皂 30 塊		50.00
12/2	本月借還	1,000.00	
12/2	家用		500.00
12/2	十一、十二月眷貼	200.00	
12/2	家用		800.00
12/2	賣米四十公斤半	100.00	
12/2	襯衣領		14.00
12/4	游山、水果		22.00
12/5	德芳襪子		35.00
12/7	理髮		5.00
12/9	英文課本及學費		26.00
12/12	紹彭襯衣料		40.00
12/12	麵食、水果		10.00
12/12	郵票、紙張		15.00
12/15	家用		500.00

月日	摘要	收入	支出
12/15	光復大陸車馬費	100.00	
12/16	車錢、水果		10.00
12/19	賀年片		45.00
12/19	名片		15.00
12/19	洗衣、黨費、脫脂奶粉、車錢		30.00
12/20	方字		7.00
12/21	白布二尺		11.00
12/22	光復大陸出席費	200.00	
12/22	家用		600.00
12/22	國大年會招待費	1,000.00	
12/22	扣捐		20.00
12/22	明年一月待遇	1,000.00	
12/22	車錢、車票		30.00
12/23	白布、車錢、郵票		68.00
12/24	被單		75.00
12/24	光復會補 10-12 月份	600.00	
12/24	洋燭、毛筆、車錢		15.00
12/24	聚餐（山東同鄉）		20.00
12/24	家用（包括贈張彬二百元）		400.00
12/25	理髮		5.00
12/25	雞蛋		18.00
12/28	赴基隆		15.00
12/29	黃海公費	500.00	
12/29	程傑慷弟喜儀		200.00
12/29	贈蔡君為修理廁所		200.00
12/29	聚餐		25.00
12/31	車票		24.00
12/31	賀年片與郵票		7.00
12/31	日記		13.00
12/31	數月來之事務所開支		1,100.00
	合計	5,671.00	4,970.00
	本月結存		701.00

吳墉祥簡要年表

1909 年	出生於山東省棲霞縣吳家村。
1914-1924 年	入私塾、煙台模範高等小學（11 歲別家）、私立先志中學。
1924 年	加入中國國民黨。
1927 年	入南京中央黨務學校。
1929 年	入中央政治學校（國立政治大學前身）財政系。
1933 年	大學畢業，任大學助教講師。
1937 年	任職安徽地方銀行。
1945 年	任山東省銀行總經理。
1947 年	任山東齊魯公司常務董事兼董事會秘書長。
	當選第一屆棲霞國民大會代表。
1949 年 7 月	乘飛機赴台，眷屬則乘秋瑾輪抵台。
1949 年 9 月	與友協力營救煙台聯中校長張敏之。
1956 年	任美國援華機構安全分署高級稽核。
1965 年	任台達化學工業公司財務長。
1976 年	退休。
2000 年	逝世於台北。

民國日記 38

吳墉祥在台日記（1955）

The Diaries of Wu Yung-hsiang at Taiwan, 1955

原　　著　吳墉祥
主　　編　馬國安
總 編 輯　陳新林、呂芳上
執行編輯　林弘毅
封面設計　陳新林
排　　版　溫心忻

出　　版　開源書局出版有限公司
　　　　　香港金鐘夏愨道 18 號海富中心
　　　　　1 座 26 樓 06 室
　　　　　TEL：+852-35860995

　　　　　民國歷史文化學社 有限公司
　　　　　10646 台北市大安區羅斯福路三段
　　　　　　　37 號 7 樓之 1
　　　　　TEL：+886-2-2369-6912
　　　　　FAX：+886-2-2369-6990

初版一刷　2020 年 7 月 31 日
定　　價　新台幣 400 元
　　　　　港　幣 105 元
　　　　　美　元 15 元
I S B N　978-986-99288-4-7
印　　刷　長達印刷有限公司
　　　　　台北市西園路二段 50 巷 4 弄 21 號
　　　　　TEL：+886-2-2304-0488

http://www.rchcs.com.tw

國家圖書館出版品預行編目 (CIP) 資料

吳墉祥在台日記 (1955) = The diaries of Wu Yung-
hsiang at Taiwan. 1955 / 吳墉祥原著；馬國安主編. --
初版 . -- 臺北市：民國歷史文化學社，2020.07

　　面；　公分

ISBN 978-986-99288-4-7(平裝)

1. 吳墉祥 2. 臺灣傳記 3. 臺灣史 4. 史料

783.3886　　　　　　　　　　　　　109009980